新潮日本古典集成

世阿弥芸術論集

田中　裕　校注

新潮社版

目次

世阿弥芸術論集　細目

風姿花伝

凡例

一、本書は、世阿弥の伝書のうちから代表的な五種を選んで、その本文に傍注と頭注を加えたものである。

一、本文を整定するために用いた諸伝本、校異の詳細は、解説中の「校訂について」に譲るが、翻印に当って次の措置をとった。

*底本の仮名は、すべて平仮名に統一する。ただし注記や奥書などは、必ずしもこれに従わない。

*底本の行間に記されている傍注は、適当な箇所に（　）でつつんで、本文よりやや小字で入れる。

*底本の行中に加えられている注記は、〈　〉でつつんで、本文よりやや小字で入れる。

*底本になく、他本で補った条項は、該当箇所に〔　〕でつつんで入れる。

一、本書は、できるだけ読みやすい形の本文を提供することを意図しているので、表記については次の方針に従う。

*仮名・漢字の字体は、いずれも現行のものに統一する。

*仮名づかいは、歴史的仮名づかいに統一する。

*現代国語における仮名書きの基準にならって、代名詞・助動詞・接続詞・感動詞・副助詞・助詞

等の多くは、仮名書きにする。

*送り仮名は、新送り仮名の方針に準じる。

*仮名には適宜濁点をつけ、促音の表記を補った箇所もある。

*漢字は、当用漢字にとらわれず、当時通行のものは用いる。

*漢字のあて方が幾通りもある語は、当時の字書類を参考して、できるだけ一定した。また漢語の読みも、できるだけ当時の読みに従うよう配慮した。

*振り仮名は、『当用漢字音訓表』を参照して、現行の音訓と異なる場合はそのすべてと、また『音訓表』に音訓はあっても、語として現代用い慣れないものには適宜につけた。また二字以上の語で、一部に振り仮名をつける必要がある場合は、その全部につけた。

*繰り返し符号は、漢字一字を繰り返す場合に「々」を用いるほかは使用しない。

*本文には適宜、句読点、「　」、『　』、段落等をつけて読みやすくした。
一、本書の傍注（色刷り）は、その本文の現代語訳であるが、意味を正確にうつすことを第一とし、すなおな現代語であることを第二とする。主客を明示するなど、特に訳の上で補った語句には〔　〕をつける。
一、傍注では意を尽せない場合には現代語訳を頭注にまわしたが、頭注は原則として、傍注の補足としての語釈や解説で、若干校異や本文に関する注記を含んでいる。
一、頭注にはまた適宜小見出し（色刷り）をつけ、本文の理解の助けとした。
一、頭注は、特に問題のあるもののほかは用例や典拠を示さず、諸家の説を引く場合もいちいちことわらない。判定の根拠や経緯よりも結果の適切な記述を重んじたからで、代りに主要な参考書を以下に掲出する。

能勢朝次『能楽源流考』　昭和十三年　岩波書店刊
能勢朝次『世阿弥十六部集評釈』上下　昭和十五、十九年（増補昭和二十四年）　岩波書店刊
川瀬一馬『頭注世阿弥二十三部集』　昭和二十年　能楽社刊
小林静雄『世阿弥』（増補再版）　昭和三十三年　檜書店刊
野上豊一郎・西尾実校訂『風姿花伝』（岩波文庫）　昭和三十三年　岩波書店刊
表章校注『申楽談儀』（岩波文庫）　昭和三十五年　岩波書店刊
横道萬里雄・表章校注『謡曲集』（日本古典文学大系40・41）　昭和三十五、三十八年　岩波書店刊
西尾実他校注『歌論集　能楽論集』（日本古典文学大系65）　昭和三十六年　岩波書店刊
香西精『世阿弥新考』正続　昭和三十七、四十五年　わんや書店刊
表章・伊藤正義校注『金春古伝書集成』　昭和四十四年　わんや書店刊
山崎正和編『世阿弥』（日本の名著10）　昭和四十四年　中央公論社刊
小西甚一『世阿弥集』（日本の思想8）　昭和四十五年　筑摩書房刊
北川忠彦『世阿弥』（中公新書）　昭和四十七年　中央公論社刊
表章・加藤周一校注『世阿弥　禅竹』（日本思想大系24）　昭和四十九年　岩波書店刊

一、最後に校訂に用いた諸伝本について、あるいは閲覧あるいは写真下付を許可された宝山寺、観世宗家、鴻山文庫、国会図書館静嘉堂文庫、東京芸術大学音楽学部図書館、法政大学能楽研究所に衷

心謝意を表する。またそのため御高配をいただいた法政大学能楽研究所の表章氏はじめ所員各位に厚く御礼申しあげたい。

世阿弥芸術論集

風姿花伝

風姿花伝（序）

能は風雅な神楽である

それ、申楽延年のことわざ、その源を尋ぬるに、あるいは仏在所より起こり、あるいは神代より伝はるといへども、時移り、代隔たりぬれば、その風をまなぶ、力及びがたし。近比万人のもてあそぶところは、推古天皇の御宇に、聖徳太子、秦河勝に仰せて、かつは天下安全のため、かつは諸人快楽のため、六十六番の遊宴をなして、申楽と号せしより以来、代々の人、風月の景を仮つて、この遊びのなかだちとせり。その後、かの河勝の遠孫、この芸を相続ぎて、春日・日吉の神職たり。よつて和州・江州のともがら、両社の神事に随ふこと、今に盛んなり。

されば古きをまなび、新しきを賞するうちにも、全く風流をよこ

一 以下二頁は、「第一年来稽古条々」から「第三問答条々」までの三巻の序に当る。四一頁注一四参照。

二 延年は、遐齢延年（命をのばす）の意味で、中世寺社で行われた遊宴歌舞をいう（八七頁注一二）。「申楽延年」といったのは猿楽も延年の演目の一つであったことや、聖徳太子に『申楽延年の記』があったという伝え（五七頁）による。

三 釈迦のいます地で、天竺（インドの古称）。

四 秦氏は応神朝に帰化した弓月君の子孫で、京都の西郊を本居とした。河勝は推古天皇十一年（六〇三）、聖徳太子から仏像を賜り、蜂岡寺を建てた。

五 六十六曲の物まね芸の意。秦氏や秦氏の芸能とされる猿楽にとって重要な伝承らしいが、未詳。

六 花鳥風月といった風雅な景趣をとり入れ。

七 大和の春日神社、近江の日吉神社の神事猿楽に奉仕することを職とした、の意。大和猿楽は河勝・氏安の直系、近江猿楽は氏安の妹聟紀権守の子孫という。五八・二四六頁参照。

八 大和猿楽四座と近江猿楽三座（五九頁注二二以下参照）の役者たちが。

九 風雅な神楽という遺風を、けっしてけがしてはならない、の意。「風流」は遺風、余風をいう（『元亀二年運歩色葉集』）。

しまにすることなかれ。ただ[一]言葉卑しからずして、姿[二]幽玄ならんを、うけたる達人とは申すべきや。

まづこの道に至らんと思はん者は、[三]非道を行ずべからず。ただし歌道は[四]風月延年の飾りなれば、もつともこれを用ふべし。

およそ若年より以来、見聞き及ぶところの[五]稽古の条々、大概注し置くところなり。

一、[六]好色・[七]博奕・大酒。〈[八]三重戒。これ、[九]古人の掟なり。〉

一、稽古は強かれ、[一〇]情識はなかれとなり。

一　したがって要は、謡の文句が上品で。

二　世阿は言葉・音曲・舞・物まねのすべてについて美しく柔和な姿を幽玄という。一三九頁一〇行以下。

三　本業（猿楽能）以外の芸道。

四　能を美しく色どるてだてであるから、の意。「風月延年」は、「風月の景を仮った」優美な延年の意で、能のこと。

五　稽古に関する諸心得について、の意。「稽古」はわざの練磨をいう。「条々」は以下三巻の各条々をさす。

六　遊女ぐるい。

七　ばくち。普通双六の賽を用いる。

八　以上は三種の重い禁戒である、の意。仏教には「十重戒」がある。

九　『申楽談儀』では観阿と明記する。二五六頁注二一。

一〇　仏語。よい意見に耳をかさないこと。

風姿花伝第一　年来稽古条々(ねんらいのけいこのでうでう)

七歳

入門——自然に任せること

一、この芸において〔能の場合〔稽古は〕〕、おほかた、七歳をもてはじめとす。このころの能の稽古、必ず、その者、自然と為出(しいだ)すことに[一一]、得たる風体(ふうてい)あるべし。舞・はたらきの間(あひだ)[一二]、音曲(おんぎよく)〔謡〕、もしは怒れる[一三]ことなどにてもあれ、ふと[一四]為出さんかかり[一五]を、うち任せて、心のままにせさすべし。さのみに〔むやみに〕、よき、あしきとは教ふべからず。あまりにいたく諫(いさ)むれば、童(わらべ)は気を失ひて〔気がくじけ〕、能、ものくさくなりたちぬれば〔芸にいや気がさしてくると〕、やがて〔そのまま〕能は止まるなり。

一一 巧まずしてするしぐさに、生れつき身についた芸態があらわれよう。「風体」は『花伝』では芸態・芸風の意味に近く、ほかに、わざ・しぐさの意味にも用いられる。

一二 舞やはたらきの中、の意。「はたらき」は動くこと。『花伝』では普通舞の手（定まった型）以外のしぐさをさす。

一三 鬼能に見られるような激しくすばやいしぐさ。

一四 思いがけなく。突然に。「ふっと」ともいう。

一五 つづけがら、の意。したがって歌では一首、連歌(れんが)では一句全体の言葉のつづきぐあいをいい、姿の意味に近くなる。世阿は謡・舞・はたらき等のすべてについて、その一連の動きの上にあらわれる全体的な姿をいう。

ただ音曲・はたらき・舞などならではせさすべからず。[一]さのみの物まねは、たとひすべくとも、教ふまじきなり。[二]大場などの[三]脇の中楽には立つべからず。[四]三番・四番の、時分のよからんずるに、得たらん風体をせさすべし。

十二・三より

この年のころよりは、はや、やうやう声も調子にかかり、能も心づくころなれば、次第次第に[五]物数をも教ふべし。

まづ[六]童形なれば、[七]何としたるも幽玄なり。声も立つころなり。二つのたよりあれば、わろきことは隠れ、よきことはいよいよ花めけり。

おほかた、児の中楽に、さのみに細かなる物まねなどはせさすべからず。[八]当座も似合はず、能も上がらぬ相なり。ただし堪能になり

一 あまり手のこんだ物まねは、の意。「物まね」は、登場人物に扮してそれらしいしぐさをすることで、劇的な演技をさす。歌舞劇である能は、この「物まね」と「舞歌」（舞と音曲）から成り立っている。

二 「おほには」に同じ。主殿の外にある広い庭。「大場の中楽」は、「内（屋内）中楽」や「庭（小庭）中楽」に対していう。

三 「翁」の次に演じられたための称呼で、能としては初番である。祝意をこめた儀礼的な曲で重く扱われた。四〇頁四行以下。

四 三番・四番あたりの、の意。一日の演能の番数は五番が標準で、脇能が序、二番・三番・四番が破、五番目が急に配当された（『習道書』）。

童形——つかの間の幽玄

五 舞・音曲・物まねを含めて、その種々のわざ。

六 児姿のこと。童水干に袴を着け、垂髪に児眉の化粧姿である。延年にも児舞があり、歌・連歌の座でも児は愛重された。

七 なすことすべて幽玄である、の意。当時の「幽玄」の根本は華麗さであるが、この場合、それが官能的でさえあることを示している。「いうげん」は「けん」と清音にも読む。

八 「それは」現在、その場の演技としても似合わないし、将来も上達しない虞れがある、の意。「相なり」は、よくない結果になることを占っていう。

ぬれば、何としたるもよかるべし。児（児姿）といひ、声といひ、しかも上手ならば、何かはわろかるべき。

さりながらこの花は、まことの花にはあらず。[九] ただ時分（じぶん）の花なり。さればこの時分の稽古（けいこ）、（〔は〕万事無理なくやることである）すべてすべてやすきなり。さるほどに一期（いちご）[一〇]の能の定めにはなるまじきなり。

このころの稽古、やすきところを[一一]花に当てて、わざをば大事にす（慎重に扱うが）べし。（よい〔つまり〕）はたらきをもたしやかに（確実に）、音曲[一二]をも文字にさはさはと当たり、舞をも手[一三]を定めて、大事にして稽古すべし。

過渡期——稽古と執心

十七・八より[一四]

このころは、またあまりの大事（むずかしい時期で）にて、稽古[一五]多からず。

まづ声変はりぬれば、第一の花、失（う）せたり。体（てい）[一六]も腰高（こしだか）になれば、かかり（姿の美しさ）失せて、過ぎしころの（これまでの）、声も盛りに、花やかに、やすかりし

九 真実の面白さ、魅力。つまり特定の時期とか条件に左右されない不変の魅力で、次の「時分（一時）の花」に対していう。

一〇 生涯の芸がここで決るというわけではない。

一一 無理なくできること（声や児姿の美しさを主とした）を、面白く見せる工夫をして。

一二 謡も一語一語をはっきりと発音し。

一三 舞の型を正しく守って、の意。「手」は舞のきまった型で、今の「さしこみ」「ひらき」など。

一四 児の盛りは十七歳、遅くとも十九歳までとされていた。

一五 稽古のしかたは限られてくる。

一六 からだつき。

時分の移りに、手だてはたと変はりぬれば、気を失ふ。結句[一]見物衆も、をかしげなる[二]けしき見えぬれば、恥づかしさ[三]と申し、かれこれ、ここにて退屈[四]するなり。

このころの稽古には、ただ指をさして人に笑はるるとも、それをば顧みず、内にては、[五]声の届かんずる調子にて、[六]宵・暁の声をつかひ、心中には[七]願力を起こして、[八]一期の堺ここなりと、生涯にかけて能を捨てぬよりほかは、稽古あるべからず。ここにて捨つれば、そのまま能は止まるべし。

総じて[九]調子は声によるといへども、[一〇]黄鐘・盤渉をもて用ふべし。調子にさのみかかれば、身なりに癖出で来るものなり。また声も、年寄りて損ずる相なり。

二十四・五

一 普通は「かえって」「むしろ」の意であるが、ここは「とどのつまり」。
二 滑稽に感じている様子を見せるので。
三 恥ずかしさはもとより、あれやこれやで。
四 やる気をなくすこと。
五 声の出せる範囲の高さで、の意。「とづく」は、「とどく」に同じ。
六 朝夕それぞれ適切な発声練習をし、の意。宵は「物数を遣ひ（さんざんに声をつかい）」、暁は「少し少なく遣ふべし」という（『音曲声出口伝』）。
七 神仏に願をかけて事を成就しようとする勇猛心。
八 一生の浮沈の分れ目はこの時と。
九 声の高さは生れつききまっているけれども。
一〇 黄鐘調と盤渉調。前者は、日本音律の十二律における音階の第八階、黄鐘を主音とした旋律。後者は第十階の盤渉を主音とする旋律。吉田本では盤渉が鸞鏡になっているが、これは第九階。洋楽の長音階にあてはめると、黄鐘はイ、盤渉はロ、鸞鏡は嬰イ音にほぼ当る。

初心——生涯の芸の基礎

このころ、一期の芸能の定まるはじめなり。さるほどに稽古の堺なり。声もすでに直り、体も定まる時分なり。さればこの道に二つの果報[一一]あり。声と身なりなり。これ二つは、この時分に定まるなり。年盛り[一二]に向かふ芸能の生ずるところなり。

さるほどによそ目にも、すは[一三]、上手出できたりとて、人も目に立つるなり。もと[一四]、名人などなれども、当座の花に珍しくして、立合[一五]勝負にも一旦勝つ時は、人も思ひ上げ、主も上手と思ひしむるなり。これ、かへすがへす主のため仇なり。これもまことの花にはあらず。年の盛りと、見る人[一六]の一旦の心の、珍しき花なり。まことの目利きは見分くべし。

このころの花こそ初心[一七]と申すころなるを、窮めたるやうに主の思ひて、はや申楽に側み[一八]たる輪説とし、至りたる[一九]風体をすること、あさましきことなり。たとひ人も褒め、名人などに勝つとも、これは一旦、珍しき花なりと思ひ悟りて、いよいよ物まねをも直ぐに為定[二〇]

一一 しあわせ。もとは、前世の業が因となってこの世で受ける報いをいう。

一二 全盛期の芸がようやく花開こうとする時期である。

一三 驚きの語。やあ。

一四 元来が名人級の相手でも。『花鏡』では、稽古を積んだ達者の位を「上手」、上手が「面白さ」を会得した位を「名人」、その上に「無心」の境地に達した者を「天下の名望を得る位」とよぶ。

一五 競演。諸座の役者が順次に舞台に上ってわざを競う場合のほか、他座の役者といっしょに舞台に立つ相舞風の競演形式もあった。

一六 観客の一時の感動がもたらした珍しさの花である。

一七 一五七頁七行以下では、この「初心」の意味が拡大解釈されている。

一八 本道をはずれた異様のわざをし、の意。「側む」はわきへ寄ること。「輪説」は雅楽の用語。管絃の終りに箏の首席奏者が弾く変格の奏法で、重いものとされた。「と」は「を」の変化（連声）。

一九 名人きどりの芸態を演じてみせるのは。

二〇 型どおり、しっかりと演じ。

め、なほ得たらん人に事を細かに問ひて、稽古をいや増しにすべし。されば時分の花をまことの花と知る心が、真実の花になほ遠ざかる心なり。ただ人ごとに、この時分の花に迷ひて、やがて花の失するをも知らず。初心と申すは、このころのことなり。

一、公案[一]して思ふべし。わが位のほどをよくよく心得ぬれば、そのほどの花は、一期失せず。位より上の上手と思へば[二]、もとありつる位の花も失するなり。よくよく心得べし。

三十四・五

全盛――花を窮めること

このころの能、盛りの窮めなり。ここにて、この条々[三]を窮め悟りて、堪能になれば、さだめて天下[四]に許され、名望を得べし。もしこの時分に、天下の許されも不足に、名望も思ふほどなくは、いかなる上手なりとも、いまだまことの花を窮めぬ為手と知るべし。もし

一　禅の用語。ここでは、矛盾する命題・原理的な問題等について根本的に工夫すること。

二　これまで身につけていた、「これまでの」芸位相当の花も。

三　「第三問答条々」までを含める。

四　都鄙・上下を問わず、世間に認められることであるが、都の目利きに認められることが要件とされた。六四頁注三。「名望」は名声。

窮めずは、四十より能は下がるべし。五それ、後の証拠なるべし。

さるほどに、上がるは三十四・五までのころ、下がるは四十以来なり。六かへすがへす、このころ天下の許されを得ずは、能を窮めたりとは思ふべからず。

七ここにてなほ慎むべし。八このころは、過ぎしかたをも覚え、また行くさきの手だてをも悟る時分なり。このころ窮めずは、この後天下の許されを得んこと、かへすがへすかたかるべし。

四十四・五

このころよりは、能の手だて（やり方は）、おほかた変はる（ほとんど一変しよう）べし。たとひ天下に許され、能に得法九したりとも、それにつきても、よき脇の為手一〇を持つべし。能は下がらねども、力なく（やむを得ぬことに次第に）、やうやう年たけゆけば、身一一の花も、よそ目の花も失するなり。まづすぐれたらん（とびぬけた）美男は知らず（ともかく）、

五 後日、四十歳になってから能が下がれば、それはまだ能を窮めていないことの証拠といってよい、の意。天下の許されを得ることが、能を窮めたことのただ今の証拠であるのに対していう。普通「後の証拠」は、「後証」「後の証人」などと同じく、後日の恩賞あるいは争論のための証拠をいう。

六 くれぐれも。下の「思ふべからず」にかかる。

七 この時期、いよいよ深く考えねばならないことがある。

八 この時期は、これまでの稽古をよくわきまえ、これからのやり方をも会得する時期に当る、の意。「三十四・五まで」と「四十以来」との境界に立って、分別すべき時期であることをいう。

九 禅の用語。参禅して公案を通過し、印可を受けること。ここでは稽古・工夫を積んで奥義を悟る意味に転用されている。

一〇 助演者。今いうシテを「棟梁の為手」とよぶのに対して、ワキをはじめ、ツレ・子方を総称する。

老年――あいしらいの芸

一一 役者の「声」と「身なり」の美しさ（一九頁三行）をさす。これを観客の目から見たのが、「よそ目の花」である。

よきほどの人も（相当な役者でも）、[一]直面の申楽は、年寄りては見られぬものなり。さるほどにこの[二]一方は欠けたり。

このころよりは、さのみに（むやみに）細かなる物まねをばすまじきなり。おほかた、似合ひたる風体（年に合った芸態）を、やすやすと（さらりと）、骨を折らで、脇の為手[三]に花を持たせて、あひしらひのやうに、少な少なと（ごく控えめに）すべし。たとひ脇の為手なからんにつけても（にめぐまれない場合でも）、いよいよ、細かに身を砕く能をば（すばしこく身を使う芸は）すまじきなり。何としても（どうしようと）、よそ目（見た目に）、花なし。[四]もしこのころまで失せざらん花こそ、まことの花にてはあるべけれ。

それは（その場合は）、五十近くまで失せざらん花を持ちたる為手ならば、四十以前に[五]天下の名望を得つべし。たとひ天下の許されを得たる為手なりとも、さやうの上手は、ことに[六]わが身を知るべければ、なほなほ脇の為手をたしなみ（吟味し）、さのみに身を砕きて、難の見ゆべき（あらの見えかねない）能をばすまじきなり。かやうにわが身を知る心、得たる人の心なるべし（［こそ］道を体得した役者の心であろう）。

一　シテやツレが面をかけずに演じること。若い男の役のうち「春栄」「盛久」「鉢木」など、今の四番目物に多い。二八頁参照。

二　直面の能はできなくなる。

三　後継者を表看板に押し出し、自分はそのお相手といった程度に、の意。「あひしらひ」は応対すること。「あしらひ」に同じ。

四　たまたまこの頃まで残っている花であるなら、それは真実の花である、の意。真実の花がわざを越えたところにあることを示している。

五　きっと「天下に許され」（二〇頁注四）、名声を博していよう。

六　自分の年齢からくる生理的・舞台的限界がわからないはずはないから。

五十有余

残りの花

このころよりは、おほかた、せぬならでは手だてあるまじ（何もしないという以外にやり方はあるまい）。「麒麟（きりん）[七]も老いては駑馬（どば）に劣る」と申すことあり。さりながらまことに得たらん能者（のうじや）[八]ならば、物数（ものかず）[九]はみなみな失せて、善悪（ぜんあく）[一〇]見どころは少なしとも、花は残るべし。

亡父（観阿）にて候ひし者は、五十二と申しし五月十九日[一一]に死去せしが、その月の四日（よつかのひ）、駿河国浅間（するがのくにせんげん）[一二]の御前（おまへ）にて法楽（ほふらく）[一三]つかまつり、その日の申楽、ことに花やかにて、見物の上下（じやうげ）、一同に褒美（ほうび）せし（賞賛した）なり。およそそのころ、物数をばはや初心[一四]に譲りて、やすきところ（無理のない芸を）を少な少な[一五]と色へてせしかども、花はいや増しに（いよいよ見事に）見えしなり。

これ、まことに得たりし花なるがゆゑに、能は、枝葉（えだは）[一六]も少なく、老木（おいき）になるまで、花は散らで残りしなり。これ、目（ま）のあたり（眼前で見た）、老骨

七 『平家物語』巻五「咸陽宮（かんようきゆう）」にも「麒麟は千里を飛べども老いぬれば駑馬にも劣れり」とある。もとは『史記』『戦国策』などから出た諺（ことわざ）。
八 芸能のたしなみのある人。ここは能役者をいう。
九 すべてのわざが利かなくなり。
一〇 善悪ともに。したがっていかなる場合でも、の意に用いられる。
一一 『常楽記（じようらくき）』の至徳元年（一三八四）同日の条に「大和猿楽観世大夫、駿河（するが）において死去す」とある。
一二 静岡市宮ケ崎町の浅間（せんげん）神社（新宮）か、富士宮（ふじのみや）市大宮（おおみや）町の本宮か不明。五月五日の流鏑馬（やぶさめ）祭は後者の方が有名であった。
一三 奉納の能を催したが、の意。「法楽」は神仏に歌・連歌（れんが）、その他芸能を奉納すること。
一四 二十四・五の者（一九頁一一行）であるが、具体的には当時二十二歳であった後継者世阿をさす。
一五 ごく控えめに演じて、色どりを添えた、の意。「色ふ」はいろどること。
一六 細かなわざはなく、しかも老身になるまで、という意味の譬喩（ひゆ）。

に残りし花の証拠なり。

年来稽古　以上。

風姿花伝第二　物学条々(ものまねのでうでう)

物まねの本質と限界

物まねの品々(しなじな)[一]、筆に尽くしがたし。さりながらこの道の肝要(かんえう)なれば、その品々を、いかにもいかにもたしなむべし（どこまでも深く吟味するがよい）。およそ何事をも、残さず（徹底的に）、よく似せんが（まねるのが）本意(ほんい)[二]なり。しかれども、また事によりて、濃き・薄きを（手加減のいることを）知るべし。

まづ国王・大臣よりはじめ奉りて、公家(くげ)の御たたずまひ（ご様子）、武家の御進退(しんだい)[三]は及ぶべきところにあらざれば、十分ならんことかたし。さりながらよくよく言葉を尋ね（調べ）、品を求めて（身のこなしを調べ）、見所(けんじょ)[四]の御意見を待つべき（忠告を聞くがよい）をや。そのほか上職(じやうしょく)[五]の品々、花鳥風月(くわてうふげつ)[六]のことわざ、いかにもいか

一　種類は〔多くて〕。
二　物まねの本質である、の意。「本意」は歌・連歌で慣用された用語で、題や素材の本質・本性をいう。
三　行為や生活は、とてもまねられるものでないから。
四　見物席または見物人。「しょ」と清(す)んでもよい。「見証(けんじょ(しょ))」（碁・双六(すごろく)・蹴鞠(けまり)等で勝負を見届ける役）と関係あるか。
五　高級、上品な職業。
六　詩歌管絃などの風流韻事。

にも細かに似すべし。

田夫野人（でんぶやじん）七のことに至りては、さのみに細かに、卑しげなるわざをば似すべからず。仮令（けりやう）八、樵夫（きこり）・草刈・炭焼・汐汲（しほくみ）などの、風情（ふぜい）九にもなるべきわざをば、細かにも似すべきか。それよりなほ卑しからん下職（げしよく）一〇をば、さのみには似すまじきなり。これ、上方（じやうはう）一一の御目（おんめ）に見ゆべからず〔見せてはならない〕。もし見えば、あまりに卑しくて、面白きところあるべからず。このあてがひ〔こうした配慮を〕をよくよく心得べし。

女（をんな）

〔扮装（ふんそう）を基本とすること〕

およそ女かかり〔女の姿は〕、若き為手（して）のたしなみ〔心がけて学ぶのに〕に似合ふことなり。さりながらこれ、一大事なり〔非常にむずかしい〕。まづ為立（したて）一二見苦しければ、さらに見どころなし。

女御（にようご）一三・更衣（かうい）などの似せこと〔物まねの対象〕は、たやすくその御ふるまひを見るこ

七　山野・田畠で働く粗野な者。

八　おおよそをいえば。たとえば、の意。

九　能のしぐさに取り入れても（物まねしても）おかしくない動作・姿態を、の意。「風情」はこの場合、情趣の意味にもとれる。樵夫・草刈等は詩歌・物語・絵画で扱われ、すでに風雅の対象となっていた。

一〇　卑しく低い職業。上職の対で、右の下職より更に低いとは『職人歌合』類に見える絵解（えとき）・猿牽（さるひき）・塗師（ぬし）・油売等の芸能・手工業者や商人であろう。

一一　上層の人。「かみつかた」とも読む。一一一頁注一六。

一二　作る、演じる意味の「為立つ」の名詞形で、扮装の意。ほかに料理や点茶（てんちゃ）等にもいう。

一三　「女御」は皇后の次、「更衣」は女御の次の位。

となければ、よくよく伺ふべし。衣袴[一]の着やう、すべて私ならず尋ぬべし。ただ世の常の女かかりは、常に見慣るることなれば、げにはたやすかるべし。ただ衣小袖[二]の出立[三]は、おほかたの体、よしよしとあるまでなり。舞[四]・白拍子[五]、または物狂[六]などの女かかり、扇にてもあれ、かざし[七]にてもあれ、いかにもいかにも弱々と、持ち定めずして持つべし。

衣袴などをも長々と踏み含み[八]て、腰膝は直ぐに、身はたをやかなるべし。顔の持ちやう、あふのけば眉目[九]わろく見ゆ。うつぶけば後姿わろし。さて首持ちを強く持てば、女に似ず。いかにもいかにも袖の長き物を着て、手先をも見すべからず。帯などをも弱々とすべし。

されば為立をたしなめとは、かかりをよく見せんとなり。いづれの物まねなりとも、為立わろくてはよかるべきかなれども、ことさら女かかり、為立をもて本とす。

一　いわゆる女房装束で、公家の女性の服装。
二　広袖の「衣」に対し、袖口を狭くしたのが「小袖」で、今の着物の前身。当時一般の女性の平服は小袖の着流しで、外出の際は上に打掛（小袖）や袿（衣）を羽織ったり、被衣（小袖）をかぶったが、袿を着けた姿が衣小袖か。「出立」は身ごしらえのこと。
三　だいたいの様子がそれらしく見えれば十分である、の意。今の箔（小袖）に水衣（衣）の扮装に当る。
四　女曲舞。曲舞は拍子を主とする律動的な舞（二〇〇頁一二行）で、能の小段であるクセはこれを猿楽風に改めたもの。観阿の工夫によるものであるが、その師匠の賀歌は女曲舞であった。
五　曲舞の先行芸能で、院政鎌倉期に流行した。水干・長袴・立烏帽子の男装で舞い、鼓に合わせて今様（七五調四句を主とする当時の流行歌謡）を謡った。
六　能の代表的な種目の一つで、「狂う」とはこの場合舞歌の芸をする意味。憑き物が憑いたり、子や男など愛するものに別れた悲しみのため（「隅田川」「班女」）、あるいは美景に感動して（「弱法師」）、シテが一時恍惚の状態に陥り、舞を舞うもの。詳細は二九頁参照。
七　手草として持つ笹や花の枝など。
八　袴を裾長に、足を包み隠すように着け。
九　顔かたち。

老人

老いと花の調和

老人の物まね、この道の奥儀なり。能の位〔役者の芸位が〕、[一〇]やがてよそ目にあらはるることなれば、これ、第一の大事なり。

およそ能をよきほど〔相当に〕窮めたる為手も、老いたる姿は得ぬ〔未熟な〕人多し。たとへば〔その子細は〕、[一一]樵夫・汐汲の、わざ物などの翁かたちを為寄せ〔演じこなすと〕ぬれば、やがて上手と申すこと〔そのことで上手と評判するのは〕、[一二]これ誤りたる批判〔批評〕なり。[一三]冠直衣・[一四]烏帽子狩衣の老人の姿、[一五]得たらん人〔奥義を会得した人〕ならでは似合ふべからず。稽古の[一六]劫入りて、位上らでは似合ふべからず。

また花なくは、面白きところあるまじ。およそ老人の立ちふるまひ、老いぬればとて、腰膝をかがめ、身をつむれば〔ちぢめると〕、花失せて古様に見ゆる〔古くさく見える〕なり。さるほどに面白きところ稀なり。ただおほかた、いかにもいかにもそぞろかで〔よろめかず〕、しとやかに〔落着いて〕立ちふるまふべし。ことさ

一〇 すぐに観客にわかってしまう種目であるから。

一一 樵夫・汐汲といった「わざ物」の主人公である老体、の意。「わざ物」は、しぐさに富んだ曲。樵夫の例は「阿古屋松」「須磨源氏」の前シテ、汐汲は「融」の前シテなど。

一二 底本「挍」。「挍」の字にこの訓はないが、今しばらく「挍」をすて、ふりがなを採って本文とする。

一三「直衣」は天皇以下公卿の平服で、普通は上に烏帽子をつけるが、改まると冠をつけた。例は現在では少なく、「融」「玄象」の後シテの替装束など。

一四「狩衣」は平安時代は公卿や殿上人のくつろぎ・散歩の服であるが、神職も用い（浄衣）、上に烏帽子をつける。例は「西行桜」「蟻通」のシテなど。

一五 このあとに〔これらが真にむずかしい物まねで〕と補う。

一六 年功を積み、高い芸位に達した役者でないと似合わない。

ら老人の舞かかり（舞姿は）、無上の大事（難問題）なり。花はありて[一]、年寄りと見ゆる公案、詳しく習ふべし。ただ老木に花の咲かんがごとし[二]。

直面

これまた大事なり。およそ、もとより俗の身なれば[三]、やすかりぬべきことなれども、不思議に、能の位上がらねば、直面は見られぬものなり。

まづこれは、仮令[四]、そのものそのものによりてまなばんこと[五]、是非なし。面色をば似すべき道理もなきを[六]、常の顔に変へて、顔けしきを繕ふことあり[七]。さらに（全く）見られぬものなり。ふるまひ・風情[八]をば、そのものに似すべし。顔けしきをば、いかにもいかにもおのれなりに（ふだんのとおり）、繕はで、直ぐに持つべし（自然でありたい）。

一 八七頁五行参照。「見ゆるる」は「見ゆ」の連体形。「公案」は根本的な工夫（二一〇頁注一）。
二 右の公案を譬喩であらわした文句で、八八頁六行参照。

素顔を面とすること

三 いうまでもなく直面は世俗の男の物まねであるから、「地のままでやれるわけで」やさしいはずであるが、の意。二二一頁注一。
四 おおよそをいえば。
五 型というのはなく、いちいち当の人物に似せて物まねをすることになるのは当然である。「ただその場合」、の意で下に続く。
六 顔つきはまねられるはずもないのに。
七 表情をとり繕う。口をゆがめたり、眉をつり上げたりすること。
八 しぐさ。『花伝』では普通の用法である。

物狂

憑き物の物狂と悲しみの物狂

九この道の第一の、面白尽の芸能なり。物狂の品々多ければ、一〇この一道に得たらん達者は、一一十方へわたるべし。くりかへしくりかへし（よくよく）、公案の入るべきたしなみなり（工夫を凝らしてけいこするがよい）。

仮令、憑き物の品々、一二神仏・生霊・死霊のとがめ（たたり）などは、その憑き物の体をまなべば（まねれば）、一三やすく、たよりあるべし。親に別れ、子を尋ね、夫に捨てられ、妻におくるる（死別する）、かやうの、思ひに（悲しみのために）狂乱する物狂、一大事なり。よきほどの為手も、ここを心に分けずして（この区別をよくわきまえないで）、ただ一四一偏に狂ひはたらくほどに、見る人の感（感動）もなし。思ひゆゑの物狂をば、いかにも一五もの思ふけしきを本意に当てて、狂ふところを花に当てて、心を入れて（入念に）狂へば、一六感も面白き見どころも、さだめてあるべし。かやうなる一七手柄にて人を泣かするところあらば、無上の上手と知るべ

九　能では最も面白ずくめの種目である。

一〇　この種目を窮めた上手の役者。「ひとみち」の読みは底本による。

一一　あらゆる種目がこなせるであろう。「十方」は四方・四隅・天地。「じっぱう」とも読む。

一二　神が憑く例は「歌占」、仏は「江口」か。「生霊」は生きた人の怨霊、「いきすだま」で、これが憑く例は「鉄輪」。「死霊」は死者の怨霊で、「卒都婆小町」など。

一三　物まねは容易で、そこに演技の手がかりもあるわけである。

一四　一律に狂いのしぐさを見せるので、の意。今のカケリ・イロエ（いずれも舞台を旋回する型）である。

一五　悲しみのさまをあらわすことを物まねの本質と考え、の意。本意を、見た目の面白さである「花」と対照的にとらえているのが注意される。

一六　「感」は本意、「面白き見どころ」は花に対応するそれぞれの効果。

一七　手なみ。

し。これを心底によくよく思ひ分くべし。

およそ物狂の出立[一]、似合ひたるやうに出で立つべきこと、是非なし（いうまでもない）。さりながら、とても[二]物狂にことよせて、時によりて、何とも（いかにも）花やかに出で立つべし。時の花をかざしにさすべし[三]（季節の花を手草に持つのもよい）。

またいはく、物まねなれども（よく似せるについても）、心得べきことあり。物狂[四]は、憑き物の本意を狂ふといへども、女物狂などに、あるいは修羅闘諍[五]・鬼[六]神などの憑くこと、これ、何よりもわろきことなり。憑き物の本意（本質を）をせんとて（あらわそうと）、女姿にて怒りぬれば（激しく動けば）、見どころ似合はず（見た目に女らしくない）。女かかり[七]を本意にすれば、憑き物の道理なし。また男物狂に女などの憑らんことも、同じ了簡なるべし（心得である）。所詮[八]これ体なる能をばせぬが秘事なり。[九]能作る人の、了簡なきゆゑなり。さりながらこの道に長じたらん書き手の、さやうに似合はぬことを、さのみに（むやみに）書くことはあるまじ。[一〇]この公案を持つこと、秘事なり。

また直面の物狂（男物狂は）、能を窮めてならでは、十分にはあるまじきなり（できないものである）。

一　身ごしらえは。
二　「とても」は、それならそれで、の意。文意は、物狂らしい扮装をするというなら、〔物狂には歌舞をし、狂言をするという本性があるから〕それにかこつけて。
三　「雲雀山」の花の枝、「水無月祓」の麻の枝など。
四　〔憑き物の物狂の場合〕物狂は憑き物の本質をあらわして狂ってみせるのであるが。
五　「修羅」は阿修羅の略。瞋（いかる）・慢（たかぶる）・疑の報いで修羅道に落ちた悪神。常に帝釈天と戦って休まる時がないので「修羅闘諍」という。
六　目に見えず、超人的な力をもつもの。普通は乾闥婆・阿修羅等の六部鬼神をさすが、能では鍾馗や地獄の鬼のほか種々の悪鬼が登場する。
七　逆に女姿の美しさをあらわすことに物まねの本質をおくと、憑き物をあらわすことは無理になる。
八　結局このような能を演じないことが〔この難問解決のための〕秘伝である。
九　〔つまり問題は役者より能作者の方にあるわけで、こうした難問は〕能作者の不心得のために起る。
一〇　この種の能を作らないという工夫をすることが〔作者にとっての〕秘伝である。

顔けしきをそれになさねば、物狂に似ず。得たるところなくて、顔けしきを変ゆれば、見られぬところあり。物まねの奥儀とも申すべし。大事の中楽などには、初心の人、斟酌[一一]すべし。直面の一大事、物狂の一大事、二色[一二]を一心になして、面白きところを花に当てんこと、いかほどの大事ぞや。よくよく稽古あるべし。

法師

僧綱と凡僧たち

これは、この道にありながら、稀なれば、さのみの稽古いらず。仮令、荘厳[一三]の僧正ならびに僧綱[一四]等は、いかにも威儀[一五]を本として、けたかきところをまなぶべし。それ以下[一六]の法体、遁世修行[一七]の身に至りては、抖擻を本とすれば、いかにも思ひ入りたる姿かかり、肝要たるべし。

ただし賦物[一八]によりて、思ひのほかの手数のいることもあるべし。

一一 直面の物狂の能は遠慮するがよい。
一二 心中においては、互いに矛盾するこの二種の難問の整合に成功するとともに、演技においても、面白い狂いのさまを花としてあらわすことに成功することは。
一三 きらびやかに装った。
一四 僧正・僧都・律師を僧綱職、法印・法眼・法橋を僧綱位という。ここは高位高官の僧の意。
一五 作法にかなったいかめしい態度・動作。
一六 その他一般の凡僧たち、中でも、の意で下に続く。
一七 僧位・僧官を求めず、ひたすら修行に励むこと。「ぜい」と濁音にも読む。
一八 連歌の発句等に課せられた作法で、「賦山何」「賦何色」の類をいう。つまりこの「何」の箇所に一定の漢語（林、山鳩）を代入すれば、上下の漢字とともに熟語（山林、山鳩色）を作る。そのような漢語を発句の中に詠み入れる（賦す）きまりのことで、言語遊戯に由来するもの。ここでは、発句を仕立てるために必要な材料（一定の漢語）の意味から転じて、曲の題材の意。

修羅（しゅら）

これまた、一体（いってい）〔物まねの一種目〕のものなり。よくすれども〔十分に演じても〕、面白きところ稀なり。さのみには〔むやみに〕すまじきなり。ただし源平（げんぺい）などの名のある人のことを〔源氏や平家の名将の事績を〕、二花鳥風月（ふうげつ）に作り寄せて、能よければ、何よりもまた面白し。これ、ことに花やかなるところありたし。

三これ体（てい）なる修羅の狂ひ、ややもすれば、鬼のふるまひになるなり。または舞の手にも〔型も使える〕なるなり。それも〔ことに〕、四曲舞（くせまひ）がかりあらば、少し舞がかりの手づかひ、よろしかるべし。弓・五胡簶（やなぐひ）を携へて、六打物（うちもの）をもて飾りとす。その持ちやう・使ひやうをよくよく伺ひて〔尋ねて〕、七その本意をはたらくべし。八相構相構（あひかまへてあひかまへて）、鬼のはたらき、また舞の手になるところを用心すべし。

一 三〇頁注五。能では、戦没して修羅道に落ちた武士が、そこでの苦患（くげん）のさまを語り、かつ見せるという特異の構想をもつ。『太平記』巻二十三にも、楠木正成らが死後修羅の眷属（けんぞく）となり、鬼形（きぎょう）をあらわす話が見える。

鬼のふるまいと舞の間

二 風流韻事にことよせて作能し、しかも曲のできがよいと、の意。例を世阿作の能にとれば、「敦盛（あつもり）」「清経（きよつね）」における笛、「忠度（ただのり）」の桜と和歌、「頼政（よりまさ）」の和歌など。世阿以後多くなるもので、それ以前の陰惨な修羅能との相違である。

三 このような修羅の激しい動きは、の意。「これ体」は、「花鳥風月に作り寄せ」たものに限らず、修羅一般をさす。

四 曲舞風のところがあれば、少々舞の型を加味するがよい、の意。いわゆる舞グセ（クセで、シテが立ち舞うもの）であろう。「実盛（さねもり）」「清経」「敦盛」などに見られる。「曲舞」は二六頁注四参照。

五 箙（えびら）と同じく、矢を入れて背負う武具。

六 太刀・なぎなたの類で身をよそう。

七 修羅の本質をしぐさにあらわすがよい。

八 よくよく注意して。

けだかさと鬼がかり

神(かみ)

およそ、この物まねは鬼がかりなり(鬼風のものである)。何(なに)[九]となく怒れるよそほひあれば、神体(しんたい)[一〇]によりて、鬼がかりにならんも苦しかるまじ。ただし[一一]はたと変はれる本意あり。神は、舞[一二]がかりの風情(ふぜい)によろし。鬼は、さらに(全く)舞がかりのたよりあるまじ(に演じる手がかりがない)。

神をば、いかにも神体によろしきやうに出で立ちて(ふさわしく身ごしらえをし)、けたかく、ことさら(特に)出物(でもの)[一三]にならでは、神といふことはあるまじければ、衣裳(いしやう)を飾りて、衣文(えもん)を繕ひてすべし(着つけを整えて演じるがよい)。

恐ろしさと面白さの調和

鬼(おに)

これ、ことさら大和(やまと)[一四]のものなり。一大事なり(非常にむずかしい)。およそ怨霊(をんりやう)[一五]・憑(つ)き

九 神はどことなく「怒った」ふるまいの見えるものであるから、の意。「怒る」は、鬼能が見せる激しい動作。神は畏怖(いふ)すべきものと考えられていた。
一〇 神〔の性格〕によっては鬼風に演じてもよい。
一一 〔神と鬼では〕本性においてすっかり違った点がある。
一二 舞風のしぐさがふさわしい〔が〕。
一三 出物としてあらわれなければ神とはいわれないのであるから、の意か。神は影向(ようごう)して(その姿をあらわして)、霊験(れいげん)を示すのが普通である。「出物」は、一曲の主人公(シテ)のことであるが、用例は後(のち)シテ(中入(なかいり)の後に再登場するシテ)に偏している。主人公が本体を見せるのは後シテだからであろう。
一四 大和猿楽が得手とする種目である。
一五 「怨霊」の鬼は「船弁慶(ふなべんけい)」「雷電(らいでん)」。「憑き物」の鬼は「葵上(あおいのうえ)」など。

物(もの)などの鬼は、面白きたよりあれば(面白く見せる手がかり)、やすし。あひしらひ(相手役)を目がけて、細かに足手(あして)を使ひて、物がしら[1]を本(ほん)にしてはたらけば、面白きたよりあり。まことの[2]、冥途(めいど)の鬼、よくまなべば恐ろしき(十分にまねると恐ろしいので)間(あひだ)、面白きところさらになし。まことは、あまりの大事のわざなれば、これを面白くする者、稀なるか。まづ本意(鬼の本質)は、強く、恐ろしかるべし(恐ろしいものであろう)。強きと恐ろしきは、面白き心には変はれり[3]。

そもそも鬼の物まね、大きなる大事(難問題)あり。[4]よくせんにつけて、面白かるまじき道理あり。恐ろしきところ、本意なり。恐ろしき心と面白きとは、黒白(こくびゃく)の違ひなり(天地の差がある)。されば鬼の面白きところあらん為手(して)は、窮めたる(奥義を体得した)上手とも申すべきか。

さりながらそれも(その場合も)、鬼ばかりをよくせん者は、ことさら花を知らぬ為手なるべし。されば若き為手[5]の鬼は、よくしたりとは見ゆれど(十分に演じたと見えながら)も、さらに面白からず、鬼ばかりをよくせん者は、鬼も[6]面白かるまじき道理あるべきか。詳しく習ふべし。[7]ただ鬼の面白からんたしな

一 役者が頭につけるもので、今いう頭(かしら)や戴(たい)の類を総称するか。頭は両肩・背筋に垂らした仮髪(かはつ)で、黒・赤・白の三種があり、戴は輪冠(わかんなり)の上に竜・狐・鷺(さぎ)などの形を立てたもので、役柄を表示する。

二 真実の鬼である冥途の鬼は、の意。「冥途の鬼」は「鵜飼(うかい)」「野守(のもり)」の後シテなど。

三 面白いという感じとは別物である。

四 〔それというのは〕十分にまねればまねるほど、面白くなくなるわけのあることである。

五 〔曲の持ち合せの少ない〕若い役者の演じる鬼は。

六 その鬼も面白くないというわけがきっとあるのだろう、の意。その理由は八四頁一〇行以下参照。

七 鬼を面白く演じる公案を要約すれば。

み、巌[八]に花の咲かんがごとし。

唐[九]事

これは、およそ各別（特別の種目）のことなれば、さだめて稽古すべき形木[一〇]もなし。[一一]ただ肝要、出立なるべし。また面をも、同じ人と申しながら（同じ人間とはいいながら）、模様[一二]の変はりたらんを着て、[一三]一体異様したるやうに風体を持つべし。劫入りたる（老功な）為手に似合ふものなり（種目である）。ただ出立を唐様[一四]にするならでは、手だてなし。何としても、音曲（謡）もはたらき（しぐさ）も、唐様といふことは、まことに（写実的に）似せたりとも、面白くもあるまじき風体なれば、ただ一模様[一五]心得んまでなり。

この異様したると申すことなど、かりそめながら（ちょっとしたことだが）、諸事[一六]にわたる公案なり。何事[一七]か異様してよかるべきなれども、およそ唐様[一八]をば何とか似すべきなれば、常のふるまひに、風体変はれば、何となく唐

八 「巌」が鬼、「花」が面白さの譬であるが、類似の文言は『古今集』巻六「白雪のところもわかず降りしけば巌にも咲く花とこそ見れ」や、「万法一如と見る時は、谷の巌も花の色」（延年「相乱拍子」）など。なお八五頁一行以下参照。

一風異様すること

九 唐人（中国人）の物まね。「邯鄲」「唐船」など。

一〇 「刷り形木」のことで、型染や本の板木をいう。転じて型、規範の意。

一一 何より大切なのは身ごしらえであろう。

一二 型の変ったものを着けて、の意。「模様」は鋳型。

一三 一風変った姿態を見せればよい。

一四 中国風にする以外に演じ方はない。

一五 〔出立に〕少し違った型を心がければ、それで十分である。

一六 広く応用のきく根本的な工夫である。

一七 何であれ、異様なことをしてよいはずはないが。

一八 〔似せても面白くない〕唐様をどう似せたらよいかといえば。

びたるやうに、よそ目に見なせば（観客が錯覚するから）、[一]やがてそれになるなり。

おほかた物まねの条々、以上。このほか細かなること、紙筆に載せがたし（書ききれない）。さりながら、およそこの条々をよくよく窮めたらん人は、おのづから細かなることをも心得べし（会得できよう）。

風姿花伝第三　問答条々[二]

問。そもそも申楽を始むるに、当日に臨んで、まづ座敷[三]を見て、[四]吉凶をかねて知ることは、いかなることぞや。

答。このこと、一大事なり。その道[五]に得たらん人ならでは心得べからず。

まづその日の庭を見るに、今日は能、よく出で来べき、あしく出

一　そのままそれが唐様ということになる。

＊　底本は本文の後に、「風姿花伝上」とあるが、他本を参考して除く。

二　問答体は伝書の結巻にふさわしいとする考えがあったらしい（『奥儀抄』・慈円『愚管抄』など）。

観客の動静に応じること

三　もとは庭に座（畳・円座など）を敷いた場所のことで、見所、観客席の意味であるが、舞台をも含めた演能場の意にも用いている。次の「庭」も同じ。

四　その日の出来・不出来を予見するというが、それはどういうことか。

五　陰陽道（卜筮や土地の占いで吉凶を知ること）を心得た役者でなければ。

で来べき瑞相[六]あるべし。これ申しがたし。しかれどもおよその了簡をもて見るに、神事[七]、貴人の御前などの申楽に、人群衆して、座敷いまだしづまらず。さるほどにいかにもいかにもしづめて、見物衆、申楽を待ちかねて、数万人の心、一同に、おそしと楽屋[八]を見るところに、時を得て出でて、一声[九]をも上ぐれば、やがて座敷も時の調子[一〇]に移りて、万人の心、為手のふるまひに和合して、しみじみとなれば、何とするも、その日の申楽ははやよし。

さりながら申楽は、貴人の御出でを本[一一]とすれば、もし早く御出である時は、やがて始めずしては叶はず。さるほどに見物衆の座敷、いまだ定まらず、あるいは遅れ馳せ[一二]などにて、人の立居しどろ[一三]にして、万人の心、いまだ能にならず[一四]。されば左右なくしみじみとなることなし。さやうならん時の脇の能には、物になりて出づる[一五]とも、日ごろより、色々とふりをも繕ひ、声をも強々とつかひ、足踏み[一六]をも少し高く踏み、立ちふるまふ風情[一七]をも、人の目に立つやうに、生

六 兆候があるものだ、の意。「瑞相」は仏語。「瑞」はしるしで、吉凶に通じて用いられる。
七 神事能。興福寺のいわゆる薪能（五九頁注一八）をはじめ、諸社の祭礼で奉仕される能。
八 役者がしたくをして出を待つ所で、当時は舞台の背後にあった。舞台とは橋がかりでつながる。
九 主としてシテが登場直後にうたう謡で、時の景趣や自分の気持などをあらわす。
一〇 その時の謡の調子に引き入れられ、の意。「時の調子」は一一二頁注五参照。
一一 貴人の御入場次第で（それを基準として）、開演するので。
一二 あとからかけつけること。
一三 観客は立つ者、すわっている者、入り乱れ。
一四 能を見る気分になっていない。
一五 出物（シテ）となって登場しても、の意。「出物」はシテをさす。三三頁注一三。
一六 足を少し高くあげて、音をたてて歩き、の意。「足踏み」は運歩。
一七 しぐさ。

き生きとすべし。これ、座敷をしづめんためなり。さやうならんにつけても、ことさら、その貴人の御心に合ひたらん風体[一]をすべし。さればかやうなる時の脇の能、十分によからんこと、かへすがへすあるまじきなり。しかれども貴人の御意[二]に叶へるまでなれば、これ肝要なり。何としても、座敷のはやしづまりて、おのづからしみたるには、わろきことなし。されば座敷の競ひ[三]後れを考へて見ること、その道に長ぜざらん人は、左右なく知るまじきなり。

またいはく、夜の申楽は、はたと変はるなり。夜は遅く始まれば、さだまりてしめるなり。されば昼[四]、二番目によき能の体を、夜の脇にすべし。脇の申楽、しめり立ちぬれば、そのまま能は直らず。いかにもいかにもよき能を利く[五]すべし。夜は人音忩々なれども、一声にて、やがてしづまるなり。しかれば昼の申楽は、後がよく、夜の申楽は、さし寄り[六]よし。さし寄り、しめり立ちぬれば、直る時分、左右なくなし。

一 芸態を見せなければならない。

二 おぼしめしに叶えばそれでよいのであるから、以上の心得は重要である。

三 動静、あるいは緊張度を冷静に観察することは、の意。「競ひ後れ」は双六の用語でもある。

四 昼なら二番目にふさわしい曲柄の能を、の意。二番目については一二八頁五行以下参照。

五 「利く」はするどく、の意か。よい曲柄の能をきびきびと演ずるがよい。吉田本「利かすべし」。

六 「さし寄る」の名詞形。最初、手はじめ、の意。「昼の申楽」は、番数の進むほど効果があがるのに対していう。

陰陽和合の理

秘義[七]にいはく、「そもそも一切は、陰陽[八]の和するところの界を成就とは知るべし」。昼[九]の気は陽気なり。されば、いかにもしづめて能をせんと思ふたくみは、陰気なり。陽気の時分に陰気を生ずること、陰陽[一〇]和する心なり。これ[一一]、能のよく出で来る成就のはじめなり。[一二]これ、面白しと見る心なり。夜はまた陰なれば、いかにもうきうきと、やがてよき能をして、人の心、花めくは、陽なり。これ、夜の陰に陽気を和[一三]する成就なり。されば陽の気に陽とし、陰の気に陰とせば、和するところあるまじければ、成就もあるまじ。成就なくは、何か面白からん。また昼のうちにても、時によりて、何とやらん、座敷もしめりて寂しきやうならば、これ陰の時と心得て、しづまぬやうに、心を入れてすべし。昼はかやうに、時によりて、陰気になることありとも、夜の気の、陽にならんこと、左右なくあるまじきなり。

座敷[一四]をかねて見るとは、これなるべし。

七 秘伝のこと。以下は秘伝として伝承されていた文句の引用であろう。

八 陰陽和合の状態が完成であると。

九 以下は、前述の昼夜に関する工夫を、改めて「秘義」の文句に照らして補説しようとするのである。

一〇 これが「秘義」でいう「陰陽の和する」という意味に当る。

一一 これが演能の成功、「秘義」のいわゆる「成就」の第一歩に当る。

一二 観客が面白いと感じるのも、この意味からである。

一三 和合させるために、この成功となるのである。

一四 開演前に観客席を観察することについてのご質問の答は、以上である。

序破急と能組

問ふ。能に、序破急[一]をば、何とか定むべきや。
答ふ。これ、やすき定めなり。一切[二]の事に序破急あれば、中楽もこれ同じ。能の風情[三]をもて定むべし。

まづ脇の中楽には、いかにも本説[四]正しきことの、しとやかなるが、さのみに細かになく、音曲・はたらきも、おほかたの風情にて、するすると、やすくすべし。第一[五]、祝言なるべし。いかによき脇の中楽なりとも、祝言欠けては叶ふべからず。たとひ能は少し次なりとも、祝言ならば苦しかるまじ。これ、序なるがゆゑなり。

二番・三番になりては、得たる[六]風体の、よき能をすべし。ことさら挙句[七]、急なれば、もみ寄せ[八]て、手数を入れてすべし。

また後日[九]の脇の中楽には、昨日の脇に変はれる風体をすべし。泣き[一〇]中楽をば、後日などの中ほどに、よき時分を考へてすべし。

一　舞楽でいう楽曲の構成法則。まず序は曲の導入部で、無拍子。破は曲の中心部で、ゆるやかな拍子。急は最終部で、急速な拍子。

二　すべての物ごとに、の意。法語などによく見える文句。序破急の法則は連歌や蹴鞠でも説かれたが、世阿は一日の能組から一舞・一音のうちにまでこの法則が働くという。

三　ここでは詞章・音曲・舞・はたらきを含めた曲のあり方をいう。

四　典拠のれっきとしたもので、しかも落着いた曲で、の意。「本説」とは典拠となる物語・故事・詩の本文。「正しき」とはたとえば伊勢・源氏物語など。

五　何よりも祝意がこもっていなければならない。

六　自分の会得した芸態で、しかも曲としてできのよい能を。

七　最後の一番は急に当るので、の意。「挙句」は連歌一巻の最後の一句をいうが、ここはその転用。

八　激しく畳みかけるようにして、の意。「もむ」は、馬腹に鞭を当て、馬を追いこむこと。

九　勧進猿楽など数日にわたる公演の場合、初日以外の日をいう。

一〇　泣き能ともいう。観客を泣かせる能で、二九頁一二行参照。

自作自演のよさ

問。申楽の、勝負[一一]の立合の手だてはいかに。

答。これ肝要なり。まづ能数[一二]を持ちて、敵人[一三]の能に変はりたる風体を、違へてすべし。序にいはく、「歌道を少したしなめ[一四]」とは、これなり（このためである）。この芸能の作者[一五]、別なれば、いかなる上手も心のままならず。自作なれば、言葉・ふるまひ、案のうちなり（意のままである）。されば能をせんほどの者の、和才[一六]あらば、申楽を作らんこと、やすかるべし。これ、この道の命なり。さればいかなる上手も、能（能数）を持たざらん為手は、一騎当千の兵なりとも、軍陣にて兵具のなからん（武器がないのと）、これ同じ。

されば手柄[一七]のせいれひ、立合に見ゆべし。敵方[一八]、色めきたる能をすれば、静かに（落着いた）、模様変はりて（別の型の能で）、詰めどころ[一九]のある能をすべし。かやうに敵人の申楽に変へてすれば、いかに敵方の申楽よけれども、さのみには（むやみに）負くることなし。もし能よく出で来れば（成功すれば）、勝つことは治

一一 勝負を決する立合能に勝つ方策。「立合」は一九頁注一五参照。
一二 上演できる曲を豊富にそろえる。
一三 相手とは別様の能を、別様に演じるがよい。
一四 一四頁の「歌道は風月延年の」以下の文をさすのであろう。したがって上にいう「序」とは、冒頭二頁にわたる文章をさしていたことがわかる。一三頁注一。
一五 能の作者が役者と別人であるなら、どんなすぐれた役者でも。
一六 和文・和歌を作る技能。
一七 すぐれた手ぎわのほどは立合の時にあらわれよう、の意。「手柄」はすぐれた手ぎわ、腕前。「せいれひ」は一説「精励」に当てるが「精霊」か。魂あるいは霊妙の気をいう。「古筆能書の筆の使ひやうは、いづくにも精霊ありて弱き所なし」（『入木抄』）。
一八 相手方が、花やかで観客をわかすような能をする時は〔こちらは〕。
一九 〔しかも〕引き締った場面のある能を、の意。劇的構成がしっかりして山場のある能であろう。

定（ぢやう）あるべし（決定的である）。

一しかれば申楽の当座（たうざ）においても、能に、上中下の差別（しやべつ）あるべし。

二本説（ほんぜつ）正しく、珍しき（目新しい曲で）が、三幽玄にて、面白きところあらんを、よき能とは申すべし。よき能をよくしたらん（十分に演じて）が、しかも出で来たらん（賞賛を博した場合）を、第一とすべし。能はそれほどになけれども、本説のままに（典拠に即して）、とがもなく（無難に作られ「それを」）、よくしたらんが、出で来たらんを、第二とすべし。能はえせ（けれん）能なれども、本説のわろきところをなかなかたよりにして（かえってうまく利用し）、骨を折りて、よくしたるを、第三とすべし。

花が能の命であること

問（とふ）。ここに大きなる不審（疑問）あり。はや劫（こふ）入りたる為手（年功の入った役者で）の、しかも名人なるに、四ただ今の若為手（わかじて）の、立合（たちあひ）に勝つことあり。これ不審なり。

答（こたふ）。これこそ、五さきに申しつる、三十以前の時分の花（一時の魅力）なれ。古き為手は、はや花失（う）せて六古様（こやう）なる時分に、珍しき花にて勝つことあり。

一 さて〔「よく出で来れば勝つ」とはいったが〕勝った演能を詳しく観察すると、その中にも優劣があり、上中下の区別が認められよう。
二 れっきとした典拠をもち。四〇頁注四。
三 美しく柔和な情趣にあふれ。
四 駆け出しの若い役者が、立合能で〔これと競演して〕勝つことがある。
五 一九頁六行以下参照。
六 古くさくなったころ、こちらは若さのもつ目新しさの魅力で。

真実(しんじち)の目利(めき)きは見分くべし。七さあらば、目利き・目利かずの、批判の勝負になるべきか。

さりながら様(やう)八あり。五十以来まで花の失(う)せざらんほどの為手には、いかなる若き花なりとも、勝つことはあるまじ。ただこれ、よきほ(かなりな)どの上手(上手が)の、花失せたるゆゑに、負くることあり。九いかなる名木(めいぼく)なりとも、花の咲かぬ時の木をや見ん。犬桜(いぬざくら)一〇の一重(ひとへ)なりとも、初花(はつはな)の色々(いろいろ)と咲けるをや見ん。かやうの譬(たとへ)を思ふ時は、一旦(一時的な)の花なりとも、立合に勝つは理(ことわり)なり(当然である)。

されば肝要(要は)、この道は、ただ花が能の命なるを(であるのに)、花の失するをも知らず、もとの名望ばかりを頼まんこと(昔の名声ばかりをあてにするのは)、古為手(ふるじて)一一のかへすがへす誤りなり。物数(ものかず)一二をば似せたりとも、花のあるやうを知らざらんは、花咲かぬ時の草木(くさき)を集めて見んがごとし。万木千草(ばんぼくせんさう)において、花の色もみなみな異なれども、面白し一三と見る心は、同じ花なり。物数は少なくとも、一方(いつぱう)一四の花を取り窮めたらん為手は、一体(いつてい)の名望は久しか

七 とすれば〔名人・若為手の勝負の問題は〕観客側の目が利くか利かないかという、批評能力の勝負の問題になってこよう。

八 ここに考えねばならない問題がある。

九 どのような名高い桜でも花のない時、それを人は観賞するだろうか。〔それとも〕……。どちらも「見ん」と疑問にして、後者が選ばれることを確信している言い方。名木には八重桜、しだれ桜が多い。

一〇 俳書『御傘(ごさん)』に「これは桜に似たる木にて花も咲かず、また咲けども小さき花にて卑しき木なり」とあり、立花(りっか)でも祝言の席には用いられなかった。

一一 老練な役者。一語。「究意の古強盗」(『あしびき』四)の類。

一二 舞・謡・しぐさにわたって、すべてそつなく演じても、花とはどういうものであるかを知らない役者の能は。

一三 面白いと思う気持は、花であれば皆同じである。

一四 どれか一体の花を会得し尽した役者であれば、その一体の名声だけは失せることがないであろう。「取り」は「集め」と同様の譬喩(ひゆ)。

るべし。されば主(ぬし)〔当人〕の心には、随分(ずいぶん)[一]花ありと思へども、人の目に見ゆ〔観客の目に花と見えるる工夫がないのは〕るる公案なからんは、田舎(でんじゃ)の花・藪梅(やぶうめ)[二]などの、いたづらに咲き匂(にほ)はんがごとし。

また同じ上手なりとも、そのうちにて重々(ぢゅうぢゅう)[三]あるべし。たとひ随分窮めたる上手・名人なりとも、この花の公案なからん為手(して)は、上手〔一時上手という評判はとっても〕にては通るとも、花は後(のち)までは〔長続きするものではない〕あるまじきなり。公案を窮めたらん上手は、たとへ[四]能は下がるとも、花は残るべし。花だに残らば、面白きところは一期(いちご)[五]あるべし。されば、まことの花の残りたる為手には、いかなる若き為手なりとも、勝つことはあるまじきなり。

慢心(まんじん)を恐れること

問(とふ)。能に得手得手(えてえて)[六]とて、ことのほかに劣りたる為手も、ひとむき〔一面で〕上手にまさりたるところあり。これを上手のせぬは、叶(かな)はぬやらん〔できないからか〕。[七]またすまじきことにて、せぬやらん。

一 なかなか。はなはだ。

二 野生の梅。

三 種々の段階。

四 副詞の「たとへ」は、当時「たとひ」(タトイ)が普通。「へ」と下二段風に用いられた例は九八頁四行にもあるが、そこは宗節書写本によれば「ひ」。

五 生涯失われることはあるまい。

六 人それぞれに得意とするものがある、の意味にいう語。

七 あるいはしてはいけないことなので、しないのか。

八 すべての物ごとに。
九 相手の得手には及ばないということがある。
一〇 かなりなといった程度の上手の場合に、考えられることである。
一一 したがって今、「上手のせぬ」場合があるといわれるのは、の意で下に続く。
一二 いないわけは、工夫はないくせに慢心ばかりがあるからである。「慢心」はおごりたかぶること。「まんしん」と清(す)んでも読む。
一三 見分ける観客もなく、役者自身も気がつかない。
一四〔つまり〕上手は自分の名声を過信したり、すぐれた技能に目がくらんで、欠点に気がつかない。
一五 相手がどんなにまずい役者でも。

答(こたふ)。一切(いつさい)[八]の事(じ)に、得手得手とて、生得(しやうとく)得たるところあるものなり（生れつき何か得意芸をもっている）。位はまさりたれども（芸位では自分が上でも）、[九]これは叶はぬことあり。さりながらこれもただ、[一〇]よきほどの上手のことにての了簡(れうけん)なり。まことに能(わざ)と工夫との窮まりたらん上手は（真実の上手なら）、などかいづれのむきをもせざらん（どのような芸でもできないはずはない）。されば[一一]能と工夫とを窮めたる為手、万人(ばんにん)が中にも一人(いちにん)もなきゆゑなり。なき[一二]とは、工夫はなくて、慢心(まんじん)あるゆゑなり。

そもそも上手にもわろきところあり。下手にもよきところ、必ずあるものなり。これを見る人もなし[一三]。主(ぬし)も知らず。上手は[一四]、名を頼み、達者に隠されて、わろきところを知らず。下手は、もとより工夫なければ、わろきところをも知らねば、よきところのたまたまあるをもわきまへず。されば上手も下手も、互ひに人に尋ぬべし（各自人の意見を聞くがよい）。さりながら能と工夫を窮めたらんは（役者なら）、これを知るべし。

[一五]いかなるをかしき為手なりとも、よきところありと見ば、上手もこれをまなぶべし（まねるがよい）。これ第一の手だてなり（上達法である）。もしよきところを見た

りとも、われより下手をば似すまじき（のまねなどすまい）と思ふ情識（じやうしき）[一]あらば、その心に繫縛（けばく）[二]せられて、わがわろきところをも、いかさま（おそらく）知るまじきなり。これすなはち、窮めぬ心[三]なるべし。また下手も、上手のわろきところ、もし見えば（気がつけば）、上手だにもわろきところあり。いはんや初心のわれなれば、さこそ（さぞかし欠点だらけであろう）わろきところ多かるらめと思ひて、これを恐れて、人にも尋ね、工夫をいたさば、いよいよ稽古（けいこ）になりて、能（芸はみがかれ）ははやく上がるべし（上達しよう）。もしさは（〔ところが〕かりにも逆に）なくて、われは、あれ体（てい）に（あんな下手なことは）わろきところをばすまじきものをと、慢心（まんじん）あらば、わがよきところをも、真実（しんじち）知らぬ為手（して）なるべし。よきところを知らねば（がわからないと）、わろきところをもよしと思ふなり。さるほどに年は行けども（年はとっても）、能は上がらぬなり。これすなはち、下手の心なり。

されば上手にだにも、上慢（じやうまん）[四]あらば、能は下がるべし。いはんや叶（かな）はぬ（下手の）上慢をや。よくよく公案して思へ（考えぬくがよい）。上手は下手の手本、下手は上手の手本なりと工夫すべし。下手のよきところ[五]を取りて、上手の

一　仏語で、我慢（がまん）に同じ。よい意見に耳をかさないこと。

二　仏語。心が煩悩（ぼんのう）や妄想（もうぞう）に縛られて、自由を失っていること。

三　〔上手とはいいながら〕まだ道を窮めたとはいえない心構えである。

四　仏語。増上慢の略語で、最上の法を会得してもいないのに会得したと思い上がること。

五　〔前述のとおり〕上手が下手の長所を取って、自分の豊富なわざの一つに付け加えることは、まさに完（かん）璧（ぺき）の稽古法である。

物数(ものかず)に入ること、無上至極(むじやうしごく)の理(ことわり)なり。[六]人のわろきところを見るだにも、わが手本なり。いはんやよきところをや。「[七]稽古は強かれ、情識(じやうしき)はなかれ」とは、これなるべし(このことである)。

生得の位と稽古による位

問(とふ)。能に、[八]位(くらゐ)の差別(しやべち)と知ることは、いかん。

答(こたふ)。これ、目利(めき)きの眼(まなこ)にはやすく見ゆるなり。およそ(一般に)位の上がるとは、能の重々(ぢゆうぢゆう)[九]のことなれども、不思議に、十ばかりの能者(のうじや)(役者でも)にも、[一〇]この位、おのれと上がれる風体(ふうてい)あり。ただし稽古なからんは(練磨を怠っては)、おのれと位ありとも、いたづらごと(無意味である)なり。[一一]まづ稽古の劫(こふ)入りて位のあらんは、常のことなり。

[一二]また生得(しやうとく)の位とは、たけなり。かさと申すは、別(べち)のものなり。多く、人、たけとかさとを同じやうに思ふなり。かさと申すものは、ものものしく、勢ひのあるかたち(様子)なり。またいはく(一説には)、かさは[一三]一切(いつさい)に

六 〔これも前述のとおり〕下手が上手の欠点を見るさえ、の意で下に続く。
七 一四頁の最後の文言。
八 能で、位に〔二種の〕区別があることを会得せよ、というが、どういうことか。「差別と」の「と」は「を」の変化（連声(れんじよう)）。
九 諸段階を経上がる意味であるが、の意。「重」は段階。これは稽古を積んで得る位である。
一〇 ここにいう位が自然と高度に備わっているという芸態がある、の意。これは生得の位である。
一一 やはり稽古に年功を積み、次第に位が上がってゆくのが普通のいき方である、の意。以上で稽古を積んで得る位と生得の位の二種が示され、かつ両者の修行上の関係も明らかにされている。
一二 ところで生得の位といえば、代表的なものがたけである、の意。以下たけとかさの区別にふれて、生得の位の説明としている。たけは幽玄と並ぶ芸論上重要な概念で、歌論ではやさしく華麗な幽玄に対し、太く大きなものと考えられた。強さともよく混同されるが、むしろ堂々とした風格をいう。
一三 すべてをこなす芸の幅の広さを意味する。

わたる義なり。〔かさと〕位・たけは別のものなり。[一]たとへば生得幽玄なるところあり。これ位なり。しかれども、[二]さらに幽玄にはなき為手の、たけのあるもあり。これは、[三]幽玄ならぬたけなり。

また初心の人、思ふべし。稽古に、位を心がけんは、かへすがへす叶ふまじ。位はいよいよ叶はで、[四]あまさへ稽古しつる分も下がるべし。[五]所詮位・たけとは生得のことにて、得ずしては、おほかた叶ふまじ。

[六]また稽古の劫入りて、垢落ちぬれば、この位、おのれと出で来ることあり。稽古とは、音曲・舞・はたらき・物まね、かやうの品々[七]を窮むる形木なり。

[八]よくよく公案して思ふに、[九]幽玄の位は、生得のものか。たけたる位は、劫入りたるところか。心中に案をめぐらすべし。

一〔いずれにせよ以上のとおり〕たけとかさは別物であるが、位とかさも別物なのである。極端な例をとれば、生得幽玄な趣のある芸態、これは位であってかさではない、の意。幽玄が「もののしく勢ひのある」かさと対蹠することは明らかであろう。この場合位は、もとより生得の位の意味である。

二〔このように「生得幽玄」な「位」を想定すると、生得の位であるたけと幽玄の間に混同が起るようにも思われるが〕、しかし実際はそうでなく。

三 これは幽玄とたけが如実に見分けられているわけで、つまりは幽玄でないたけであり、幽玄でないからといって、かさと誤解してはいけない。

四 アマッサエ。その上これまで身につけた芸も。

五〔前述によって位はたけや幽玄を含む概念なのであるが〕要するに位もたけも生得のもので。

六 以下の三行は、再び稽古を積んで得る位のことにもどる。

七 こうした種々のわざを窮めるための基礎を習得することをいう、の意。「形木」は三五頁注一〇参照。

八 さて二種の位の区別について考えぬいてみると。

九〔注一のとおり〕幽玄の位は生得の位そのもので、〔しかしたけの場合はまぎらわしく〕普通「たけたる位」といわれるものが、稽古を積んで得る位に当り、たけは前述のとおり生得の位として区別されることになろう、の意。

言葉からはたらきへ

問。[一〇]文字に当たる風情とは、何事ぞや。

答。これ、[一一]細かなる稽古なり。能に、もろもろのはたらきとは（しぐさといわれるものは）、これなり。[一二]体拝・身づかひと申すも、これなり。たとへば言ひごとの（謡の文言どおりに）文字に任せて、[一三]心をやるべし。「見る」といふことには物を見、「さす」「引く」などいふには、手をさし（伸ばし）・引き、「聞く」「音する」などには耳を寄せ、あらゆることに任せて身を使へば、おのづからはたらきになるなり。〔詳しくいえば〕第一、身を使ふこと、第二、手を使ふこと、第三、足を使ふことなり。[一四]節とかかりによりて、身のふるまひを了簡すべし（考えるがよい）。これは筆に見えがたし（書きあらわしにくい）。[一五]その時に至りて、見るまま習ふべし。

この、文字に当たることを稽古し窮めぬれば、音曲（謡）・はたらき、一心になるべし（一体となろう）。所詮音曲・はたらき、[一六]一心と申すこと、これまた得たるところなり（道を会得した境地である）。堪能と申さんも、これなるべし。秘事なり。音曲とはたらきとは二つの心なるを、一心になるほど達者に窮めた（巧妙に奥義を窮めた役）

一〇 謡の文言に合わせたしぐさをするというのはどういうことか。
一一 いちいち具体的に学ぶべき実技上の問題である。
一二 身構え。舞楽・蹴鞠・弓術などの用語。
一三 〔からだを動かすように〕配慮するがよい。
一四 「節かかり」のこと。節の続きがら。節の流れ。
一五 稽古に臨んで師匠のやって見せるとおりに実習するがよい。
一六 一体化しているということは。七三頁注一五。

らんは〔者は〕、無上(むじやう)第一の上手なるべし。これ、まことに強き能なるべし。

また強き[一]・弱きこと、多く、人、紛(まぎ)らかすものなり〔あいまいにしている〕。能の品のなきをば〔優美さに欠けるのを〕強きと心得、弱きをば幽玄(いうげん)なると批判すること、をかしきことなり〔こっけいである〕。何と見るも[二]、見弱りのせぬ為手(して)あるべし。これ強きなり。何(なに)と見るも、花やかなる為手、これ幽玄なり。

さればこの、文字に当たる道理を為窮(しきは)め[三]たらんは、音曲・はたらき、一心になり、強き・幽玄の堺(さかひ)、いづれもいづれも、おのづから窮めたる為手なるべし。

花の上のしおれ

問(とふ)。常の批判に〔よく聞く批評に〕も、しほれたると申すことあり。いかやうなるところ〔境地〕ぞや。

答(こたふ)。これは、ことにしるすに及ばず〔書くことができない〕。[四]その風情(ふぜい)あらはれまじ。さ

一 七四頁一行以下参照。

二 どう見直しても欠陥のあらわれてこない役者がいるものである。

三 徹底的に身につけた役者は、音曲とはたらきが一体となり、あわせて強きと幽玄の境地をもそれぞれ巧まずして会得した役者、ということになろう。

四 書いてもその芸態はあらわせまい。

りながらまさしくしほれたる風情はあるものなり。これもただ、花（花が）によりての（あっての上の）風情なり。よくよく案じて見るに、稽古（けいこ）[五]にもふるまひにも及びがたし。花を窮めたらば知るべきか。さればあまねく[六]、物まねごとになしとも、一方（いっぱう）の花を窮めたらん人は、しほれたるところをも知ることあるべし。

しかればこの、しほれたると申すこと、花よりもなほ上のことに（一段上の境地ともいえ）も申しつべし（るはずである）。花なくては、しほれどころ[七]無益（むやく）なり。それはしめりたるになるべし。花のしほれたらんこそ面白けれ。花咲かぬ草木（くさき）のしほれたらん、何か面白かるべき。されば花を窮めんこと、一大事（〔は〕至難であ）なるに（るが）、その上とも申すべきことなれば、しほれたる[八]風体（ふうてい）、かへすがへす大事なり。さるほどに譬（たとへ）[九]にも申しがたし。

古歌にいはく、

[一〇] うす霧のまがきの花のあさじめり秋はゆふべとたれか言ひけん

またいはく、

五 稽古さえすれば手に入るというものでもなく、また何らかのしぐさであらわせるというものでもない。

六 いちいちの物まねについて花を窮めていなくても、どれか一体の物まねについて花を窮めた役者なら。

七 しおれていることは無意味である。その場合はむしろ「しめりたる」というべきであろう、の意。花が「しほる」とは、花が散ったり、雨露にぬれたりして弱ること。「しめる」も潤う（うるお）意味のほか、火勢や雨風の弱ることをいうので、ともに類語であるが、この場合ことさら「しほる」の方に意義を認めたのは、能評での慣用に従ったまでであろう。しかしそれを花と結びつけ、かつ「しめる」とも関連させて以上のように解釈したのは、『花伝』の工夫か。

八 しおれた芸態を会得することはどう考えてもむずかしい、の意。風体は風情に同じ。

九 譬喩（ひゆ）で説明することもむずかしい。しかしこういう古歌がある。〔それで象徴的に理解してほしい〕。

一〇『新古今集』巻四、藤原清輔（ふじわらのきよすけ）の歌。霧のたえだえ流れる竹垣に、花のしっとりとぬれている秋の朝よ。秋は夕べの風情に限るなどという通念は、誰が言い出したことか、の意。「しめり」と詠まれているのは本文の文意と合わないが、ともかく花のしおれたさまに幽玄の極致を見出した歌として引いたのであろう。

[一]色見えでうつろふものは世の中の人のこころの花にぞありける

かやうなる風体にてやあるべき。[二]心中に当てて公案すべし。

奥義——花を知ること

問。能に花を知ること、この条々を見るに、無上第一なり。肝要なり。または不審なり。これ、いかにとして心得べきや。

答。この道の奥儀を窮むるところなるべし。[三]一大事とも秘事とも、ただこの一道なり。まづおほかた、[四]稽古・物学の条々に詳しく見えたり。[五]時分の花・声の花・幽玄の花、かやうの条々は、人の目にも見えたれども、[六]そのわざより出で来る花なれば、咲く花のごとくなれば、またやがて散る時分あり。されば久しからねば、天下に名望少なし。ただ[七]まことの花は、咲く道理も散る道理も、心のままなるべし。されば久しかるべし。この理を知らんこと、いかがすべき。[八]もし別紙の口伝にあるべきか。ただ[九]煩はしくは心得まじきなり。

一 『古今集』巻十五、小野小町の歌。草木の花とは違い、目には見えないで衰えてゆく男の花心（あだ心）を嘆いた歌であるが、ここではその意味から離れて、独自に解釈されているようである。つまり「しほれたる風体」とは、本来形なき形（色見えで）であり、しかも一所に住するところのない（うつろふ）ものであり、それは役者の深い心のあらわれ（人の心の花）である、という意味に解される。

二 胸に収めて十分工夫するがよい。

三 難問とよばれ、秘伝とよばれているものも、要はこの「花を知る」という一工夫に尽きる、の意。「ひとみち」の読みは底本による。

四 「第一年来稽古条々」と「第二物学条々」。

五 童形のもつ年齢・声・姿それぞれの魅力をいう。一六〜一七頁。

六 わざ、つまり肉体から生じる花であるから、の意。「わざ」は謡・舞・はたらき・物まね等の総称。

七 年齢その他特定の条件に左右されない常住不変の魅力。「時分の花」に対していう。一七頁注九。

八 〔これは奥義であるから〕もし書くとすれば、別紙口伝で明らかにすべき事がらであろう、の意。この巻の執筆時に「別紙口伝」の構想ができていたことがわかる。

九 面倒なものであると考えてはならない。

まづ七歳より以来、年来稽古の条々、物学の品々を、よくよく心中に当てて分かち覚えて、[一〇]能を尽くし、工夫を窮めて後、この、[一一]花の失せぬところをば知るべし。この、[一二]物数を窮むる心、すなはち花の種なるべし。されば花を知らんと思はば、まづ種を知るべし。[一三]花は心、種はわざなるべし。

[一四]古人いはく、

[一五]心地含諸種　普雨悉皆萌

[一六]頓悟花情已　菩提果自成

およそ家を守り、芸を重んずるによつて、亡父の申し置きしことどもを、心底にさしはさみて、大概を録するところ、世のそしりを忘れて、道のすたれんことを思ふによりて、[一七]全く他人の才学に及ぼさんとにはあらず。ただ[一八]子孫の庭訓を残すのみなり。

[一九]風姿花伝条々　以上。

一〇「わざ」のこと。次の「物数」も同じ。
一一 常住不変の花のありかが会得されるであろう。
一二 わざを窮めようとする努力、それが種に当ろう。
一三 要約すれば、花は工夫・公案、つまり心によって咲くものであり、その基礎になる物数、つまりわざは種に当るといってよい。
一四 禅の六祖、慧能の偈。『法宝壇経』等に見える。
一五 人は皆本性として仏性（諸種）を備えており、いま自分の説法を聞くことは、あまねく大地をうるおす雨にその種が発芽するようなものである。つまり各自が仏性にめざめる機縁となろう。
一六 自分の説法を聞いて工夫を尽せば、豁然として悟りが開け、おのずから仏の無上の知恵に達することができるであろう、の意。本文と対照していえば「種」は「物数を窮むる心」、「悟花情」は「工夫を窮める」こと、「菩提果自成」は「花の失せぬところを知る」、そしてそこに至る機縁である「普雨」は、以上の各条条の教えに当る。
一七 他家の人々の学識に役立てようというつもりは全くない。
一八 子孫のための家訓。
一九 この一行は、第一から第三までの各条々の完結を意味する。

于時応永七年庚辰卯月十三日

従五位下左衛門大夫　秦元清書

風姿花伝第四　神儀云

一、申楽、神代のはじまりと云ぱ、天照太神、天の岩戸にこもり給ひし時、天下常闇になりしに、八百万の神達、天の香具山に集まり、太神の御心をとらんとて、神楽を奏し、細男を始め給ふ。中にも天鈿女命進み出で給ひて、榊の枝に幣をつけて、声をあげ、火処焼き、踏みとどろかし、神憑りすと、歌ひ舞ひ奏で給ふ。その御声ひそかに聞えければ、太神、岩戸を少し開き給ふ。国土また明白たり。神達の御面、白かりけり。その時の御あそび、申楽のはじめ

猿楽の起源——日本

一　西暦一四〇〇年。「庚辰」は、かのえたつ。「卯月」は四月。世阿三十八歳。

二　左衛門の大尉（左衛門府の三等官で、従六位上相当）で五位の者。世阿がこの官位を称するいわれは不明であるが、興福寺所属の狛・大神氏などの楽人が六衛府の官人であり、先祖氏安（五八頁注三）もまた近衛府のそれであった古例に倣ったものか。

三　大和猿楽は秦河勝の子孫ということで秦氏を称した（一三頁参照）。「元清」は世阿の実名。

四　神に関すること、の意で、神楽としての猿楽のいわれを説く。

五　改まって説明する言い方。「いふは」の促音。

六　資料の多くは「天安の河原」であるが、この説は『古今集』序の注釈書『三流抄』にみえる。

七　神楽の舞。白布で面を隠した浄衣の舞人が鼓を打ったり、袖を手で取ったりして舞台をめぐる。

八　『日本書紀』では、猿女君（大嘗祭・鎮魂祭などで舞楽を奉仕した女）の遠祖という。

九　ほどころ。神楽の時、庭でたくかがり火。『旧事紀』には「庭火をあげ、巧みに俳優をなし、火処焼き、槽（中空の容器）伏せて踏みとどろこし、神憑りして」とある。

一〇　神がかりの状態で。

一一　お顔も白く見えた、の意。『古語拾遺』『旧事紀』によれば、神々の面が皆明白になったので、互いに

と云々。詳しくは口伝にあるべし。

猿楽の起源——インド

一、仏在所[一二]には、須達長者[一三]、祇園精舎を建てて供養[一四]の時、釈迦如来、御説法ありしに、提婆[一五]、一万人の外道を伴ひ、木の枝・篠の葉に幣をつけて踊り叫めば、御供養展べがたかりしに、仏、舎利弗[一六]に御目を加へ給へば、仏力を受け、御後戸[一七]にて鼓・唱歌[一八]をととのへ、阿難[一九]の才覚、舎利弗の知恵、富楼那[二〇]の弁説にて、六十六番[二一]の物まねをし給へば、外道、笛・鼓の音を聞きて、後戸に集まり、これを見てしづまりぬ。その隙に如来、供養を展べ給へり。それより天竺にこの道ははじまるなり。

遠祖秦河勝のこと

一、日本国においては、欽明天皇[二二]の御宇に、大和国泊瀬[二三]の河に洪

「あはれ、あなおもしろ云々」と歓喜したとあり、「面白し」の語源説明になっている。『花伝』では「面白」は、「花」と同義の重要な用語である。八二頁注四。

一二 釈迦のいます地。天竺（インドの古称）をさす。

一三 南天竺、舎衛国の徳望ある資産家。釈迦のために祇陀太子の園林を買い求め、祇園精舎を建てた。

一四 仏像を安置し経を書写した後、供物すること。

一五 提婆達多。阿難（注一九）の兄で釈迦の従弟。在俗の頃から釈迦と競い、その弟子となった後も名声をねたんで迫害し、生きながら無間地獄に落ちたという。

一六 釈迦十大弟子の一人。知恵第一と称する。

一七 堂舎の背後の戸口。建物のうしろをもいう。

一八 雅楽で横笛（太鼓・羯鼓なども）の旋律を暗記するために唱われたチリタリのような仮名譜であるが、一種の吟詠としても行われた。

一九 十大弟子の一人。二十余年間釈迦に随伴して一切の法を受け、多聞第一と称する。「才覚」は学識。

二〇 十大弟子の一人。弁説に巧みで説法第一と称する。

二一 一三頁注五。

二二 第二十九代。在位五三九〜五七一年。「御宇」は御代に同じ。

二三 初瀬川。長谷寺の奥に発し、寺の南を西流して三輪山の麓を回り、大神神社の前を流れる。

水の折節、河上より一つの壺流れ下る。三輪の杉の鳥居のほとりにて、雲客、この壺を取る。中に嬰児あり。かたち柔和にして玉のごとし。これ、降りびとなるがゆゑに、内裏に奏聞す。その夜御門の御夢に、嬰児のいはく、「われはこれ、大国秦の始皇の再誕なり。日域に機縁ありて、今現在す」といふ。御門奇特におぼしめし、殿上に召さる。成人にしたがひて才智人に越えば、年十五にて大臣の位に上り、秦の姓を下さるる。秦といふ文字、「はだ」なるがゆゑに、秦河勝これなり。

上宮太子、天下少し障りありし時、神代・仏在所の吉例に任せて、六十六番の物まねを、かの河勝に仰せて、同じく六十六番の面を御作にて、すなはち河勝に与へ給ふ。橘の内裏、紫宸殿にてこれを勤ず。天治まり、国静かなり。上宮太子、末代のため、神楽なりしを、神といふ文字の偏をのけて、旁を残し給ふ。これ、日よみの申なるがゆゑに申楽と名づく。すなはち楽しみを申すによりてなり。また

一 大神神社は、特異な形の三輪鳥居で知られているが、「杉の鳥居」は、三輪明神の作という「恋しくはとぶらひ来ませわが宿は三輪の山もと杉立てる門」(『袋草子』)の歌にちなむか。「雲客」は殿上人。

二 日本の「小国」に対し、大唐(中国)をさす。高麗・新羅を含む場合もある。

三 秦の始皇帝。在位西暦前二四六〜二一〇年。

四 日本に前世からの約束があって、今やって来た。

五 世に秦河勝とよばれた人がこの人である、の意。河勝については一三頁注四参照。

六 聖徳太子。用明天皇の皇子で推古天皇の皇太子。

七 天変地異をいうか。

八 めでたい先例に従い、の意。前述の故事をさす。

九 面をみずからお打ちになり。

一〇 奈良県高市郡明日香村橘にある橘寺。用明天皇別宮、聖徳太子誕生の地と伝える。橘寺に内裏があった事実はない。「紫宸殿」は内裏の正殿。

一一 もとは「神楽」と書いていたのを、「神」の示偏をとって旁の「申」だけを残された。

一二 暦の中の申の意。干支の申を猿と区別していう語。

一三 神楽の分身である由来を文字に残したのである。

一四 以下「推古」まで、西暦五三九年から六二八年までの歴代の天皇。

一五 当時普通は「そうじゅん」。底本の読みに従う。

一六 化身はいずれこの世から姿を消す定めなので、の意。「化人」は神仏が衆生を救うため、仮に人とあら

は神楽を分くればなり。

かの河勝、欽明・敏達・用明・崇峻・推古・上宮太子に仕へ奉り、この芸をば子孫に伝へ、化人跡を留めぬによりて、摂津国難波の浦よりうつほ舟に乗りて、風に任せて西海に出づ。播磨国坂越の浦に着く。浦人舟を開けて見れば、かたち人間に変はり（顔かたちは人のようでなく）、諸人に憑きたたりて奇瑞をなす。すなはち神と崇めて国豊かなり。大きに荒るると書きて大荒大明神と名づく。今の代に（現在も）霊験あらたなり。本地、毘沙門天王にてまします。上宮太子、守屋の逆臣をたひらげ給ひし時も、かの河勝が神通方便の手にかかりて、守屋は失せぬ、と云々。

氏安・金春のこと

一、平の都にしては（平安京になると）、村上天皇の御宇に、昔の上宮太子の御筆の申楽延年の記を叡覧なるに（御覧になると）、まづ神代・仏在所のはじまり（での起源〔次に〕）、月氏・震旦・日域に伝はる狂言綺語をもて、讃仏・転法輪の因縁を守り、

われたもの。化身。
一七 ウツオと読む。大木を中空にくり抜いた舟。これに霊物を入れて流す伝説は多い。
一八 兵庫県赤穂市坂越。湾内の生島に着いたと伝える。
一九 不思議なしるしをあらわした。
二〇 坂越の大避神社の祭神、大避明神（秦河勝）のこと。吉田本「大荒」。
二一 大明神は垂迹（化身）で、その本地（真実身）は毘沙門天である、の意。「毘沙門天」は四天王の一。
二二 物部氏。排仏派の首領で、用明天皇の崩後、兵をあげて聖徳太子・蘇我馬子と戦い、敗死した。
二三 人間業でない手段の意。河勝は太子の軍師となり、命を受けて四天王の像を刻み、これを守護神として戦って勝利をえた。
二四 第六十二代。在位九四六～九六七年。
二五 架空の書。一三頁注二。
二六 天竺のことで、仏在所に同じ。「震旦」は中国。神代と仏在所、月氏と日域はそれぞれ対をなす。
二七 「狂言」は道理に外れた言葉。「綺語」は偽り飾った言葉。いずれも文芸のことで、ここは申楽延年をさす。大意は、三国伝来の世俗の芸能である申楽延年を一転させて。
二八 仏をたたえ、かつ仏法普及の手段にするといういわれを見失わず、の意。「狂言綺語」以下の十八字は、『和漢朗詠集』「仏事」の白楽天の詩句による。

魔縁を退け、福祐を招く。中楽舞を奏すれば、国穏やかに、民静かに、寿命長遠[一]なりと、太子の御筆あらたなるによつて、村上天皇、中楽をもて天下[二]の御祈禱たるべきとて、そのころ、かの河勝、この中楽の芸を伝ふる子孫、秦氏安[三]なり。六十六番申楽を紫宸殿にて仕る。そのころ、紀権守[四]と申す人、才智の人なりけり。これは、かの氏安が妹聟なり。これをも相伴ひて中楽をす。

その後、六十六番までは一日に勤めがたしとて、その中を選びて稲経翁〈翁面[五]〉・代経翁〈三番申楽[六]〉・父助[七]、これ三つを定む。今の代の式三番[八]、これなり。すなはち法報応[九]の三身の如来をかたどり奉るところなり。式三番の口伝、別紙にあるべし。

秦氏安より光太郎[一〇]・金春[一一]まで二十九代の遠孫なり。これ大和国円満井[一二]の座なり。同じく氏安より相伝ふる聖徳太子の御作の鬼面・春[一三]日の御神影・仏舎利、これ三つ、この家に伝ふるところなり。

一 仏語。長寿をいう。
二 天下太平のための御祈禱に用いることとし。
三 応和三年（九六三）、村上天皇の策問（進士の試問）である「弁散楽」の対策（答案）の作者として、散楽得業生、正六位上行兼腋陣吉上、秦宿禰氏安の名が『本朝文粋』巻三に見える。実作者は藤原雅材で、氏安が実在したかどうかは不明。
四 もと奈良の元興寺におり、のち近江に下って、日吉神社の猿楽を奉仕したという（『明宿集』）。
五 「おきなおもて」。シテの翁の古名。面は白色尉。
六 「さんばんさるがく」。三番叟の古名。翁猿楽は父尉・翁・三番叟の順なので、三番目に演じる猿楽の意であろう。後半黒い翁面（黒色尉）を着けて舞う。
七 延命冠者とともに舞う。世阿の晩年にはすたれて露払に代り、やがて千歳になった。ふりがなは底本のまま。一二〇頁注七。
八 翁猿楽の古名。今は翁・三番叟・千歳から成る。本文は二翁の素姓について古伝を示している。
九 三身如来。如来即ち仏がそなえるという三種の身体で、法身・報身・応身をいう。
一〇 毘沙王権守の子で、金春座第二十七代。
一一 金春第二十九代の弥三郎。光太郎の弟の金春権守の嫡子で、禅竹の父。
一二 金春座の古名。竹田の座ともいう。
一三 春日大明神の御肖像。「仏舎利」は仏骨。

維摩会の延年と薪能

一、当代において、南都興福寺の維摩会[一四]に、講堂[一五]にて法味[一六]を行ひ給ふ折節、食堂にて舞延年あり。外道を和らげ、魔縁をしづむ。その間に食堂前にて、かの御経を講じ給ふ。すなはち祇園精舎[一七]の吉例なり。

しかれば大和国春日・興福寺神事[一八]行なひとは、二月二日・同五日[一九]、宮寺[二〇]において四座の中楽[二一]、一年中の御神事始めなり。天下太平の御祈禱なり。

一、大和国春日御神事相随[二一]中楽四座。
外山[二二]　結崎[二三]　坂戸[二四]　円満井[二五]

一、江州日吉御神事相随中楽三座。
山階[二六]　下坂[二七]　比叡[二八]

一四　興福寺で、十月十日から鎌足の忌日に当る十六日まで維摩経を講じて供養する大法会。
一五　説法や講義をする建物で興福寺では維摩堂ともいい、その東に食堂（食事をする建物）があった。
一六　仏法の妙味。「法味を行なう」は「法味をささぐ」に同じく、読経すること。
一七　五五頁に見える故事をさす。
一八　春日神社と興福寺一体の神事で、いわゆる薪能。
一九　薪能は二月二日夜の西金堂の行事に始まり、三日夜は東金堂、五日は春日四所の神前で四座の長が式三番を奉仕した。ちなみに衆徒の興行として奉仕された南大門の能は六日から始まる（『円満井座壁書』）。
二〇　神宮寺。神仏混淆思想から神社に付属して置かれた寺。ここは興福寺のこと。
二一　大和猿楽の四座（以下参照）。大意は、四座の猿楽が勤めることをいうが、これが、の意で下に続く。
二二　宝生座の古名。奈良県桜井市外山にあった座。
二三　観世座の古名。同県磯城郡川西村結崎にあった。
二四　金剛座の古名。昔の平群郡坂門、今は生駒郡三郷町立野付近。
二五　五八頁注一二参照。磯城郡田原本町西竹田か。
二六　滋賀県長浜市山階町にあった座。
二七　同市下坂中町、下坂浜町の辺か。
二八　同県大津市坂本本町の日吉神社付近。

一、伊勢[一] 主司二座。

一、法勝寺[二] 御修正[三] 参勤 申楽三座。

（河内住）新座[四] （丹波）本座[五] （摂津）法成寺[六]

この三座、同 賀茂・住吉[七] 御神事にも相随。

花伝はなぜ書かれたか

〔第五〕[八] 奥儀云

そもそも『風姿花伝』の条々、おほかた外見[九]のはばかり、子孫の庭訓のため注すといへども、ただ望むところの本意[一〇]とは、当世、この道のともがら（能役者たち）を見るに、芸のたしなみ（練磨）はおろそかにて、非道[一一]のみ行じ、たまたま当芸（猿楽にたずさわる）に至る時も、ただ一夕の戯笑[一二]・一旦の名利に染みて、源[一三]を忘れて流れを失ふこと、道すでにすたる時節かと、これを嘆くのみなり。しかれば[一四]道をたしなみ、芸を重んずるところ、私

一 伊勢には呪師（主司はあて字）猿楽系統の二座がある、の意。和屋（松阪市和屋町）と勝田（度会郡玉城町勝田）の座で、伊勢両宮の神事に奉仕した。呪師猿楽は法会で法呪師が行う呪法の内容を演技で解説する役で、平安末から鎌倉時代にかけて栄え、のち猿楽に転向した。

二 白河天皇創建の大寺。京都市左京区岡崎付近にあったが、康永元年（一三四二）の火災後、衰微した。

三 修正月会。正月初めの数日間行われた天下太平祈禱の法会。

四 榎並の座。河内は摂津の誤り。東生郡榎並荘（いま大阪市城東区野江付近に名が残る）にあった座。

五 矢田の座。京都府亀岡市矢田町。

六 宿の座。茨木市宿久庄付近。

七 京都市の上賀茂・下鴨の両社の御手代祭（六月）や大阪市住吉神社の御田植神事（四月）に奉仕した。

八 「第五」は底本になく、吉田本による。

九 他人の目を避け、の意。「の」は「を」の連声。

一〇 私の訴えたい真意は、の意。下の「などかその徳を得ざらん」にまでかかる。

一一 本道（業）以外のわざ。

一二 無意味な笑い。『法華経』「安楽行品」などに見える。文意は、あるいは一時のはかないたわぶれ、あるいは一時の名声や利得にかかずらって。

一三 能の起源やその伝統を忘れること。「序」の「そ

なくは、などかその徳を得ざらん。

[一五]ことさらこの芸、その風(ふう)を継ぐといへども、[一六]自力(じりき)より出づるふるまひあれば、語にも及びがたし（言葉では説明しきれない）。[一七]その風を得て、心より心に伝ふる花なれば、『風姿花伝』と名づく。

大和・近江猿楽、田楽の相違

およそこの道、[一八]和州(わしう)、江州(がうしう)において風体(ふうてい)（芸態）変はれり。江州には、幽玄(いうげん)の堺(さかひ)をとり立てて（主にして）、物まねを次にして、[一九]かかりを本(ほん)とす。和州には、まづ物まねをとり立てて、[二〇]物数(ものかず)を尽くして、しかも幽玄の風体ならんとなり。しかれども真実(しんじつ)の上手は、いづれの風体なりとも、漏れたるところあるまじきなり（ぬかりはないはずである）。ひとむきの風体ばかりをせんものは（一面的な芸態にかたよるのは）、[二一]まこと、得ぬ人のわざなるべし。

されば和州の風体、〔は〕物まね・[二二]義理(ぎり)を本として、あるいは[二三]たけのあるよそほひ、あるいは[二四]怒れるふるまひ、かくのごとくの物数を、得たるところと人も心得（観客も考え）、たしなみもこれ、もつぱらなれども（役者も専心それに励んでいるが）、[二五]亡父の名を得し盛り、[二六]静(しづか)が舞の能、[二七]嵯峨(さが)の大念仏(だいねんぶつ)の女物狂(ものぐるひ)の物まね、こ

の源を……よこしまにすることなかれ」参照。

一四 さて〔真実の心がけは以上の逆で〕深くこの道に励み、芸を大切に守る心で先人の教えに従い、私心なく修行すれば、必ずや芸道の名利を得るであろう〔というのが私の本意なのである〕。

一五 特に能の場合、芸の伝承が根本ではあるが。

一六 自分で工夫し、体得するわざもあるので。

一七 芸の伝授を受け、それを基にして自分で会得した花を、以心伝心(いしんでんしん)で伝えるという意味で。

一八 大和猿楽と近江猿楽。五九頁八行以下。

一九 姿の美しさを根本としている、の意。「かかり」は一五頁注一五参照。

二〇 種々のわざの意で、謡・舞・はたらき・物まねのすべてについていう。

二一 実は未熟な役者のすることである。

二二 一般には文章の意味内容のことであるが、世阿が特に「義理」というのは、問答や理屈の言い立てなど役者のからみ合いに富んだものをさしている。

二三 堂々とした演技。四七頁注一二。

二四 鬼能などの激しいしぐさをいう。

二五 観阿がはじめて将軍義満に認められた応安七年(四十二歳)の今熊野(いまぐまの)の能あたりから後であろう。

二六 「吉野静(よしのしずか)」の原曲かという。

二七 「百万(ひゃくまん)」の原曲か。

とにことに得たりし風体なれば、天下の褒美・名望を得しこと、世もて隠れなし。これ、幽玄無上の風体なり。

また田楽[一]の風体、ことに各別のことにて、見所[二]も、中楽の風体には批判にも及ばぬと、みなみな思ひ慣れたれども、近代にこの道の聖とも聞えし本座[三]の一忠、ことにことに物数を尽くしける中にも、鬼神[四]の物まね・怒れるよそほひ、漏れたる[五]風体なかりけるとこそ承りしか。しかれば亡父は、常に一忠がことを、わが[六]風体の師なりと、まさしく申ししなり。

十体に通達すること

されば、ただ、人ごとに、あるいは情識[七]、あるいは得ぬゆゑに、ひとむきの風体ばかりを得て、十体[八]にわたるところを知らで、よその風体をきらふなり。これはきらふにはあらず。ただ叶[九]はぬ情識なり。されば叶はぬゆゑに、一体[一〇]得たるほどの名望を一旦は得たれども、久しき花なければ、天下[一一]に許されず。堪能にて、天下の許されを得んほどの者は、いづれの風体をするとも面白かるべし。風体・形木[一二]

一 田楽能をさす。田楽は田植えの際行われた農耕儀礼としての歌舞がやがて専業化したもので、院政中期には座を組織し、鎌倉時代には能（歌舞劇）をもつに至った。能の成立は猿楽よりも遅れるらしいが、その成熟は早く、世阿当時は猿楽能を圧倒して流行していたが、室町末期には逆に押されて衰退した。

二 観客も猿楽の芸態とは比較できないと。

三 田楽の本座。京都の東部、白河にあった田楽座で、のち奈良にできた新座に対していう。一忠は一七五頁三行以下参照。

四 鬼能やその系統の激しい演技にことにすぐれ。

五 何一つできない芸態はなかったと聞いている、の意。世阿は直接一忠を見なかった。

六 同じ言葉は一七五頁三行目にも見える。

七 強情（一四頁注一〇）のため、あるいは自分ができないために。

八 能の芸態のすべて、の意（八八頁八行以下）であるが、もとは歌論用語。歌では壬生忠岑の十体（『和歌体十種』）をはじめ、歌を種々の観点から十種に分類することが行われたが、『定家十体』が出て風体分類の規範となり、連歌論や能論（禅竹）にも影響を与えた。

九 できないための、やせ我慢にすぎない。

一〇 一体を身につけていることにふさわしい程度の名声を。

一一 世間に認められない。二〇頁注四。

は面々(めんめん)各々(かつかく)なれども、面白きところはいづれにもわたるべし。この、面白しと見るは、花なるべし。これ、和州(わしう)・江州(がうしう)、また田楽(でんがく)の能にも漏れぬところなり〔すべて通ずる道理である〕。されば漏れぬところを持ちたる為手(して)ならでは、天下の許されを得んことあるべからず。

またいはく〔付言すれば〕、ことごとく物数を窮めずとも、仮令(けりやう)[一三]、十分(ぶん)に七八分(ぶ)窮めたらん上手〔名手で〕の、その中にことに得たる風体〔しかも窮めた中でも特に身につけた芸態〕を、わがもんてい[一四]の形木に為(し)窮めたらんが、しかも工夫あらば、これまた天下の名望を得つべし。さりながら、げには〔実は〕、十分に足らぬ〔七八分の程度では〕ところあらば、都鄙(とひ)[一五]・上下(じやうげ)において、見所(けんじよ)の褒貶(ほうへん)の沙汰(さた)あるべし。

およそ能の名望を得ること、品々(しなじな)[一六]多し。上手は目利(めき)[一七]かずの心に相叶ふ〔気に入る〕ことかたし〔ことはむずかしい〕。下手は目利きの眼(まなこ)に合ふことなし〔めがねにかなわない〕。下手にて目利きの眼に叶はぬは、不審あるべからず〔当然である〕。上手の、目利かずの心に合はぬこと、これは、目利かずの眼の及ばぬ〔眼識が低いためであるが〕ところなれども、得たる〔深く会得〕上手にて〔した上手で〕、工夫あらん〔〔しかも〕〕為手ならば、また目利かずの眼にも面白しと

一二 芸態や演技の型は人ごとに皆違うが、の意。「形木」は板木。転じて型をいう。
一三 おおよそをいえば。
一四 「門弟」か。弟子たちに教えるための型となるまで練り上げた、そういう役者が、の意。これを「風体の形木」（六四頁九行）の誤写とみる説もある。
一五 都と田舎、ないし貴賤(きせん)さまざまの観客の中からとかくの批評が出ることは避けられまい。
一六 種々の場合がある。
一七 善悪の区別のつかない観客。「目利き」は芸のよしあしを見分ける力をもった人。見巧者(みごうしゃ)。

見るやうに能をすべし〔演じるであろう〕。この工夫と達者一とを窮めたらん為手（して）をば、花を窮めたるとや申すべき。されば、この位に至らん〔芸位に達した〕為手は、いかに年寄りたりとも、若き花二に劣ることあるべからず。されば、この位を得たらん上手こそ、天下三にも許され、また遠国（をんごく）・田舎（でんじゃ）〔他方〕の人までも、あまねく面白しとは見るべけれ。この工夫を得たらん為手は、和州（わしゅう）へも江州（がうしう）へも、もしは田楽（でんがく）の風体（ふうてい）までも、人の好み・望みによりて、いづれにもわたる上手なるべし。このたしなみの本意をあらはさんがため〔稽古工夫の根本精神を明らかにするために〕、『風姿花伝』を作するなり。

基本から十体へ

四かやうに申せばとて、わが風体五の形木（かたぎ）のおろそかならんは、ことにことに能の命（いのち）六あるべからず。これ弱き為手七なるべし。わが風体の形木を窮めてこそ、あまねき風体をも知りたるにてはあるべけれ。あまねき風体八を心にかけんとて〔に通じようとして〕、わが形木に入らざらん為手は、わが風体を知らぬのみならず、よその風体九をも、確かには、まして知るまじきなり。されば能弱くて、久しく花はあるべからず〔花を永続させることはできない〕。久しく

一　稽古を重ねてわざの上達すること。

二　若い役者の一旦の花。

三　都の芸壇で認められ、の意。下の「遠国・田舎の人」との対比で、「天下」が具体的には都の目利き（めき）をさしていることがわかる。なお一四二頁注五参照。

四　以上、十体にわたるべきことを説いたが、しかし。

五　自分やわが座の芸態の基本がなおざりでは。

六　芸の成長や発展はありえない。

七　「弱き」は「強き」とともに当時の能評の用語らしく、五〇・七五頁にも見えるが、ここでは基礎を欠くため先細りのする意味に用いている。

八　あらゆる芸態に通じた為手といえるはずである。「なぜかといえば」、という文脈で下に続く。

九　他座の芸態までも確実に知ることなど、いよいよおぼつかないはずだからである。

花のなからんは、いづれの風体をも知らぬに同じかるべし。

しかれば、一〇『花伝』の花の段に、「物数を尽くし、工夫を窮めて後、花の失せぬところをば知るべし」といへり。

一一私義にいはく、「そもそも芸能とは、諸人の心を和らげて、一二上下の感をなさんこと、寿福増長の基、一三遐齢延年の方なるべし。窮め窮めては（窮め尽せば）、諸道（芸道はすべて）ことごとく寿福延長ならん（をもたらす）となり」。ことさらこの芸（特に能の場合）、位を窮めて家名を残すこと、これ「天下の許され」なり。一四これ寿福増長なり。

しかれども、一五ことに故実あり。一六上根・上智の眼に見ゆるところ、一七たけ・位の窮まりたる為手においては（最高の役者の場合）、一八相応至極なれば、是非なし。およそおろかなるともがら（〔しかし〕都の目利かずや）、遠国・田舎の卑しき眼には、このたけ・位の上がれる風体、及びがたし（〔は〕理解できない）。これをいかがすべき。

一〇『花伝』は『風姿花伝』の略称。「花の段」とは、次の引用の文句（五三頁二行）から推して、「問答条条」の最後の問答をさしていることがわかる。

一一「私儀」なら公事に対する語。吉田本には「秘義」とある。秘義なら三九頁注七参照。ここはそれと同様な秘伝の文句らしく、「秘義」の誤写であろう。

衆人愛敬と芸能

一二 貴賤一同に感銘を与えるもので、それは万民の長寿と福徳を増進するもとであり、の意。

一三 長寿のてだて。「長生不死之薬、遐齢延年之方」（『新猿楽記』）。

一四 この場合の寿福増長は役者が受ける利益であるから、「私義」の場合の意味とは変っている。

一五 特に考えねばならない子細がある。

一六 優れた能力・眼識のある観客の対象になるのが。

一七 たけ・位は四八頁参照。

一八 両者の能力が最高度に合致しているのであるから問題はない。「相応」は仏語で、双方がぴったりと一致すること。

この芸とは、衆人愛敬[一]をもて、一座建立[二]の寿福とせり。ゆゑにあまり及ばぬ風体のみなれば（理解しにくい芸態ばかり見せると）、また諸人の褒美[三]欠けたり。このために能に初心[四]を忘れずして、時に応じ、所によりて、おろかなる眼にも、げにも（結構だと）と思ふやうに能をせんこと、これ寿福なり。よくよくこの風[五]俗の窮めを見るに、貴所・山寺・田舎・遠国・諸社の祭礼に至るまで、おしなべてそしりを得ざらんを、寿福達人[六]の為手とは申すべきや。さればいかなる上手なりとも、衆人愛敬欠けたるところあらんをば、寿福増長の為手とは申しがたし。しかれば亡父（観阿）は、いかなる田舎・山里の片辺にても、その心をうけて（観客の気持にこたえ）、所の風儀[七]を一大事にかけて、芸をせしなり。

かやうに申せばとて、初心の人、それほどは（そこまでは）何とて左右なく（容易に）窮むべきとて、退屈[八]の儀はあるべからず。この条々[九]を心底に当てて、その理をちちと[一〇]取りて、了簡[一一]をもて、わが分力に引き合はせて、工夫をいたすべし。

一 仏語。『法華経』「観世音普門品」に見え、広く諸人に愛されること。当時これが芸能の功徳と考えられていたことは、『蛤の草子』に「衆人愛敬ありて末繁昌なるべし」と自賛するところにもうかがわれ、後の『無言抄』も連歌執筆の心得の第一に数えている。
二 成功した演能がもたらす冥加、の意。「一座建立」は、諸役の演技が融合して、見事な演能を見せること。
三 賞賛はえられない。
四 二十四・五歳ごろをいう。一九頁一一行。
五 こうした世間のならわしをつきつめて考えると。
六 寿福を体得したすぐれた役者。
七 土地のならわしを特に重視して、の意。「風儀」は他に「姿」（一五〇頁注三）、「風体」（一五九頁注一〇）とほぼ同義にも用いる。
八 気のくじけることがあってはならない。
九 以上、第五に至るまでの各条々の教えを深く胸に収めて。
一〇 少しずつ取り入れ、の意。「ちちと」は「ちっと」の反復である「ちっちっと」に同じ。少しずつ何かをすること。
一一 思慮をめぐらし、かつ自分の器量相応に。

およそ今の[一二]条々工夫は、初心の人よりは、なほ上手におきての故実・工夫なり。たまたま得たる上手〔道を会得した〕になりたる為手も、身を頼み〔力を過信し〕、名に化かされて〔名声に目がくらんで〕、この故実なくて、[一三]いたづらに名望ほどは寿福欠けたる人多きゆゑに、これを嘆くなり。得たるところあれども、工夫なくては叶はず。得て工夫を窮めたらんは、花に[一四]種を添へたらんがごとし。たとひ天下に許されを得たるほどの為手も、[一五]力なき因果にて、万一少しすたるる時分〔名声の落ちる時〕ありとも、田舎・遠国の褒美の花失せずは、[一六]ふつと道の絶ふることはあるべからず。道絶えずは、[一七]また天下の時に遇ふことあるべし。

道のための寿福であること

一、この寿福増長のたしなみと申せばとて〔を心がけることが大切だといっても〕、ひたすら[一八]世間の理にかかりて、もし欲心に住せば〔執着すると〕、これ第一〔何よりも〕、道の廃るべき因縁〔原因になる〕なり。道のためのたしなみには〔すべて芸道のための配慮であれば〕、寿福増長あるべし。寿福のための〔「逆に」〕たしなみには、道まさに廃るべし。道廃らば、寿福おのづから滅すべし。[一九]正直円明にして、世上万徳の妙花を開く因縁なりとたしなむべし。

一二 以上の各条々に述べた工夫は、〔右に「初心の人」とはいったが〕実は初心の人よりも、もっと上手の段階にある人のための工夫である、の意。『花伝』では「故実」を工夫とほぼ同義に用いている。

一三 そのため得られるはずの大衆の支持を、名声の割には得ていない役者が多いので。

一四 工夫をさす。すでに会得した成果を「花」といい、それを発揮させる原動力となる工夫を「種」といったもの。五三頁注一三の「種」とはむしろ逆の意味になる。

一五 どうしようもないめぐり合せで。「因果」は九四頁注四参照。

一六 芸で身が立たなくなるようなことは、決してない。「ふつと」は下を打消（「ず」）で結ぶ。一五頁注一四の「ふと」（ふっと）とは意味用法を異にする。

一七 再び都で名声を回復する時も来よう。

一八 世俗の道理（功利主義をさす）にとらわれて。

一九 正直で公明であることが、世間的なあらゆる福徳をもたらす妙花（最高の芸）を達成する原因である、と信じて道に励むがよい、の意。「ばんとく」は「山姥」に、「世上万徳の妙花を開く」とあるのに従う。普通は「まんどく」と読む。

およそ『花伝』のうち、年来稽古よりはじめて、この条々を注すところ、全く自力[一]より出づる才学ならず。幼少より以来、亡父[二]の力を得て人となりしより二十余年が間、目に触れ耳に聞き置きしまま、その風を受けて、道のため、家のため、これを作するところ、私[三]あらんものか。

〔于時[四]応永第九之暦[五]、暮春二日馳レ筆畢ンヌ　世阿[六]有判〕

花伝第六　花修云

謡曲の書き方

一、能の本を書くこと、この道の命なり。窮めたる才学[七]の力なけれども、ただたくみによりて、よき能にはなるものなり。

一 自力で学びとった学識ではない。
二 亡父（観阿）のおかげで成人して以来二十余年の間に、の意。「二十余年」は、詳しく父の芸を見聞するようになった十余歳の頃から今までの年数であろう。
三 この書を著したもので、それ以外に個人的な意図などあろうはずがない、の意。五三頁の奥書（九行以下）や本巻の冒頭（六〇頁）の文言参照。
四 この奥書は底本にはなく、宗節本による。
五 応永九年（一四〇二）三月二日。世阿四十歳。
六 世阿弥陀仏（二四三頁注一六）の略。「有判」は、書本のこの箇所に花押（かきはん）があったことを示す。
七 深奥な学識。

八おほかたの風体（ふうてい）、序破急（じよはきふ）九の段に見えたり。ことさら〔特に初番の能は〕脇の中楽、本説（ほんぜつ）一〇正しくて、開口（かいこ）一一より、そのいはれと、やがて人の知るごとくならんずる来歴を書くべし。さのみに〔むやみに〕細かなる風体を尽くさずとも、一二おほかたのかかり、直（す）ぐに下（くだ）りたらんが、さし寄り花々とあるやうに、脇の中楽をば書くべし。また番数（ばんかず）に至りぬれば〔二番三番と進めば〕、いかにもいかにも言葉・風体を尽くして、細かに書くべし。

一三仮令（けりやう）、名所旧跡の題目ならば、その所によりたらん〔ちなんだ〕ずる詩歌（しいか）一四の言葉の、耳近（みみぢか）からんを、能の詰めどころ一五に寄すべし。為手（して）の言葉にも風情（ふぜい）にもかからざらん〔しぐさにもならないような〕ところには、肝要（かんえう）一六の言葉をば載すべからず。何（なに）としても見物衆（けんぶつしゆ）は、見るところも聞くところも〔しぐさも謡も〕、上手をならでは〔名手の芸でなければ〕心にかけず。さるほどに棟梁（とうりやう）一七の面白き言葉・ふり〔謡やしぐさが〕、目にさへぎり一八、心に浮かめば、見聞く人、すなはち感を催す〔たちまち感動してしまう〕なり。一九これ第一、能を作る手だてなり。

ただ優しくて〔その場合優美で〕、理（ことわり）のすなはちに聞ゆる〔意味のすぐわかるような〕やうならんずる詩歌の言葉

八 だいたいの曲のありようは、の意。「風体」はここでは、内容・筋立を中心とした全体としての曲のありようであろう。
九 「問答条々」の第二条（四〇頁）をさす。以下「脇の中楽」に関する記述は、ほぼそれと同趣旨である。
一〇 古典に典拠を求め、の意。「本説」は典拠となる詩や文章。
一一 最初に登場するワキの謡い出しの文句からすぐ、あれだなとわかるような筋の話を書くがよい。この場合の「開口」は、脇能に先立ってワキが謡う特殊な祝言謡（二二四頁注一）の意味ではない。
一二 全体として曲の姿がすなおで、しかも出だしが花やかな感じになるように。
一三 およそ名所旧跡を主題とする曲なら。
一四 詩歌の文句で、誰もがよくわかるものを。
一五 曲の山になる箇所に書き入れるがよい。
一六 そのような重要な文言を書いてはならない。
一七 棟梁の為手。一座の統率者であり、舞台では主役（今いうシテ）を勤める役者のこと。
一八 「しぐさが」よく見え、「謡が」よく理解できると。
一九 このように主役中心に書くことが。

を取るべし。優しき言葉をふり（しぐさ）に合はすれば、不思議に、おのづから[一]人体も幽玄の風情になるものなり。こはりたる（堅い）言葉は、ふりに応ぜず（合わない）。しかあれども、[二]こはき言葉の耳遠きが、またよきところあるべし（よく似合う場合もあろう）。それは[三]本木の人体によりて似合ふべし。[四]漢家・本朝の来歴に従つて、心得分くべし。[五]ただ卑しく俗なる言葉・風体、悪き能になるものなり。

よき能と悪き能

しかれば（さて）よき能と申すは、本説正しく、珍しき風体にて、詰めどころありて（山があり）、[六]かかり幽玄ならんを第一とすべし。風体は珍しからねども、煩はしくもなく（入りくんでもいず）、直ぐに下りたる（詞章のすなおで）が、面白きところあらんを第二とすべし。これはおほよその定めなり。

[七]ただ能は、一風情、上手の手にかかりたよりだにあらば、面白かるべし。[八]番数を尽くし、日を重ぬれば、たとひ悪き能も、[九]珍しく為替為替色どれば、面白く見ゆべし。されば能は、ただ[一〇]時分・入れ場なり。悪き能とて捨つべからず。為手の心づかひ（工夫次第である）なるべし。

一 主題の人物も優しく柔和なしぐさをするようになるものである、の意。「人体」は「にんたい」とも読む。
二 堅い言葉で、しかも聞きなれないのが。
三 主題の人物次第で、の意。「本木」は、立花において真になる木のこと。副え草や下草に対していう。
四 〔つまり〕曲の話材が中国から来たか日本のものか、それに応じて堅い漢語、あるいは優しい言葉を使うがよい。
五 〔堅い言葉は使いようもあるが〕卑俗な言葉・曲のありようは悪い能になるしかしかたがない。
六 言葉・風体等を総合した曲の姿をいう。一五頁注一五。
七 結局能は、どこかに名手の僅かなしぐさで〔曲が〕生きるといった余地が残してさえあれば、面白く見られるものである、の意。「かかり」は「かかる」の誤写か。
八 たとえばおびただしい数の曲をこなして、幾日にもわたる日数能の場合など。
九 目新しく見えるよう、そのつど〔前後の曲との関係で〕演出や演技を変える工夫をすると。
一〇 いつ、どの曲の前後にはさむかが問題である。

ただし、ここに様[一一]あり。善悪[一二]似すまじき能あるべし。いかなる物[一三]まねなればとて、仮令、老尼・姥・老僧などのかたちして、さのみ（むやみに）は狂ひ怒ることあるべからず（鬼などの激しいしぐさをしてはいけない）。また怒れる人体にて幽玄の物まね、これ同じ。これをまことのえせ能[一四]・狂粧とは申すべし。この心、二[一五]の巻の物狂の段に申したり。

また一切の事に相応[一六]なくは、成就あるべからず（完成はみられない）。よき本木[一七]の能を上手のしたらんが、しかも出で来たらんを相応とは申すべし。されば（そういえば）よき能を上手のせんこと、などか[一八]出で来ざらんと、皆人、思ひ慣れたれども、不思議に、出で来ぬことあるものなり。これを目利きは見分けて、為手の科もなきことを知れども（罪ではないと知っているが）、ただおほかたの人は（一般の観客は）、能も悪く、為手もそれほどにはなし（たいしたことはないと）と見るなり。そもそもよき能を上手のせんこと、何とて出で来ぬやらんと工夫するに、もし時分の[一九]陰陽の和せぬところか、または花の公案なきゆゑか[二〇]、不審なほ残れり。

一一 作能上、考えねばならないことがある。
一二 どのような場合でも、まねてはいけないものがある、の意。「ぜんなく」は底本に従う。
一三 いくら物まねであるといっても、たとえば。
一四 まやかしの能、あるいは形ばかりの能。「狂粧」は狂った姿、の意。「酔顔は霜葉の紅のごとく、狂粧は風樹の動くに似たり」（『喫茶往来』）。
一五 「第二物学条々」の「物狂」をさす。二九頁。
一六 仏語。瑜伽に同じ。ぴったり合致すること。
一七 〔能の場合〕よい主題の能を上手が演じ、しかもそれが成功した場合を。「本木」は前頁注三。
一八 成功しないはずがあろうかと、万人が思いこんでいるが。
一九 あるいは演能時の陰気と陽気が和合しないためか、の意。三九頁一行。
二〇 花に対する徹底した工夫がないためか、まだよくわからない点がある、の意。「花の公案」は四四頁五行参照。

音曲とはたらきの融合

一、作者の思ひ分くべきことあり。ひたすら静かなる[一]本木の、音曲ばかりなると、また舞・はたらき[二]のみなるとは、ひとむきなれば書きよきものなり。音曲にてはたらく能あるべし。これ一大事なり。真実面白しと感をなすは、これなり。聞く[三]ところは耳近に、面白き言葉にて、節[四]のかかりよくて、文字[五]移りの美しく続きたらんが、こ[六]とさら風情を持ちたる詰めをたしなみて書くべし。この[七]数々、相応するところにて、諸人一同に感をなすなり。

さるほどに細かに知るべきことあり。風情[八]を博士にて音曲をする為手は、初心のところなり。音曲よりはたらきの生ずるは、劫入りたるゆゑなり。音曲は聞くところ、風体[九]は見るところなり。一切[一〇]の事は、いはれを道にしてこそ、よろづの風情にはなるべき理[一一]なれ。いはれをあらはすは言葉なり。さるほどに音曲は体[一二]なり。風情は用

一 動きの少ない主題で、専ら謡を聞かせる曲と。
二 舞の手以外のしぐさをいう。
三 〔これには〕まず耳に聞いてよくわかり、〔しかも〕面白い文句で。
四 「節かかり」（次頁九行）ともいう。節の流れの上に感じられる全体としての節の姿。
五 語と語の続きであるが、特に前句の七五から次句の七五への続きぐあいをいう。
六 特に山になる所に面白いしぐさが置かれているような曲を。
七 これらの諸条件が一致する場合に。
八 しぐさを基準にして謡をうたう役者は、の意。「博士」は詳しくいえば「ふしはかせ」で、謡い方のきまり、基準。八六頁注二。
九 「風体」は、「風情」「はたらき」とほぼ同義に用いられている。
一〇 すべての物ごとは、の意。法語などに多い文句。
一一 意味がまずあり、それに従ってあらゆるしぐさが生れてくるというのがものの順序である。
一二 「体」「用」は仏語で、本体とそのはたらき。

なり。しかれば音曲よりはたらきの生ずるは、順なり。はたらきにて音曲をするは、逆なり。諸道・諸事〔すべて芸事は〕において、順・逆[一三]とこそ下るべけれ。逆・順とはあるべからず。かへすがへす〔よくよく工夫し〕、音曲の言葉のたより〔謡の文言を手がかりに〕〔して〕をもて、風体を色どり給ふべきなり[一四]。これ、音曲・はたらき、一心になる稽古なり[一五]。

さるほどに能を書くところに〔際に〕、また工夫あり〔逆に次の工夫がいる〕。音曲よりはたらきを生ぜさせんがため、書くところ[一六]をば、風情を本(ほん)に書くべし。風情を本に書きて、さて〔その後〕その言葉を謡(うた)ふ時には、風情おのづから生ずべし。しかれば書くところをば、風情を先立てて、しかも謡(うたひ)の節かかりよきやうにたしなむ〔心がけるがよい〕べし。さて[一七]当座(たうざ)の芸能に至る時は、また〔逆に〕音曲を先とすべし。かやうにたしなみて劫入りぬれば〔年功を積むと〕、謡ふ[一八]も風情、舞ふも音曲になりて、万曲(ばんきよく)[一九]一心たる達者となるべし。これ[二〇]また作者の高名(かうみやう)なり。

一三 順から逆へと進むのが道理で、の意。「順」「逆」も仏語。例えば因果の理や生死(しやうじ)の流れに従う方向が順。それを否定する方向が逆である。

一四 面白く見せるようになさるがよい、の意。「花修」に限って敬語が所々に(他に七六・八一頁)用いられているのが注意される。

一五 音曲とはたらきを一体化させるための稽古の急所である、の意。これは「文字に当る風情」(四九頁)の補説である。

一六 書く際には、しぐさを基準にして書くがよい。

一七 次に実際に上演する時は。

一八 謡即しぐさ、舞即音曲、というように両者が一体化、つまり相応して。

一九 すべてのわざを一体化させたすぐれた役者となるであろう、の意。「万曲」は舞歌二曲をはじめ、あらゆるわざをいう。

二〇 これは同時に、書いた作者のてがらでもある。

強きと麁(あら)き、幽玄と弱き

一 「あらき」に「麁」の字をあてるのは、『九位』の強麁風(ごうそふう)・麁鉛風の用字（一六七～一六八頁）に倣(なら)う。麁は「細」の対語で、粗雑の意。

二 だいたいは前に記したことなので（五〇頁）、わかりきったことのようであるが。

三 「偽り」になるかならぬかの微妙な違いは、相当なという程度の工夫では区別がつくまい。

四 あるべき強さ以上に強いのは、不自然に麁い芸といわなければならない。

一、能に、強き・幽玄・弱き・麁(あら)き[一]を知ること、〔これは〕[二]おほかたは見えたることなれば、たやすきやうなれども、真実これを知らぬによりて、弱く、麁き為手(して)多し。

まづ一切(いっさい)の物まねに偽る(ごまかしがある場合)ところにて、麁くも、弱くもなると知るべし。この堺(さかひ)[三]、よきほどの工夫にては紛(まぎ)るべし。よくよく心底(しんてい)(心の)を分けて案じ納むべき(底から工夫納得するがよい)ことなり。まづ弱かるべきことを強くするは偽り(ごまか)なれば(してあるから)、これ麁きなり。強かるべきことに強きは、これ強きなり。麁きにはあらず。もし強かるべきことを幽玄にせんとて、物まね似たらずは(似が不足なら)、幽玄にはなくて、これ弱きなり。さるほどにただ物まねに任せて(専心し)、その物になり入りて(対象になりきって)偽りなくは、麁くも、弱くもあるまじきなり。

また強[四]かるべき理(ことわり)すぎて強きは、ことさら麁きなり。幽玄の風体(ふうてい)

よりなほ優しく（芸態を過度に）せんとせば、これ、ことさら弱きなり。

この分け目（以上の違い目）をよくよく見るに、幽玄[五]と強きと、別にあるものと心得るゆゑに迷ふなり。この二つは、その物の体[六]にあり。たとへば人においては女御[七]・更衣、または遊女[八]・好色[九]・美男、草木には花のたぐひ、かやうの数々は、そのかたち幽玄のものなり。またあるいは武士・荒夷[一〇]、あるいは鬼神[一一]、草木にも松・杉、かやうの数々のたぐひは強きものと申すべきか。かやうの万物[一二]の品々をよく為似せたらんは、幽玄の物まねは幽玄になり、強きはおのづから強かるべし。

この分け目をばあてがはずして（配慮せずに）、ただ幽玄にせんとばかり心得て、物まねおろそかなれば、それに似ず（それらしくならない）。似ぬをば知らで、幽玄[一三]にするぞと思ふ心、これ弱きなり。されば遊女・美男などの物まねをよく似せたらば、おのづから幽玄なるべし。ただ似せんとばかり思ふべし。また強きことをもよく似せたらんは、おのづから強かるべし。

ただし心得べきことあり。力なく[一四]、この道は（能は）見所[一五]を本にするわざ

五　幽玄と強きがそれぞれ対象を離れて存在すると。
六　対象の本性として備わったものである、の意。
七　「女御」は皇后の次、「更衣」は女御の次の位。
八　舞歌にすぐれた女。『三道』では業平・黒主らの遊士に対し、伊勢・小町・祇王・祇女らを遊女とよび、「舞歌遊風の名望の人」としるす。
九　美貌。ここは美女の意。
一〇　野蛮な東国人。
一一　種々の悪鬼。三〇頁注六参照。
一二　あらゆる事物の種々の本性を、十分に物まねすれば。
一三　幽玄に演じていると誤認するところから弱さが生れる。
一四　やむをえないことに。
一五　観客本位の芸であるから。

なれば、[一]その当世当世の風儀にて、幽玄をもてあそぶ（興じ楽しむ）見物衆の前にては、強きかたをば、少し物まねにはづるるとも、[二]幽玄のかたへは、やらせ給ふべし。

[三]この工夫をもて、作者また心得べきことあり。いかにも[四]申楽の本木には、幽玄ならん人体、まして心・言葉をも優しからんを、たしなみて書くべし。それに偽りなくは（そのとおり忠実に演じれば）、おのづから幽玄の為手と見ゆべし。[五]幽玄の理を知り窮めぬれば、おのれと強きところをも知るべし。されば一切の似せこと（物まねの対象）をよく似すれば、よそ目に危ふきところなし（観客は安心して見ていられる）。[六]危ふからぬは強きなり。

しかれば（さて）[七]ちちとある言葉の響きにも、「靡き」「伏す」「返る」「寄る」などいふ言葉は柔らかなれば、[八]おのづから余情になるやうなり。「落つる」「崩るる」「破るる」「転ぶ」など申すは、強き響きなれば、ふりも強かる（しぐさも強くなろう）べし。さるほどに強き・幽玄と申すは、[九]別にあるものにあらず、ただ物まねの直ぐなるところ、〔逆に〕弱き・麁きは、物まねに

一 その時々の世間の好みに従って。「風儀」は六六頁注七参照。

二 幽玄の方にひきつけて、おやりになるがよい。

三 幽玄を喜ぶ風潮を考慮して、幽玄を過重視するという右の役者の工夫をそのまま適用して。

四 能の主題（シテ）には幽玄な人物を選び、そのうえ曲趣も用語も優美なものを吟味して書くがよい。

五 〔こうして〕どうすれば幽玄の芸になるかを会得すれば、自然にどうすれば強い芸になるかもわかるであろう。

六 あぶなげのないのは、別の意味で強い芸といえよう、の意。この意味の強さについては、五〇頁五行「何と見るも……これ強きなり」参照。

七 ちょっとした言葉の響き、の意。「ちちと」はわずか。少しずつ。

八 自然にその柔らかな響きが、微妙なあやをもったしぐさとなるようである、の意。「余情」は余りの風情。

九 対象を離れて存在するものではなく、の意。前頁二行。この場合、対象は言葉で、言葉の響きをそのままねればよいというのである。

一〇 シテの謡い出しの謡、たとえば一声・わかなど、の意。ほかに次第・サシなどもそれに当ろう。「発端」

はづるるところと知るべし。

このあてがひをもて、作者も、発端の句、一声・わかなどに、人体の物まねによりて、いかにも幽玄なる余情・たよりを求むるところに、麁き言葉を書き入れ、思ひのほかに、いりほがなる梵語・漢音などを載せたらんは、作者のひがことなり。さだめて、言葉のままに風情をせば、人体に似合はぬところあるべし。ただし堪能の人は、この違ひ目を心得て、けうがる故実にて、なだらかなるやうにしなすべし。それ為手の高名なり。作者のひがことは逃るべからず。また作者は心得て書けども、もし為手の心なからんに至りては、沙汰のほかなるべし。これはかくのごとし。

また能によりて、さして細かに言葉・義理にかからで、大様にすべき能あるべし。さやうの能をば、直ぐに舞ひ、謡ひ、ふりをも、するするとなだらかにすべし。かやうなる能をまた細かにするは、下手のわざなり。これまた能の下がるところと知るべし。しかれば

は普通は心底の意。
一一 主としてシテが登場直後に謡う定型の謡。
一二 多くはシテが舞い終った後に謡う謡で、普通短歌形式をとる。
一三 幽玄なしぐさや、その手がかりになる言葉を選ばねばならない場合に。
一四 歌論用語。「いりほがす」（せんさくする意）の語幹で、凝りすぎて奇態な表現をいう。
一五 サンスクリット。「葵上」の、不動明王の咒文など。
一六〔その場合〕文言どおりにしぐさをすれば、きっと曲中人物にふさわしくない点があろう。
一七 文言としぐさの食い違い。
一八 一風変った工夫で、食い違いを和らげて見せるであろう、の意。「けうがる」は、変な、非凡な。
一九 ふてぎわの責めは免れない。
二〇 この幽玄・麁き・強き・弱きの問題は以上にとどめ、以下に若干付言しておく、の意。

大様な能のむずかしさ

二一 文句や意味内容にとらわれないで、おおらかに書いてよい能もあろう、の意。脇能などをさす。「義理」は六一頁注二二参照。
二二 したがって幽玄な言葉やしぐさを選んで書けと前にしるしたのも、深い内容や山がなくてはすまない能の場合のことである。

よき言葉・余情（よせい）を求むるも、義理・詰めどころのなくては叶（かな）はぬ能に至りてのことなり。直ぐなる能には、たとひ幽玄の人体にてこは〔堅い〕き言葉を謡ふとも、音曲[一]のかかりだにたしやかならば、これよかるべし。これ、すなはち能[二]の本様（ほんやう）と心得べきことなり。ただかへすがへす、かやう[三]の条々を窮め尽くして、さて大様（おほやう）にするならでは、能の庭訓（ていきん）あるべからず。

相応（そうおう）——諸条件の一致

一、能のよき・あしき〔曲の善悪を論ずる場合〕につけて、為手（して）の位によりて〔芸位に応じて〕、相応[四]（さうおう）のところを知るべきなり。

文字[五]（もんじ）・風体（ふうてい）を求めずして、大様なる能の、本説[六]（ほんぜつ）ことに正しくて、大きに位の上がれる〔非常に品格の高い〕能あるべし。かやうなる能は、見どころさほど細かに〔見た目にあまり細かな〕なきこと〔味わいのない〕あり。これには、よきほどの〔相当な〕上手も似合はぬ〔位負けする〕ことあり。たとひこれに相応するほどの無上（むじやう）の上手なりとも、また〔一方〕目利[七]（めき）

一　全体としての節の姿がしっかりして（「するするとなだらかに」）いれば、成功しよう、の意。「音曲のかかり」は「節のかかり」（七二頁注四）に同じ。

二　これは異例に見えて、実は能本来のあり方なのである。

三　幽玄・強きに関する以上の記述を十分会得した上で、大様にするのでなければ、家訓を受けた者とはいわれない、の意。大様さは能本来のものであるが、かえって困難な芸態であることを付言して、次の段に続く。

四　何が相応であるかを知らねばならない、の意。「相応」は仏語で、双方ぴったりと合致（がっち）すること。

五　前述の「よき言葉・余情（よせい）」に同じ。美しい修辞やしぐさをやかましくいわない、おおらかな能で。

六　典拠はとりわけ古典的なもので。

七　相手が目の肥えた観客で、しかも大舞台でやるのでなければ。

き・大所にてなくは、よく出で来ることあるべからず。これ、能の位・為手の位・目利き・在所[八]・時分、ことごとく相応せずは、出で来ることは、左右なくあるまじきなり。

また小さき能の、さしたる本説にてはなけれども、幽玄なるが、細々としたる能あり。これは初心[九]の為手にも似合ふものなり。在所も自然、片辺[一〇]の神事、夜[一一]などの庭に相応すべし。よきほどの見手[一二]も、能の為手も、これに迷ひて、自然、田舎・小所の庭にて面白ければ、その心慣らひにて、押し出だしたる大所、貴人の御前などにて、あ[一三]るいは贔屓興行して、思ひのほかに能悪ければ、為手にも名を折らせ、われも面目なきことあるものなり。

しかればかやうなる[一四]品々・所々を限らで、甲乙なからんほどの為手ならでは、無上の、花を窮めたる上手とは申すべからず。さるほどにいかなる座敷にも相応するほどの上手に至りては、是非なし。

達者よりも能を知ること

また為手によりて、上手ほどは能を知らぬ[一五]為手もあり。能よりは

八 演能の場所・時刻。
九 初心期。二十四・五のころ。一九頁一一行。
一〇 田舎の祭礼などで奉仕される神事能。
一一 〔時分でいえば〕夜分に催される舞台。
一二 かなり目の利く観客。「見手」は「為手」の対語。
一三 どうかすると後援の能を催し、の意。「贔屓」は人のために力をかすこと。
一四 大小といった能の種類や演能の場所にかかわりなく、いつも出来不出来のないような役者でなければ、の意。「甲乙」は上下、高低の意。
一五 「能を知る」は前述の「よき・あしき」の理を知ること、つまり「相応のところを知る」ことで、能の本質を知るといった抽象的な意味ではない。

能を知るもあり。貴[一]所・大所などにて、上手なれども能を為[二]違へ、ちちのあるは、能を知らぬゆゑなり。またそれほどに達者にもなく、[三]物少なる為手の、申さば初心なるが、大[四]庭にても花失せず、諸人の褒美いや増しにて、さ[五]のみにむらのなからんは、為手よりは能を知りたるゆゑなるべし。

さるほどに、こ[六]の両様の為手をとりどりに申すことあり。しかれども、貴所・大庭などにて、あまねく能のよからんは、名望長久なるべし。さあらんにとりては、上[七]手の、達者ほどはわが能を知らざらんよりは、少し足らぬ為手なりとも、能を知りたらんは、[八]一座建立の棟梁にはまさるべきか。能を知りたる為手は、わが手[九]柄の足らぬところをも知るゆゑに、大事の能に、叶[一〇]はぬことをば斟酌して、得たる風体ばかりを先立てて、為[一一]立よければ、見[一二]所の褒美、必ずあるべし。さて叶はぬところをば、小[一三]所・片辺の能に為習ふべし。かやうに稽古すれば、叶はぬところも、劫入れば、自然自然に叶ふ時

一 貴人の御やしき。
二 能をやり損って遅れをとる、の意か。「ちちのある」は「遅々」（遅れる）の意で、「ちちとある」（八九頁三行）とは別の語か。
三 身につけた曲の数も少ない役者で。
四 大舞台。一六頁注二。
五 そんなに出来不出来のないのは。「むらなく」はまんべんなく、の意（『沙石集』一〇）。
六 「上手ほどは能を知らぬ」為手と「能よりは能を知る」為手の優劣をめぐって、種々の論評がある。
七 上手で、腕前はすぐれているが、その割には自分の芸を自覚していない役者よりは。
八 諸役の中心となって演能を成功させねばならない棟梁の為手としては、すぐれていよう、の意。「一座建立」は六六頁注二参照。
九 手ぎわ。腕前。
一〇 できないことは、さし控え、身についた芸態ばかりを押出して。
一一 うまく演じると。「為立」は扮装の意味にかぎらない。二五頁注一二。
一二 観客の賞賛。
一三 うちわの場所や田舎の演能で練習するがよい。

分あるべし。さるほどに、終（つひ）には能にかさ[一四]も出で来（き）、垢（あか）も落ちて、いよいよ名望も一座も繁昌（はんじやう）する時は、さだめて、年ゆくまで（老年に至る）花は残るべし。これ、初心より（の時から）能を知るゆゑなり。能を知る[一五]心にて公案を尽くして見ば、花の種を知るべし。

[一六]しかれどもこの両様は、あまねく、人の心々（こころごころ）にて、勝負をば定め給ふべし。

花修　已上（いじやう）

[一七]この条々、[一八]心ざしの芸人（げいにん）より外（ほか）は、一見をも許すべからず。

世阿花押

一四　芸の幅もでき、洗練もされて。「かさ」は四七頁一一行参照。

一五「能を知る」とは何か、と思案し、工夫のかぎりを尽してみると、花を咲かせる原理は何か、ということも会得できるであろう。

一六〔以上私見を述べたが〕しかしこの両様については、広く各自の判断で優劣をお決めになるがよい。

一七「花修」の各箇条をさす。底本のこの奥書の筆致は本文の筆致とは異なるが、花押（かおう）の形は世阿のものである。

一八　この道に心を寄せる役者。

花伝第七　別紙口伝（べっしのくでん）

花とは何か

一、[一]この口伝に、花を知ること、まづ仮令（けんりやう）、花の咲くを見て、よろづに花と譬（たと）へはじめし理（ことわり）をわきまふべし。

そもそも花といふに（とは）、万木千草（ばんぼくせんさう）において、四季折節（をりふし）に咲くものなれば、[二]その時を得て珍しきゆゑに、もてあそぶなり（めで楽しむわけである）。申楽も、[三]人の心に珍しきと知るところ、すなはち面白き心なり。花と面白きと珍しきと、これ三つは同じ[四]心なり。いづれの花か散らで残るべき。散るゆゑによりて咲くころあれば（時節もあるから）、珍しきなり。能も、[五]住するところなきを、まづ花と知るべし。住せずして[六]余（よ）の風体（ふうてい）に移れば、珍しきなり。

芸の練磨と蓄積

ただし様（やう）[七]あり。珍しきといへばとて（目新しさが一番だといっても）、[八]世になき風体を為出（し）だすに

一「別紙口伝」の課題は「花を知る」ことであるが（五二頁注八）、それにはおよそまず実際の花の観察から能のあれこれを花に譬（たと）えるに至った、その理由を理解する必要がある、の意。「けんりやう」の読みは底本による。

二 その時になると、その季節の花が咲くのが目新しいので。

三 観客が珍しいと判断する、その心の働きが、そのまま、面白いと感じる心［の働き］でもある。

四 同じ心の働きの別称にすぎない。

五 同じことのくり返しにならないのが、の意。「住する」は停滞すること。

六 次には他の芸態を演じてみせるから。

七［ここに］考えねばならないことがある。

八 現実にはない珍奇な芸態を演じることではない。

てはあるべからず。『花伝』に出だす（記載しておいた）ところの条々を、ことごとく稽古し終はりて、さて（その後）申楽をせん時に、その物数[九]を用々（必要に応じて）に従ひて取り出だすべし。花[一〇]と申すも、よろづの草木において、いづれか四季折節の時の花（季節の花）のほかに、珍しき花のあるべき。そのごとくに、習ひ覚えつる品々[一一]を窮めぬれば、時折節（その折々の流行を考え）の当世を心得て、時の人の好みの品（種類に従って）によりて、その風体を取り出だす、これ、時の花の咲くを見んがごとし。花[一二]と申すも去年咲きし種なり。能も、もと見し風体なれども、物数を窮めぬれば、その数を尽くす[一三]ほど久し。久しくて（しばらくして見ると）見れば、また珍しきなり。

その上、人の好みも色々にして、音曲（謡）・ふるまひ（しぐさ）・物まね、所々[一四]に変はりて、とりどりなれば、いづれ[一五]の風体をも残しては叶ふまじきなり。しかれば物数を窮め尽くしたらん為手は、初春の梅より秋の菊の花の咲き果つるまで、一年中の花の種を持ちたらんがごとし。いづれの花なりとも、人の望み[一六]、時によりて取り出だすべし。物数

九 習得した数々のわざ（音曲・舞・はたらきを含めていう）。

一〇 花の譬でいえば、花というのも、の意。以下年々に咲く花の種類に変りはないが、季節に応じて違った花の咲く変化が面白さの理由であることをいう。

一一 種々の芸を身につけると、〔あとは〕。

一二 〔再び花に譬をとれば〕花というのも去年咲いた花の種から生じたものである、の意。以下年々に咲く花の種類に変りはないが、一年ぶりに見る変化が面白さの理由であることをいう。

一三 それを一通り演じ尽すまでに長い時間がかかる。

一四 これらのわざに対する好みは、所によって違い。

一五 どんな芸態でも、できないものがあってはやってゆけない。

一六 観客の希望、あるいは当時の流行に応じて、自在に咲かせることができよう、の意。前の「時折節の当世を心得て、時の人の好みの品によりて」に同じ。

を窮めずは、時によりて、花を失ふことあるべし。たとへば春の花のころ過ぎて、夏草(なつくさ)の花を賞翫(しやうくわん)せんずる時分に、[一]春の花の風体(ふうてい)ばかりを得たらん（身につけた）為手(して)が、夏草の花はなくて、過ぎし春の花をまた持ちて出でたらんは、[二]時の花に合ふべしや。これにて知るべし（この譬でわかるであろう）。

ただ花は、見る人の心に珍しきが花なり。しかれば『花伝』の花[三]の段に、「物数を窮めて、工夫を尽くして後、花の失(う)せぬところをば知るべし」とあるは、[四]この口伝(くでん)なり。されば花とて別(べち)にはなきものなり。物数を尽くして、工夫を得て、[五]珍しき感を心得るが花なり。[六]「花は心、種はわざ」と書けるも、これなり（このことである）。

意外性――鬼の口伝

物まねの鬼[七]の段に、「鬼ばかりをよくせん者は、鬼の面白きところをも知るまじき」とも申したるなり（書いたのもこれである）。物数を尽くして、[八]鬼を珍しく為出(しいだ)したらんは、珍しきところ花なるべきほどに（目新しさが花であるという原則によって）、面白かるべし。[九]余(よ)の風体はなくて、鬼ばかりをする上手と思はば、よくしたりとは見ゆる[一〇]るとも、珍しき心あるまじければ（珍しい感じの起るはずはないから）、見どころ（見た目）に花はある

一 譬(たと)えていえば春の花に当る一芸態。
二 季節の花としてふさわしいだろうか。
三 「問答条々」の最後の問答をさす。五二頁三行。なお六五頁注一〇参照。
四 以上の口伝をさしている。
五 「珍しい」という感銘の性質や、それがどうして生じるか等を会得するのが花を知ることである。
六 同じ花の段の文句。五三頁注一三。
七 「物学条々」の「鬼」の条。三四頁一三行。
八 鬼が目新しく感じられるように時々演じると。
九 鬼以外の芸態は演じたことがなく、〔観客が〕あれは鬼専門の上手だと思っているなら。
一〇 「見ゆるる」は「見ゆる」に同じ。当時の語法。

べからず。「巌(いはほ)[11]に花の咲かんがごとし」と申したるも、鬼をば強く、恐ろしく、肝(きも)を消すやうにするならでは、[12]およその風体なし。[13]これ巌なり。花といふは、余の風体を残さずして〔鬼以外の芸態をすべて身につけ〕、幽玄至極の上手と人〔観客〕の思ひ慣れたるところ〔が思いこんでいる際に〕に、思ひのほかに鬼をすれば、珍しく見ゆる〔見えるのが〕ところ、これ花なり。しかれば鬼ばかりをせんずる為手は、巌ばかりにて、花はあるべからず。

意外性——音曲の口伝

一、細[14]かなる口伝にいはく、音曲(おんぎよく)・舞・はたらき・ふり・風情(ふぜい)、[15]これまた同じ心なり。[16]これ、[17]いつもの風情・音曲なれば、さやうにぞあらんずらんと、人の思ひ慣れたるところを、さのみに任せずし〔むやみにそれにとらわれずに〕て、[18]心根(こころね)に、同じふりながら、もとよりは軽々と風体をたしなみ、いつもの音曲なれども、なほ故実(こしつ)をめぐらして、[19]曲(きよく)を色どり、[20]声色(こわいろ)をたしなみて、わが心にも、[21]今ほどに執(しつ)することなしと、大事〔丁寧に〕にし

一一 三五頁一行。

一二 鬼らしい芸態にならない。

一三 これは鬼の本性であり、譬えていえば巌であるの意。「巌」は強く恐ろしいものの譬であるが、また巌には花の咲く余地のないことが、恐ろしさと面白さは調和する余地がなく、「黒白の違い」（三四頁九行）であることの譬えにもなっている。

一四 さらにこまごまとした口伝をいうなら。

一五 これらにも右の物まねと同じ配慮がいる。

一六 その意味は、の意。次頁一行の「批判にあふことあり」までの文言にかかる。

一七 「例のしぐさ・謡だから、またあれだな」と。

一八 ふりは同じふりでも、内心では、いつもより軽やかに演じるように努め、謡もいつもと同じ謡ながら、やはり工夫をこらして。

一九 曲を美しくし。「曲」は次頁の注四参照。

二〇 声色を吟味し、の意。「声色」は声の色どりで、横(おう)・竪(しゆ)・相音(あいおん)（二〇一頁注一〇）を会得した巧みな声のあや。

二一 「これ程入念にやったことはない」と思うほど。

て、このわざをすれば、見聞く人、常よりもなほ面白きなど、批判にあふことあり。これは、見聞く人のため、珍しき[一]心にあらずや。

しかれば同じ音曲・風情をするとも、上手のしたらんは、別に面白かるべし。下手は、もとより習ひ覚えつる節博士[二]の分なれば、珍しき思ひなし。上手と申すは、同じ節かかり[三]なれども、曲[四]を心得たり。曲といふは、節の上の花なり。同じ上手、同じ花のうちにても、無上[五]の公案を窮めたらんは、なほかつ花を知るべし。およそ音曲にも、節は定まれる形木[六]、曲は上手[七]のものなり。舞にも、手[八]は習へる形木、品[九]かかりは上手のものなり。

拍子と心理――老人の口伝

一、物まねに、似せぬ位あるべし。物まねを窮めて、その物にまことになり入りぬれば、似せんと思ふ心なし。さるほどに、面白き[一〇]ところばかりをたしなめば、などか花なかるべき。たとへば老人の

一 目新しく感じられたということではないか。

二 節のきまりどおりに謡っている程度なので、の意。「節博士」は、謡本に種々の符号で書きこまれている、声の高低長短・緩急曲折に関するきまり。七二頁注八。

三 節から節への流れ。全体としての節の姿。

四 節かかりの上にあらわれる微妙なあやで、息扱いで謡うような部分。二一六頁注一一。

五 最高の工夫を会得した役者は、さらに一段立ちまさった花を知っていよう、の意。「かつ」は克つ。

六 板木。転じて型、基準、の意。

七 上手だけが会得している味わいである。

八 きまった舞の型。今の「左右」「ゆうけん」など。

九 手から手への動き、つまり身のこなしの上にあらわれる微妙な味わいをさす。「手」は前述の「節」「節かかり」に対応し、「品かかり」は「曲」に対応している。

一〇 面白さの表現だけを心がけて演じると(面白さが即ち花なのであるから)、の意。

物まねならば、得たらん上手の心には、ただ一一素人の老人が、一二風流延年なんどに身を飾りて、舞ひ奏でんがごとし。もとよりおのが身が年寄りならば、年寄りに似せんと思ふ心はあるべからず。ただその時の物まねの人体ばかりをこそたしなむべけれ。

また老人の、「一三花はありて年寄りと見ゆる口伝」といふは、まづ一四善悪、老したる風情をば心にかけまじきなり。そもそも舞・はたらきと申すは、よろづに一五楽の拍子に合はせて、足を踏み、手をさし引き、ふり・風情を拍子に当ててするものなり。年寄りぬれば、その拍子の当てどころ、太鼓・歌・鼓の一六頭よりは、ちちとおそく足を踏み、手をもさし引き、およそのふり・風情をも、拍子に少し遅るるやうにあるものなり。この一七故実、何よりも年寄りの形木なり。このあてがひばかりを心中に持ちて、そのほかをば、ただ世の常に、いかにもいかにも花やかにすべし。

一八まづ仮令も、年寄りの心には、何事をも若くしたがるものなり。

一一「しら人」の転。その道の専門家が一般人をよぶ語。
一二「風流」は、鎌倉・室町時代に流行した集団的な歌舞で、花麗な服装や作り物を特色とした芸能。「延年」は、大寺で法会などの余興として催された歌舞の総称で、やはり同じ時期に流行した。その中に風流・連事・開口・若音、その他白拍子・宴曲・猿楽などが含まれており、したがって風流も延年の一種目であるから、ここは延年の風流という意味の一語とみられる。「申楽延年」（一三頁注一二）と同様。
一三 二八頁一行に見えた公案。
一四 いかなる場合も年寄りじみたしぐさをしようと考えてはならない。
一五 囃子の拍子。
一六 現在では大・小鼓や太鼓で特に大きく強く打ち響かす音をいうが、ここはそのほかに謡をも含めて、拍子の意か。
一七 この工夫をすることが、まず老人の物まねの基準となる。
一八「そのわけは」およそ老人の心理として、の意。

さりながら力なく[一]、五体も重く、耳もおそければ（遠いので）、心はゆけども（気ばかりはやって）、ふるまひ（動作が伴わない）の叶（かな）はぬなり。この理（ことわり）（道理）を知ること、まことの物まねなり。

わざをば[二]年寄りの望みのごとく、若き風情（しぐさ）をすべし。これ、年寄りの若きことを羨（うらや）める心・風情をまなぶにてはなしや（まねることではないか）。〔一方〕年寄りは、いかに若ふるまひをするとも、この、拍子に遅るることは（点になると）、力なく叶はぬ理なり[三]。年寄りの若ふるまひ[四]、珍しき理なり。「老木（おいき）[五]に花の咲かんがごとし」。

十体と年々去来の花

一、能に十体（じってい）[六]を得（う）べきこと、十体を得たらん（身につけた）為手（して）は、同じこと[七]を一回一回（ひとまはりひとまはり）づつするとも、その一（ひと）とほりの間（あひだ）、久しかるべければ（長い期間があるから）、珍しかるべし。十体を得たらん人は、そのうちの故実・工夫にては（次第では）、百色（ももいろ）（十倍にも応用される）にもわたるべし。まづ五年（ねん）[八]・三年のうちに一返（いっぺん）づつも、珍しく為替（し）ふる（演じ替えるような配慮が必要である）やうならんずるあてがひを持つべし。これは大きなる安立（あんりふ）[九]

一 やむをえぬことに。

二 〔したがって老人を演じる場合〕すべての演技を。

三 うまくゆかないわけである。

四 したがって「年寄りの若ふるまい」という、この矛盾を演じることが、目新しく感じられるわけである。

五 二八頁注二の公案の文句で、以上がその解答に当る。

六 あらゆる芸態、の意。歌論における十体（六二頁注八）の意味の転用であるが、併（あわ）せて「二曲三体」の三体の意味にも引きつけて用いている。

七 同じ芸を一通り、二通りと、くり返すだけでも。

八 〔そのためには単にくり返すのではなく〕およそ長くて五年、早ければ三年のうちに一回の割で。

九 仏語。安置建立の意。確かな基礎の上に立って、びくともしないこと。

なり。または一年のうち、[一〇]四季折節をも心にかくべし。また日を重ねたる中楽（幾日にもわたる興行では）、[一一]一日のうちは申すに及ばず、風体の品々を色どるべし。

かやうに[一二]大かうよりはじめて、ちちとあることまでも（ささいなことに至るまで）、自然自然に心にかくれば、[一三]一期花は失せまじきなり。

[一四]またいはく、十体を知らんよりは（知れば次は）、年々去来の花を忘るべからず。

年々去来の花とは、[一五]たとへば十体とは物まねの品々なり。年々去来とは、幼なかりし時のよそほひ（姿やふぜい）、[一六]初心の時分のわざ、手盛りのふるまひ、年寄りて（四十以後）の風体、この時分時分の、おのれと身にありし風体（自然と身につけていた芸態を）を、みな当芸に一度に持つ（現在の芸として合わせもつ）ことなり。〔つまり〕ある時は児・[一七]若族の能かと見え、ある時は年盛りの為手かと覚え（思われ）、または[一八]いかほども﨟たけて、劫入りたるやうに見えて、同じ主（役者）とも見えぬやうに能をすべし。これ、すなはち幼少の時より老後までの芸を、一度に（同時に）持つ理なり。さるほどに年々去り来る花とはいへり。

観阿の真髄

ただし[一九]この位に至れる為手、上代・末代（昔から今まで）に見も聞きも及ばず。〔ただ〕亡

一〇 四季折々の移り変りに応じる配慮も必要である。

一一 一日の番組はもとより、全期間の番組を通じて芸態を種々に変えて面白く見せるがよい、の意。演技・演出、曲の組み合せ方を変えることをいう。七〇頁注九。「一日」の発音はヒトイ。

一二 「大綱」で、根本の意であろう。「十体を得」ることをさす。

一三 生涯花を咲かせ続けることができる。

一四 また次のことも言っておきたい。

一五 その子細をいえば、十体は物まねの形態的な種々相であり、年々去来の方は、の意。

一六 「初心」は二十四・五のころ。「手盛り」は手職においてわざの最も充実した時期で、この場合三十四・五をさす。いずれも一九〜二〇頁参照。

一七 若者。この場合二十四・五のころをさす。

一八 すこぶる戒﨟（修行の年功）を経、老功な芸と見えて、の意。四十四・五以後に当ろう。二一頁。

一九 「年々去来の花」を身につけた芸位。

父の[一]若盛りの能こそ、臈たけたる風体、ことに得たりけるなど聞き及びしか。[二]四十有余の時分よりは、見慣れしことなれば疑ひなし。[三]自然居士の物まね、[四]高座の上にてのふるまひを、時の人、[五]十六・七の人体に見えしなんど、沙汰ありしなり。[六]これは、まさしく人も申し、身にも見たりしことなれば、この位に相応したりし達者かと覚えしなり。かやうに若き時分には、[七]行末の年々去来の風体を得、年寄りては、過ぎしかたの風体を身に残す為手、二人とも見も聞きも及ばざりしなり。

されば初心よりのこのかたの芸能の品々を忘れずして、その[八]時々、用々に従つて取り出だすべし。若くては年寄りの風体、年寄りては盛りの風体を残すこと、珍しきにあらずや。しかれば芸能の位、上がれば、[九]過ぎし風体を為捨為捨忘るること、[一〇]ひたすら花の種を失ふなるべし。[一一]その時々にありし花のままにて種なければ、手折れる枝の花のごとし。種あらば、年々、時々のころに、などか遇はざらん。

一 三十四・五の壮年時。
二 観世父子が今熊野の演能で初めて義満に認められたところで、観阿四十二歳、世阿十二歳。
三 自然居士という喝食（有髪の少年僧）の説経師を主人公（シテ）とする能。現行曲にもあるが、原作は作詞・作曲ともに観阿。
四 同曲の前半部。自然居士は高座（説経師がすわる一段高い座席）で人買いと応対する。
五 一八一頁では「十二三ばかりに見ゆ」とある。
六 以上のことは、一つは人の証言であり、一つは自分が見たことなので間違いはなく、亡父こそ「年々去来の花」の位に合致したすぐれた役者かと思ったことである。
七 将来の各時期にふさわしい芸態を先取りし。
八 その時その時、必要に応じて。
九 一度覚えた芸態を、そのつど使い捨てにして、顧みないのは。
一〇 手当り次第に花の種を捨てることになろう。八三頁一三行。
一一 その時その時花が咲いただけで終って、あとに種が残らなければ。

一二 初心のころの芸を忘れるな、と言いたい、の意。この句をさらに標語化したのが、一五八頁一三行「時々(じじ)の初心を忘るべからず」である。

一三 この〔年齢と芸態の食い違いを指摘した〕批評こそ、珍しさの道理（目新しさを生み出す法則）に基づくものではないか、の意。

一四 各時期の種々の芸を今のわが芸として合わせ持っていれば、〔それが種となり〕どれ程多彩な花を咲かせることであろう。

相反するものの応和

一五 粗雑にならないための策である。

一六〔その上〕激しいわざをする際に、柔和な心を失わないことは、やはり珍しさの法則に基づいている。

一七 強い心をもたねばならないという法則。

一八 この相反するものを一度に合わせもつことが、一切のもの、つまり舞・はたらき・物まね等、あらゆることに停滞しないための法則である。

一九 深い工夫がいる。

二〇 上半身を激しく動かす時は、逆に足をそっと運ぶがよい。

ただかへすがへす(くれぐれも)、初心[一二]を忘るべからず。されば常の批判にも(平生評判する時も)、若き為手をば、早く上がりたる(もう完成している)、劫入りたる(老功だ)など褒(ほ)め、年寄りたるをば、若やぎたるなど批判するなり。[一三]これ珍しき理(ことわり)ならずや。十体(じってい)のうちを色どらば(中で色々し替えると)、百色(ももいろ)にもなるべし。その上に、年々去来(ねんねんきょらい)[一四]の品々(しなじな)を一身当芸(たうげい)に持ちたらんは、いかほどの花ぞや。

一、能に、よろづ用心を持つべきこと(万事にわたって留意すべきことは)、仮令(けりやう)、怒れる風体(ふうてい)にせん時は(〔逆に〕)、柔らかなる心を忘るべからず。これ、いかに怒るとも、麁(あら)[一五]かるまじき手だてなり。[一六]怒れるに柔らかなる心を持つこと、珍しき理なり。また幽玄の物まねに、[一七]強き理を忘るべからず。[一八]これ、一切(いっさい)、舞・はたらき・物まね、あらゆること(わざ)に住せぬ理なり。

また身を使ふうちにも(動かすについても)心根(こころね)[一九]あるべし。[二〇]身を強く動かす時は、足踏(あしぶみ)を盗むべし。足を強く踏む時は、身をば静かに持つべし。これは

筆に見えがたし。相対して[一]の口伝なり。〔[二]これは、『花習』の題目に詳しく見えたり。〕

秘伝と花

一、秘する花を知ること。「[三]秘すれば花なり。秘せずは花なるべからず」となり。[四]この分け目を知ること、肝要の花なり。

そもそも[五]一切の事、諸道芸において、その家々に秘事と申すは、秘するによりて[六]大用あるがゆゑなり。しかれば秘事といふことをあらはせば、させることにてもなきものなり。これを、させることにてもなしといふ人は、いまだ秘事といふことの大用を知らぬがゆゑなり。

まづこの花の口伝においても、[七]ただ珍しきが花ぞと皆人知るならば、[八]さては珍しきことあるべしと思ひ設けたらん見物衆の前にては、たとひ珍しきことをするとも、見手の心に珍しき感はあるべからず。

一 さし向いで直接に伝授しよう。

二 これはあまり遅れない時期の注記か。宗節本による。『花習』は『花鏡』の前身に当る著作（解説二九九頁）で、この別紙口伝の奥書のしるされた応永二十五年六月にはすでに成立している。ここにいう題目は『花鏡』一一八頁の「強身動宥足踏、強足踏宥身動」に相当する。

三「秘すれば花なり云々」という文言がある、の意。『古今著聞集』巻十五にも、「南宮譜」（清和天皇皇子貞保親王編の琵琶譜）の序を引き、「物は秘するを以て貴しとなす」とか「秘すればこそ道は道にてあれ」などとしるす。

四 この花になるか、ならぬかの違いを知ることが花で、それは花の中でも特に重要な花である。

五 すべてのものごと、特に諸道・諸芸で、の意。

六 偉大な働きのこと。「よう」の読みは底本に従う。仏語ととれば「ゆう」。

七「ただ花は、見る人の心に珍しきが花なり」（八四頁五行）と万人が理解していると。

八 それではきっと珍しいことをするだろうと期待している、その観客の前では。

[九]見る人のため花ぞとも知らでこそ、為手の花にはなるべけれ。されば見る人は、ただ思ひのほかに面白き上手とばかり見て、これは花ぞとも知らぬが、為手の花なり。さるほどに[一〇]人の心に思ひも寄らぬ感を催す手だて、これ花なり。

たとへば[一一]弓矢の道の手だてにも、名将の[一二]案ばからひにて、思ひのほかなる手だてにて、強敵にも勝つことあり。これ、負くる方のためには、[一三]珍しき理に化かされて、破らるるにてはあらずや。[一四]これ、一切の事、諸道芸において、勝負に勝つ理なり。かやうの手だても、[一五]事落居して、かかるはかりことよと知りぬれば、その後はたやすけれども、いまだ知らざりつるゆゑに負くるなり。さるほどに[一六]秘事とて、一つをばわが家に残すなり。

ここをもて知るべし。たとへあらはさずとも、かかる秘事を知れる人よとも、人には知られまじきなり。人に心を知られぬれば、敵人、油断せずして用心を持てば、かへつて[一七]敵に心をつくる相なり。

九 観客の側で、これが花だと気がつかないからこそ、役者の側で花をもつことになるのである。

一〇 人に意外な感銘を起させるような策、それが花である、の意。つまり「珍しきが花」といえば、花という何か固定した物があるように受け取られるが、実は逆に最もうつろいやすい心理状態があるにすぎない。したがって問題はそういう状態を引き起すような策の修得にある、というのである。

一一 兵法に例をとれば。

一二 作戦計画。「居ばからひ」「手ばからひ」などと同様の一語か。

一三 珍しさの法則によって欺かれて。

一四 この珍しさの法則はあらゆる物ごと、今の場合でいえばあらゆる芸ごとにおいて。

一五 一件落着してから。

一六 秘事と称して「この「秘事」の」一項目を相伝の中に加えるのである。

一七 相手に用心させることになる。「相なり」は一六頁注八。

敵方(てきはう)、用心をせぬ時は、こなたの勝つこと、なほ(いよいよ)たやすかるべし。人に油断をさせて勝つことを得るは、[一]珍しき理(ことわり)の大用(だいよう)なるにてはあらずや。

[二]さるほどにわが家(いへ)の秘事とて、人に知らせぬをもて、生涯の主(ぬし)になる花とす。[三]「秘すれば花、秘せねば花なるべからず」。

[二十]一、因果(いんぐわ)の花を知ること、窮めなるべし〔これが花の極意である〕。[四]一切(いつさい)みな因果なり。初心よりの芸能〔四五から習得した芸〕の数々(かずかず)は因なり。能を窮め、名を得ることは〔世間に認められるのは〕果なり。しかれば稽古するところの因、おろそかなれば〔なおざりであれば〕、果をはたすことも〔よい果を得る〕かたし。これをよくよく知るべし。

また[五]時分をも恐るべし。去年(こぞ)盛りあらば、今年は花なかるべきことを知るべし。[六]時の間(ま)にも、男時(をどき)・女時(めどき)とてあるべし。いかにするとも〔どう演じても〕、能にも、よき時あれば〔成功の時がある一方〕、必ず悪きこともまたあるべし。[七]これ力

一　珍しさの法則のもつ偉大な働きではなかろうか。
二　以上の次第で〔秘事を相伝するばかりでなく〕、それがわが家の秘事であることを人に知らせないことが、生涯花を思うままに咲かせるための花、いいかえれば「肝要の花」なのである。
三　これが「秘すれば花云々」の最も深い意味である。

因果の花

四　すべての事象は、因（原因）があれば果（結果）があり、果があれば因があるという因果の理法に従って生滅(しょうめつ)変化している。
五　時間の中に働く因果の理法に対しても敬虔(けいけん)でなければならない。
六　わずかな時間の中にも、男時・女時とよぶ変化がある。
七　どうしようもない因果の理法の働きである、の意。この「因果の花」と前項の「生涯の主になる花」とは対照的である。

なき因果なり。これを心得て、さのみに大事になからん時の中楽には、立合[八]勝負に、それほどにがいしう[九]を起こさず、骨をも折らず、勝負に負くるとも心にかけず、手をたばひて[一〇]、少な少なと能をすれば、見物衆も、これはいかやうなるぞと思ひ覚めたるところに、大事の中楽の日、手だてを変へて得手の能をして、せいれい[一一]を出だせば、これまた見る人の思ひのほかなる心出で来れば、肝要の立合、大事の勝負にさだめて勝つことあり。これ珍しき大用なり[一二]。このほど悪かりつる因果に[一三]、またよきなり。およそ三日[一四]に三庭の中楽あらん時は、さし寄りの一日なんどは手をたばひて、あひしらひて、三日のうちに、ことに折角[一五]の日と覚しからん時、よき能[一六]の、得手にむきたらんを、眼睛[一七]を出だしてすべし。

一日のうちにても、立合なんどに、自然女時[一八]に取り合ひたらば、初めをば手をたばひて、敵の男時、〔が〕女時に下がる時分、よき能をも[一九]み寄せてすべし。その時分〔は〕、またこなたの男時に返る時分なり。こ

八 この場合は、各座が順次に舞台に上がって競演するのであろう。「立合」は一九頁注一五参照。

九 執心・執着の意らしく、歌論書『八雲御抄』巻六にも用例はある。諸説「我意執」を当てる。

一〇 わざを出し惜しんで、の意。「たばふ」は持つ。とっておくこと。

一一 精魂をこめることか。「せいれい」は四一頁注一七参照。

一二 珍しさのもつ偉大な働きによるものである。

一三 近ごろの不首尾が因となり、その果としてまた成功が巡ってきたのである。

一四 三日に三度、連続興行がある場合は、の意。勧進能などの場合で、毎日何番かが上演される。

一五 貴人の観能される晴れの日、の意。「折角」は困難。大事。

一六 よくできた曲で、しかも自分の得意とする曲を。

一七 「眼精」「眼睛」。どちらも「まなこ」であるが、ここは『碧巌録』第七則に「眼睛突出」とあるように、まなこをむき出して。懸命に、の意。

一八 万一女時に当ったら、の意。「取り合ふ」は配合する。取り合せになること。

一九 「もむ」は鞭を馬腹に当てることから転じて、激しい勢いで、追いこむように演じること。

こにて能よく出で来ぬれば、その日の第一とすべし。

この男時・女時とは、一切の勝負に、さだめて、一方色めきて、よき時分になることあり。これを男時と心得べし。勝負の物数久しければ、両方へ移り替り移り替りすべし。ある物にいはく、「勝負神とて勝つ神・負くる神、勝負の座敷を定めて、まもらせ給ふべし」。弓矢の道に、むねと秘することなり。敵方の申楽よく出で来たらば、勝神あなたにましますと心得て、まづ恐れをなすべし。これ、時の間の因果の二神にてましませば、両方へ移り替り移り替りて、またわが方の時分になると思はん時に、頼みたる能をすべし。これすなはち座敷のうちの因果なり。かへすがへす、おろそかに思ふべからず。信あれば徳あるべし。

一、そもそも因果とて、よき・あしき時のあるも、公案を尽くし

一　当日第一等の出来の能となろう。

二　孫子・呉子等の『武経七書』や占筮術が兵学の基本とされたが、その種の書であろう。

三　それぞれ自分の席をとって戦況を見守っていられるであろう、の意。「座敷」は座席。

四　勝神・負神は、短い時間の間にも働く因果の理法、それを支配する二神でいらせられるから。

五　演能の場所（舞台・観客席を含め）の中に働く因果の理法。

六　信ずればそれだけの利益はある、の意味の諺で、狂言「釣針」にも見える。『沙石集』巻八「信あれば外に徳あらはるることにて」。

てみるに、ただ珍しき・珍しからぬの二つなり。同じ上手にて、同じ能を、昨日・今日見れども、昨日面白やと見えつることの、今また面白くもなき時のあるは、[七]昨日面白かりつる心慣ひに、今日は珍しからぬによりて、悪しと見るなり。その後、またよき時のあるは、[八]さきに悪かりつるものをと思ふ心、また珍しきに返りて、面白くなるなり。

さればこの道を窮め終はりて見れば、[九]花とて別にはなきものなり。奥儀を窮めて、[一〇]よろづに珍しき理をわれと知るならでは、花はあるべからず。[一一]経にいはく、「善悪不二、邪正一如」とあり。本来より、よき・あしきとは、何をもて定むべきや。ただ時によりて用足るものをば、よきものとし、用足らぬを、あしきものとす。[一二]この風体の品々も、[一三]当世の衆人・所々にわたりて、その時のあまねき好みによりて取り出だす風体、これ、用足るための花なるべし。ここにこの風体をもてあそめば、かしこにまた余の風体を賞翫す。[一四]これ、人々

七 昨日面白く思ったことの馴れで、同じ演技が今日は目新しさを失うので。

八 この前はまずかったなと思う心が、今度は目新しく感じるように逆作用して。

九 花といってもこのほかに特別のものがあるのではない。〔つまり〕……の意で下に続く。

一〇 万事につけて珍しさの法則を自分で会得する以外には。

一一 出典不明。『句双葛藤鈔』(明暦三年版)にも見える禅林の句。早くは伝最澄作『修禅寺決』第四に見え、また天台観法の特色という一心三観の趣意をあらわした句として「善悪不二、邪正一如、煩悩即菩提、生死即涅槃」の語が知られている(『峰相記』)。句意は、善悪、邪正は一見対立するようであるが、みな一心を離れたものでなく、いずれも法の真実のあり方であること。

一二 能のさまざまな芸態にしても。

一三 現代の多彩な観客や土地がらを通じて、常に大方の好みに叶うものとして選び出された芸態であるなら、それは役立つものであるからよきものであり、したがって花である、の意。「衆人」は諸人に同じ。

一四 この事実は、花が人それぞれの、思い思いの花であることを意味している。特にそのうちのどれがまことの花であるとも決められない、の意。歌論書『袋草子』は判者の故実をしるして「人々心々なり」という。

心々（その時々に役立つものを）の花なり。いづれをまことゝせんや。ただ時に用ゆるをもて花と知るべし。

一、この別紙の口伝、当芸（能におけるわが家の秘事であり）において家の大事、[一]一代一人の相伝なり。[二]たとへ一子たりといふとも、[三]無器量の者には伝ふべからず。[四]「家、家にあらず、次ぐをもて家とす。人、人にあらず、知るをもて人とす」といへり。[五]これ、万徳了達の妙花を窮むるところなるべし。

一、此別紙条々、先年、弟、[六]四郎相伝するといへども、[七]元次、芸[八]能感人たるによつて、是を又伝フル所也。秘伝秘伝。

[九]応永廿五年六月一日　　世花押

一　一世代一人に限って相伝する秘伝。
二　四四頁注四参照。
三　力量のない者。器量を伝授の要件に数えることは珍しくない。『伊勢物語知顕集』『皇覚枕双紙』『御成敗式目追加』など。
四　出典不明。ここでは、家は家の大事が継がれてこそ家であり、人も器量があって道の大事を悟り得てこそ人である、の意であろう。
五　この別紙口伝は妙花という、芸の効用のことごとくを会得した境地に達するための教えといってよい。
六　世阿弥（三郎）の弟。音阿弥（三郎元重）の父。
七　「もとつぐ」か。未詳。一説に十郎元雅の兄で、五郎、法名源泉沙弥と伝える（『観世福田系図』）。
八　極位に達した人。「感」は一三七頁参照。
九　一四一八年。世阿弥五十六歳。

至花道

二曲三体事

一、当芸稽古の条々。〔まず〕その風体多し（能の芸態は数多いが）といへども、習道の入門は二曲三体を過ぐべからず（に限るがよい）。二曲と申すは舞歌なり。三体と申すは物まねの人体なり。

まづ音曲（謡）と舞とを、師につきて、よくよく習ひ窮めて、十歳ばかりより童形の間は、しばらく三体をば習ふべからず。ただ児姿をもて、諸体の曲風をなすべし。〔つまり〕これは面をも着ず、何の物まねもただその名のみにて、姿は童形によろしき為立なるべし。楽人の舞にも（舞楽でも）、陵王・納蘇利など、みなその舞名までにて（名ばかりで）、童舞は、直面の児姿なるがごとし。これすなはち、後々までの（成人後の）芸態に、幽玄を残すべき風根なり。（大学云、其本乱而不末治。）

一 底本では、標題はすべて冒頭に一括されているが、本書では便宜上、それぞれの本文の前に移した。

二 以下に能の稽古に関する五箇条を解説する、の意。これは『至花道』一篇の前置きで、「二曲三体事」の本文は、「その風体」からはじまる。

三 二種のわざ。「舞歌」は舞と謡。

四 物まねの基本となる身体の型である、の意。「物まね」は一六頁注一参照。『花伝』「物学条々」で説かれた九種の分類が、ここでは三種の基本的な「人体」に整理されたわけである。

基本から応用へ

五 児姿に同じ。一六頁注六。

六 児姿のままあらゆる人物の芸態を演じるがよい。

七 名ばかりその人物で、まねることはせず、扮装も児姿にふさわしいものであれば、それでよい。

八 舞楽の曲名。羅（蘭）陵王に同じ。竜をいただいた壮麗な面をつけて舞う。一人舞。

九 陵王の答舞（番いの舞で、陵王のあとで演じる）。長い牙のある怪奇な面を着け、普通二人で舞う。

一〇 面を着けず、児姿のまま舞うのと同様である。

一一 幽玄を持ち伝える上で基礎となる芸態である。

一二 「これすなはち」以下の文の傍注。『大学』は四書の一つ。底本に「未治」とあるのは「末治」の誤写で、「其本乱而末治者否矣」とある原典の下三字の脱落とも見えるが、細川本によって「不末治」と訂正する。

さて元服して、男体になりたらんよりは（成人になってからは）、すでに面をかけ、姿を品々になし変へて（種々のものに扮装し）、その似せこと（物まね）多かるべけれども、なほも（やはり）、まことの、上果[一]の芸風に至るべき入門は、三体のみなり。老体・女体・軍体、これ三つなり。助[二]になるべき人体のまなび、女になるべき人体のまなび、勢へる人体（激しい武人）のまなび、この三つをよくよく習ひ窮めて、さて童形より習ひ覚えつる舞歌の二曲を、品々にわたして事をなす（以上の三体に移して演じる以外に）ならでは、別の、曲道の習ひごと（能の稽古法）あるべからず。

このほかの風曲の品々は（種々の芸態は）、みなこの二曲三体よりおのづから出で来る用風[三]を、自然自然に待つべし。〔つまり〕神さび[四]・閑全なるよそほひは、老体[五]の用風より出で、幽玄[六]・みやびたるよしかかりは、女体の用風より出で、身動足踏[七]の生曲は、軍体の用風より出でて、意中の景[八]、おのれと見風にあらはるべし。もしなほも（それでも）芸力おろそかにて（力量不足で）、この用風生ぜずとも、二曲三体だに窮まりたらば（完全にできれば）、上果の為手にてあるべし。〔[九]この二曲三体を、定位本風地体と名づく。〕

一 最上級の芸態。『九位』（二六九頁二行）でいえば、上三花に当る。

二 〔まず老体とは〕老人になるための身体の型の物まねであり、の意。「助」は今は普通「尉」と書く。いずれもあて字。

三 応用の芸態であるから、それが無理なくあらわれ出るようにすればよい。

四 神々しく、しかも静かで自在なわざは。

五 老体の用風としてあらわれ出るものであり。

六 やさしく美しくて、しかも上品な「よし」のある姿、の意。「よしかかり」は、「よし」つまり情趣に富んだ「かかり」（二五頁注一五）のこと。

七 上半身の敏活な動きや、力強い足の運びであらわされる生き生きとしたわざ、の意で、『二曲三体人形図』によれば「砕動風」のこと。「砕動風」は「怨霊・憑き物などの鬼」（一三三頁）や物狂の物まねの型。

八 〔このように三体を会得すれば〕役者が心中に思い描くものは、自然にわざとなって外にあらわれるであろう、の意。「意中の景」について『遊楽芸風五位』は、宋代の詩論『詩人玉屑』一の「意中に景あり、景中に意あり」を引く。

九 この一行は吉田本で補う。「定位本風地体」は、正統的な芸態を確立するための基本となるわざや人体。

ここに(さて)当世の申楽の稽古を見るに、みなみな二曲三体の本道よりは入門せずして、あらゆる(雑多な)物まね、異相[10]の風をのみ習へば、無主[11]の風体になりて、能弱く(あぶなげで)、見劣りして(すぐ飽きられ)、名を得る芸人さらになし。かへすがへす二曲三体よりは入門せで、はしばしの(末梢的な)物まねをのみたしなむこと、無体[12]枝葉の稽古なるべし。〔[13]最初ノ児姿幽風者、三体ニ残リ、三体ノ用風者、万曲ノ生景ト成ルヲ知ルベシ。〕

無主風事

一、この芸に、無主風とてきらふべきことあり。よくよく心得べし。これは、まづ生得[14]の下地に得たらんところあらんは、主なるべし。さりながら習道[15]の劫入りて、下地もまたおのづから出で来べきやらん。

まづ舞歌においても、習ひ似するまでは(師匠をうまくまねる程度では)、いまだ無主風なり。こ

一〇 正統をはずれたわざ。

一一 どの芸態もわがものになりきらず、の意。「無主」は次の条に詳しい。

一二 「無体」は無理、不当の意であるが、ここは基本を欠いていること。「枝葉」はいわゆる枝葉末節。

一三 以下は、吉田本に「原注」として引く。細川本で校訂。なおこの文言は、『二曲三体人形図』にも「至花道にいはく」として見える。文意は、まず児姿の時期に二曲を通じて会得された幽玄の芸態が基本となって、それが三体に移され、三体からはさらにその用風が派生し、かくて生き生きとしたわざの全世界が成立する。この稽古の手順を十分理解しなければならない。

芸をわがものとすること

一四 生れつきの地力として、すぐれたものを身につけている場合、それは「主」といってよいであろう。

一五 修行の年功を積んでこそ、その地力も自然にその力を発揮するのではなかろうか。

れは一旦似るやうなれども、わが物にいまだならで、一風力不足にて、能の上がらぬは、これ、無主の為手なるべし。〔逆に〕師によく似せ習ひ、見取りて、わが物になりて、二身心に覚え入りて、三安き位の達人に至るは、これ主なり。これ、生きたる能なるべし。四下地の芸力によつて、習ひ稽古しつる分力をはやく得て、その物になるところ、すなはち有主風の為手なるべし。かへすがへす有主・無主の変り目を五見得すべし。六〈非二為難一、能為難也云ヘリ。〉

闌位事

一、この芸風に、上手の窮め至りて、七闌けたる心位にて、八時々異風を見することのあるを、九初心の人、これをまなぶことあり。この、闌けてなすところの一〇達風、左右なくまなぶべきことにはあらず。何と心得て似せまなぶやらん。

一 そのため芸力不足で、上達もしないというのは。
二 からだと心で覚えこみ。
三 「安位」ともいう。自在にふるまいながら、少しもあぶなげのない芸位。一三三頁二行。
四 〔いいかえれば〕生れつきの地力を基に、その後の練磨によって得た芸力を、それぞれの段階でいち早く身につけ、かくて師の芸になりきるのが、の意。「その物」は「わが物」に対して、習う対象である師の芸をさす。
五 仏語。本来の自己、つまり仏性を悟ることであるが、ここは単に「悟る」ほどの意。
六 典拠は、二条良基の『愚問賢注』にも見えるとおり、『文選』十七、陸士衡の「文賦并序」の、「けだし知ることの難きにあらず、よくすることの難きなり」であるが、早く『蹴鞠略記』『愚見抄』にも「することの」として引かれている。

非風を是風に化かす芸位

七 闌けたとよばれる心位に達し、の意。「心位」は単なるわざの芸位に対し、わざを越えて心のままに演じる自在の芸位をいう。
八 まれに普通でない演じ方をする。
九 二十四・五歳をいう。一九頁一一行。
一〇 すぐれた芸態は。

そもそも闌けたる位のわざとは、[一一]この風道を、[一二]若年より老に至るまでの年来稽古を、ことごとく尽くして、[一三]是を集め、非を除けて、[一四]已上して、[一五]時々上手の見する手だての心力なり。これは、年来の稽古のほどは、きらひ除けつる非風の手を（演じ方を）、是風に少し交ふることあり（のである）。上手なればとて、何のため非風をなすぞなれば（といえば）、これは[一六]上手の故実なり。よき風のみならでは上手にはなし（是風しか上手は持ちあわせていない）。さるほどによきところ珍しからで、[一七]見所の見風も少し目慣るるやうなるところに、非風をまれに交ふれば、[一八]上手のためは、これまた珍しき手なり。さるほどに[一九]非風、かへつて是風になる遠見あり。これは、上手の風力をもて（芸力で）、[二〇]非を是に化かす見体なり。[二一]されば面白き風体をもなせり。

これを、初心の人、ただ面白き手と心得て（単純に）、似すべきことに思ひて、これをまなべば（まねると）、[二二]もとより不足なる手なるを、おろかなる下地に交ふれば（未熟な地力に交ぜて演じるので）、[二三]炎に薪を添ふるがごとし（いよいよ害はひどくなる）。[二四]もし闌くるといふことを、わざよと心得て、上手の心位とは知らざるか。よくよく[二五]安得すべし。

一一 この芸道を、〔いいかえれば〕、の意で下に続く。
一二 『花伝』の「第一年来稽古条々」参照。
一三 正統のわざばかりを学び取って、他を排除し。
一四 〔さて〕すでに道を窮めた境地に達して。
一五 まれに達人が見せる演じ方で、それは心力によるものである、の意。「心力」は内心の働き。
一六 上手にのみ許された心得である。
一七 観客の見た目にも少し単調に感じられる際。
一八 上手にとっては、非風も観客に目新しさを感じさせるためのわざとなる。
一九 演能全体として見れば、非風がかえって是風の効果をあらわす、の意。「遠見」は遠望する意味から転じて、観客から見た効果をいう。なお『維摩経』「仏道品」にも、「もし菩薩非道を行ずれば、これ仏道に通達すとなす」とある。
二〇 〔「是風になる」を、より適切に言えば〕観客の目をくらまして非風を是風に見せる芸態である。
二一 したがってその化かす効果で面白い芸態ともなったわけである。〔芸自体はあくまで非風である〕。
二二 元来〔非風は〕欠陥のある演じ方であるのに。
二三 『摩訶止観』巻四下「火に薪を益すがごとく」。
二四 〔これは〕あるいは闌けるということを、わざの芸位と誤解し、実は上手の心位であることを認識していないのではないか。
二五 十分会得するがよい、の意。「安」を「案」に通用するとみて、思案の意にとることもできる。

上手は非と心得ながらするを、初心は、これを是と見妄して似するほどに、互ひの当てどころ、黒白の違ひなり。さるほどに一劫をも積まず、まして初心にては、何とて闌くるといふ位には至るべき。

しかるに上手の闌けてなすところを初心の似するは、非を似するになりて、二下手には得手になるか。三「若レ所レ為、求レ若レ所レ欲、猶縁レ木而求レ魚也」。四またいはく、「木に縁りて魚を求むるはおろかなるまでなり。五失はなし。若レ所レ為、欲するところにしたがはんことを求むるは、六失あるべし」といへり。〈孟子ニ見エタリ。〉

上手の闌けたる手の、非、かへつて是になる手は、これ、上手にはしたがふ曲なり。下手にはしたがはぬ手なり。さるほどに七下手の我意にしたがふ分力にて、したがはぬ上力を求むるは、必ず失あるべし。するところにしたがつて、欲するところにしたがはんことを求むるがごとし。八もし本風のうちの上曲ならば、似するとも叶はぬ

一　したがって年功が浅いどころか、初心期の役者に至っては、どうして闌位とよばれる芸位に達することなどできようか。

二　下手が得意とする演じ方、つまり下手がよくやる演じ方ではなかろうか、の意か。

三　出典は『孟子』の「梁恵王」。したいようにやって、求めるとおりの結果を得ようとするのは、木に登って魚を捜すようなもので無理である、の意。「若」を「したがひ」と読むのは趙氏の古注によるもの。

四　しかし続いてこうもいっている。

五　愚かなだけであって、あやまちを犯すことはない。原文は「魚を得ずといへども後の災なし」。

六　〔実はもっと深刻な問題で、右の譬は適当でなく〕きっとあやまちを犯すであろう。原文は「心力を尽くしてこれをなして、後必ず災あり」。

七　下手の意のままになる（どうやら身につけている）分相応の芸力で、及びもつかない高度の芸力と同じ結果を得ようとすれば。

八　もし〔下手のまねようとするのが非風ではなく〕基本の芸態のうちの高度のわざであるなら。

までにて、さのみの失はあるべからず。これは、木に縁りて魚を求むる分際[九]なり。かへすがへす、上手の闌けてなすところの非風・異相の曲を、まなぶべからず。これ、失を望む稽古[一〇]なるべし。心得べし。

ただ初心は、常に師に近づきて、不審を立てて、わが芸の位をよくよく問ひ明らむべし。〔また〕かやうの奥風[一一]を見るにつけても、はじめの[一二]二曲三体の習風を、立ちかへり立ちかへり見得すべし。〔法華[一三]に云はく、未得為得、未證為證。心得べし。〕

皮肉骨事

一、この芸態に、皮・肉・骨あり。この三つ、そろふことなし。しかれば手跡[一四]にも、大師[一五]の御手ならでは、この三つそろひたるはなしと申し伝へたり。

九 程度に相当する。

一〇 わざわざあやまちを犯すことを求めて稽古するようなものである。

一一 奥義を会得した芸態。闌位のこと。

一二 入門当初、くり返し稽古すべき二曲三体の基本のわざを、何度も復習し、自分のものにしなければならない。

一三 吉田本で補う。『法華経』「方便品」に「この輩は罪根深重に、及び増上慢にして、いまだ得ざるを得たりと謂ひ、いまだ証せざるを証せりと謂へり。かくのごとき失あり」とあるが、すでに俊成の『民部卿家歌合』跋や『六百番歌合』若草二一番判も「謂」を「為」として引いている。

一四 筆跡に同じ。書のこと。

一五 弘法大師の御筆跡以外には、の意。歌学書『愚秘抄』によれば、書に「皮・肉・骨の三体」があり、それぞれ三跡（道風・行成・佐理）の書風に対応するが、同時に「各一体ばかりを得て、三体をば並べて書くことなかりき」で、「高野大師の御筆ぞ三体をつかねて書き給へるとは申しならはし侍る」という。

皮肉骨をそろえて持つこと

そもそもこの芸態に、皮・肉・骨の在所をささば（ありかを示せば）、まづ下地[一]の生得のありて、おのづから上手に出生したる瑞力の見所を、骨とや申すべき。舞歌[二]の習力の満風、見にあらはるるところ、肉とや申すべき。この品々[三]を長じて、安く[四]、美しく、窮まる風姿（姿かかり）を皮とや申すべき。また見[五]・聞・心の三つにとらば（あてはめると）、見は皮、聞は肉、心は骨なるべきやらん。また音曲ばかりのうちにも、この三つはあるべし。（声[六]ハ皮、曲ハ肉、息ハ骨。）舞のみにもまたあるべし。（姿[七]ハ皮、手ハ肉、心ハ骨。）よくよく心得分く（判別するがよい）べし。

ここに当世の芸人のことを見るに、この三つを持したる人なきのみにあらず、かやうのことのあるとだに（こうした心得の存在さえ）知れる者なし。〔実は〕これは、亡父のひそかに申し伝へしによつて、身にもわきまへたり（私も初めて知ったことである）。今ほどの[八]芸人を見及ぶ分は、ただ皮を少しするのみなり。それも、まことの皮にはあらず。また似する分も（上手をまねるにも）皮のみなり。しかれば無主[九]の為手なり。

一　生れつき地力が備わり、ことさら鍛練しなくても上手にできている役者のすぐれた芸力のあらわれを。
二　平素練磨した舞と謡の芸力が、充実した芸態として観客の耳目に映じる状態を。
三　骨と肉にさらに磨きをかけて。
四　自在で、しかも不動の境地をいう語。
五　用語としては『花鏡』（一四八頁一行以下）に見え、「見」は見た目の面白さを、「聞」は主として音曲の面白さを、「心」はそのいずれでもなく、ただしみじみと観客の心に訴えてくる感銘を、それぞれ特色とする芸態をさしているが、この場合該当しない。
六　上文の傍注。この場合「声」は節かかり。「曲」は「ふし」と読んで節をさす。「息」は息の出し入れ。
七　上文の傍注。「姿」は姿かかり（一四〇頁六行）。「手」は舞の手、つまり舞のきまった型。「心」は内心の働き。心くばり。
八　近ごろの芸人を見わたしたかぎりでは。
九　基本を欠いているので、芸がわがものになりきっていない役者、の意。一〇四頁二行参照。「まことの皮」は骨・肉を「長じた」皮であるが、人々の演じるのは単なる皮であり、またまねるとしても単に見えるままの、文字どおり皮相を皮と誤認してまねる。このように骨肉を見失っていることが基本を欠くことである。

もしこの三つを持したる為手なりとも、また知るべきことあり。下地の得たらんところは骨、舞歌の達風[一〇]は肉、人ない[一一]の幽玄は皮にてありとも、三つを持ちたるばかりなるべし。三つそろふ為手とは、なほも申しがたし。そろふと申さん位は、たとへば[一二]、かくのごとくの瑞風をことごとく窮めて、すでに至上にて、安く、無風[一三]の位になりて（達して）、即座[一四]の風体はただ面白きのみにて、見所[一五]も妙見に亡じて、[一六]さて後心に安見する時、何と見るも弱きところのなきは（あぶなげがないのは）、骨風[一七]の芸劫の感、何と見るも事の尽きぬは（わざが無尽蔵なのは）、肉風の芸劫の感、何と見るも幽玄なるは、皮風の芸劫の感にて、離見[一八]の見にあらはるるところを思ひ合はせて、皮・肉・骨そろひたる為手なりけるとや申すべき。

体[一九]用の事

一、能に（能では）、体・用のことを知るべし。体は花、用は匂のごとし。

一〇 練達の芸態。
一一 姿あるいは姿かかり、の意。一三九頁注一七参照。『遊楽習道風見』では「人内」の字をあてる。
一二 その子細をいえば、このような見事な芸態を。
一三 わざを越えた芸位。心のままに演じてあぶなげのない境地。一四七頁注一一参照。
一四 実際の芸態に接すると、ただ面白いという感銘があるばかりで。
一五 観客も妙技に我を忘れて批判の能力を失い、の意。「妙」は仏語で、言葉であらわせない不可思議の状態をいう。
一六 その後われに返って、冷静に事態を見すえると。
一七 「骨」の芸が年功を重ねたところに生じる深い感銘であり。
一八 観客が自分の「離見の見」に映った感銘を反省して、「そこに以上の三種がそろっていることを確認する時」の意。「離見の見」は日常の見の意識を離れた見であるから、真に客観的にものを見る、いわば対象をとらえる心の働きである。この場合は「妙見に亡じ」た見に対して、「後心に安見する」見に当る。
一九 仏語に体・相・用があり、三大という。体は本体、相は体の性能、用は相の働きをいう。詩論にも「体用」（『詩人玉屑』一〇）があり、連歌にも「体用事」（『連歌新式』）がある。

体の中に用はあること

または[一]月と影とのごとし。体をよくよく心得たらば、用もおのづからあるべし。

そもそも能を見ること（場合）、知る者[二]は心にて見、知らざるは目にて見るなり。心にて見るところは体なり。目にて見るところは用なり。[三]さるほどに初心の人は、用を見て似するなり。これ、用の[四]理(ことわり)を知らで似するなり。[五]用は、似すべからざる理あり。能を知る者は、心にて見るゆゑに、体を似するなり。体をよく似するうちに、用はあり（用も含まれる）。知らざる人は、用を[六]為風(ゐふう)と心得て似するほどに、似すれば[七]、用が体になることを知らず。（しかし）これ、まことの体にあらざれば（疑似的な体であるから）、つひには[八]体もなく、用もなくなりて、曲風断絶せり。かやうなるを、道もなく（道にはずれた）、筋もなき能（正体不明の能）といへり。

体・用といふ時は[九]二つあり（が実は）。体なき時は用もあるべからず。さるほどに[一〇]用はなきものにて、似すべきあて（手がかり）がひもなきを、[一一]あるものにして似するところは、体にならずや。これを知るとは（体用の理）、用は体にあ

一 月とその光の関係に譬(たと)えられる、の意。前の「匂」も「影」も、ともにそれだけとしては存在しないことの譬(たとえ)で、詳細は以下で説明される。

二 能を深く体得している者。「能を知る」については一五一頁注一四参照。

三 したがって「知らざる」者である「初心の人」は、目で見たままの用をまねることになる。

四 用を成り立たせている道理、きまり。

五 用には、まねられない道理が働いている、の意。次の段に至って「用はなきものにて」と明示される。

六 自力で働く、能動的な芸態と誤解して、の意。「為風」は匂や影の反対で、つまりは体である。

七 用を似せると〔似せることのできるものは体であるから〕、本来は用のものが、演技としては体になっていることに気がつかない。

八 結局まことの体でもなく、さりとて用でもないという中途半端な結果になって、芸は成り立たない。

九 二つのものが存在することになる。

一〇 〔体用は本来一つで〕用はそれだけでは存在しないものであり。

一一 存在するものだと誤認してまねる場合、〔存在するものは体であるから〕体になるわけではないか。

り、別（べち）にはなきものと心得て、[一二]似すべき理（ことわり）のなきを知ること、すなはち能を知るものなり。しかれば用をば似（まね）すべき理のなければ、似すべからず（てはならない）、体を似することそ、すなはち用を似するにてありけれと心得べし。かへすがへす（よくよく）、用を似すれば体になる理を安得せば（十分会得すれば）、体・用の分け目（区別）をよく心得たる為手（して）なるべし。ある人いはく、「似せたきは上手、似すまじき（似せてならないのも）は上手なり」といへり。[一三]しからば似するは用、似たるは体なるべきやらん。

一、[一四]かやうの稽古の浅深（せんじん）の条々、昔はさのみにはなかりし（あまり問題にしなかった）なり。[一五]古風の中に、おのづからこの芸力（げいりき）を得たりし達人、少々見えしなり。そのころは、貴人（きにん）・[一六]上方様（じやうはうさま）の御批判にも、是（ぜ）をのみ御覧じはやされ（よいところだけおほめになり）て、非（ひ）をば[一七]御讃歎（ごさんだん）もなかりしなり。当世は、[一八]御目（おんめ）もいや闌（た）けて、少（わず）しきの非をも（欠点でも批判されるので）御讃歎に及ぶ間（あひだ）、玉を磨き花を摘める幽曲（洗練を窮めた幽玄なわざでなければ）ならずは、

一二 まねられる道理がないと会得することが、「能を知る」ということにほかならない。

一三 「これは上述の「用は、似すべからざる理あり」を平俗な言葉で語ったものと思われるが」そうとすれば俗に「似する」といわれるのが上述の「用を似する」に当り、他方俗に「似たる」といわれるのが「体を似する」の意味に当るのであろう、の意。「似たる」は似せようとしないで、自然にその状態に達していること。

一四 「稽古の浅深の条々」は、本書の冒頭の「当芸稽古の条々」に照応する文言。文意は、稽古に関し、浅深の区別をやかましく追究する以上の条々のような論議は、の意。「浅」は初心や当世の芸人の浅薄なありよう、「深」は上手のそれをさす。

一五 したがって旧式の芸を演じた役者の中に、叙上の芸力を備えた名手が少しはいたというのもおのずからで、ことさら以上の諸条項を追究した結果ではない、の意。文意は「おのづから」に力点がかかっていると見てよい。そして次に批評の点でも昔は一面的であったことをいう。

一六 寺の住持や児（ちご）をいうことが多いが、ここは「かみつかた」に同じで、上層の人、の意。

一七 賞賛の意から転じて、評判すること。

一八 この方々の批評眼もいよいよ高くなり。

上方様の御意(ぎよい)に叶(かな)ふことあるべからず。さるほどに芸の達人は少なし。当道[一]いよいよ末風(まつぷう)になるゆゑに、かやうの習道(修行)おろそかならば、道も絶えぬべきかと(断絶しかねまいと案じ)、芸心[二]の及ぶところを、おほかた(一通り)申すのみなり。なほなほこのほかは、問人[三](もんにん)の器量の分力(ぶんりき)によりて、相対(あひたい)しての秘伝(直接伝授すべき)なるべし(ものである)。

応永廿七年[四]六月日　　世阿書

〔[五]論語云(ニいハク)、可(クシテとも)ニ与(フ)言一而不(ルハ)ニ与(ニハ)言一、失(ヘルナリ)レ人(ヲ)。不(シテ)レ可(カラ)ニ与(ニ)言一而与(フハ)言之、失(ヘルナリ)レ言(ことヲ)。

易(えきニいハク)[六]云、非(ズシテ)ニ其人(ニ)一、伝(フルハ)ニ其書(ヲ)一、所(ナリ)ニ天悪(ノにくム)一。

遊楽(いうがく)[七]ノ成功(せいこう)長ジテ、用又体(ゆうまたたい)[八]ニ成(な)ル見風可(シ)レ有(ル)。上果曲体ノ見風ニ至リヌレバ、体・用不レ可レ有(カラ)ニ分目(わけめ)一。然(しかレ)バ諸体(しよてい)之用風、即(すなはち)体曲ト成ル成功之曲位、是(これ)、妙体[九]歟(か)。

一 〔以上の次第で〕猿楽道は〔古風にも及ばず〕いよいよ末期的状態にあるため。

二 芸道について考えたことを。

三 質問者の力量の程度に応じて。

四 応永二十七年（一四二〇）は世阿五十八歳。

五 以下の後注はすべて底本になく、吉田本で補い、細川本で校訂する。『論語』は「衛霊公(えいれいこう)」の文言で、ここでは、伝授すべき者に伝授しなければ人材のむだであり、伝授すべきでない者に伝授すれば秘伝の損失になる、の意。本文の訓は建武四年鈔本による。なお「与言之」は、論語の通行本には「与之言」とあるが、建武四年鈔本・正平版論語単跋本等は本文に同じ。

六 『易経』には見えないが、『花鏡』にも引かれている句（一三三頁九行）。以上の三行は、いずれも「問人の器量」以下の本文に対する注記か。

七 能で年功を積むと、の意。「成功」は年功。以下の文言はすべて「体用事」の注記か。本文が稽古法の立場から「体用の分け目」を説いたのに対し、これは「見風」の立場から両者の一体化を説く。

八 普通は用と体、つまり「目にて見るところ」と「心にて見るところ」の区別があるが、窮極に至ると用が体になる、つまり心で見るしかない芸態があらわれよう、の意。「見風」は外にあらわれた芸態。

九 形なき姿をいう（一四六頁四行）。以上は用から体への方向で両者の一体化を説く。

又[10]一切、懸ト名付クル見風、是又無所也。只自レ体見風ニ匂フ也。[11]然バ懸ハ体ニ有リテ、用ニ見エタリ。[12]白鳥花ヲ啣ム、是幽玄ノ風姿歟。」

一〇「かかり」とよばれる芸態はすべて、妙体と同様に形がなく、どこにあるとも知れない。しかしそれは体がそのまま芸態となって外へ匂い出たものにほかならない。

一一 したがって「かかり」は、〔単なる用ではなく〕あくまで体であるものが用となってあらわれたにすぎない、の意。以上は体から用への方向で両者の一体化を説く。

一二「百鳥花を銜んで献ず」（明暦三年『句双葛藤鈔』）という有名な句の「百」を同音の「白」に替え、白鳥が白花をくわえた姿に、八面玲瓏とした幽玄の姿を象徴したもの。白の感覚については一六六頁注五参照。

花鏡

一調二機三声[一]　音曲開口初声[二]

[三]調子をば機が持つなり。[四]吹き物の調子を音取りて、機に合はせすまして、目をふさぎて、息を内へ引きて、さて声を出だせば、[五]声先、調子の中より出づるなり。調子ばかりを音取りて、機にも合はせずして声を出だせば、声先、調子に合ふこと、左右なくなし。調子をば機にこめて声を出だすがゆゑに、一、調・二、機・三、声とは定むるなり。

[六]またいはく、調子をば機にて持ち、声をば調子にて出だし、[七]文字をば唇にて分かつべし。[八]文字にもかからぬほどの節をば、顔の振りやうをもてあひしらふべし。[九]よくよく心中に当てて念籠すべきなり。

[一〇]宮・商上下、声成レ文、謂レ音レ之。宮陰、〈地・呂・出息〉商陽、

一 標題は小短冊に書かれて貼付され、本文と別筆ではあるが、ほぼ原形を伝えたものと思われる。

二 謡い出しの発声法。

三 音の高さを正しく維持するのは機の働きである、の意。「機」は丹田（下腹部）に力をこめた気合いで、息の出入りや緩急を測る。

発声の三段階

四 前奏の笛の調子を聞き取り、の意。笛の調子が謡の調子の基準になる。「吹き物」は笛（能管）のほか、当時は調子をきめるために尺八も用いた。二三六頁注五。

五 謡い出しの声（初声）は、笛の調子に溶けて出てくる。

六 発声に関して、あわせて注意すべきことがある。

七 一字一字の発音を、唇を使ってはっきりと謡い分けよ。

八 一字にも当らない細かな節のあやは。

九 〔以上の心得を〕十分胸に収めて、工夫するがよい、の意。「念籠」は工夫、計画をねること。禅語「拈弄」（古則や公案を自分の見識で思うままに解釈し批判すること）の俗用であろう。

一〇 文末に加えられた注記。『毛詩（詩経）』大序の「情は声に発はれて、声成レ文、謂二之音一」の文言と、その鄭玄の注の「声とは宮・商・角・徴・羽を謂ふなり。声成レ文とは宮・商上下相応するなり」とをつき交ぜたものか。宮・商で声を代表させ、これに陰・陽・天・地等を配当している。

〈天・律・入息〉呂律合声、上下、云声文。分五音、成十二律。呂六、律六。

動十分心動七分身

「心を十分に動かして、身を七分に動かせ」とは、習ふところの手をさし、足を動かすこと、師の教へのままに動かして、その分をよくよく為窮めて後、さし引く手をちちと、心ほどには動かさで、心よりうちに控ふるなり。これは、必ず舞・はたらきにかぎるべからず。立ちふるまふ身づかひまでも、心よりは身を惜しみて立ちはたらけば、身は体になり、心は用になりて、面白き感あるべし。

強身動宥足踏　強足踏宥身動

一　前頁の鄭玄の注に見えた宮・商以下の五音階。
二　日本音律の名称でいえば、壱越・断金・平調・勝絶・下無・双調・鳧鐘・黄鐘・鸞鏡・盤渉・神仙・上無をいう。このうち壱越から一つおきに神仙までが律。他が呂。壱越を洋楽の長音階にあてると、ほぼニ音、あとは半音ずつ高くなって上無は変ニ音に当る。
三　原形は「心十分動、身七分動」か。音読もしたらしい。次条や一三〇頁二行参照。

からだは控えめに動かすこと

四　それらの基本を。
五　必ずしも舞や舞以外のわざに限るわけではない。
六　「体」は本体、「用」はその働き、あらわれをいう（一〇九頁）。したがって普通は心が体で、身の動きは用であるが、この場合心の働きが身の動きに余り、それが表現的に強く印象づけられるので、普通の体用の関係が逆転して、心こそ用、つまりあらわれといわれたのであろう。
七　『二曲三体人形図』に、「身強動足宥踏、足強踏身宥動」とあるのが原形か。音読もしたらしい。

これもおほかた、[八]さきの心十分の心なり。身と足と同じやうに動けば、麁く見ゆるなり。身を使ふ時、足を盗めば、[九]狂ふとは見ゆれども、麁からず。足を強く[一〇]踏む時、身を静かに動かせば、足音は高けれども、身の静かなるによりて、麁くは見えぬなり。[一一]これすなはち、見聞同心ならぬところ、両体和合になりて、面白き感あり。総じて足を踏み習ふこと、[一二]舞にては踏み習ふべからず。[一三]余のはたらき・物まねにて踏み習ふべし。

先聞後見

[一四]一切の物まね風体は、言ひごとの品によりての見聞なり。これを言ひごとのすなはちにし、[一五]あまさへ言葉より進みて風情の見ゆることあり。聞くところと見るところと前後するなり。まづ諸人の耳に聞くところを先立てて、さて風情を少し遅るるやうにすれば、

からだと足の動きは相反すること

八 前条の「動十分心、動七分身」と同趣旨である、の意。相反するものを取り合せて、動的な調和を生む工夫である。

九 鬼能を「狂ひ能」（一七四頁注一二）というのに同じ。身体を敏活に激しく動かすこと。

一〇「踏む」は足を運ぶこと。運歩。

一一 これは、つまり目で見る上体の動きと、耳で聞く足の動き（足音）とが異なる印象を与える結果、上体と足の調和が生じて深い感銘を与えるわけである。

一二 舞は手の動きを主として足踏みを従とし、「はたらき」は足踏みを主とするからである。

一三 舞以外のしぐさや物まね。「はたらき」は一五頁注一二、「物まね」は一六頁注一参照。

言葉がわざの基準になること

一四 すべての物まね芸は、謡の文句の趣に導かれて見られもし、聞かれもするものである、の意。まず言葉が聞かれ、そののちそれに応じたしぐさが見られるという順序でなくてはならないことをいう。

一五 ひどい時には謡より先にしぐさの見られる（演じられる）ことがある、の意。「風情」は、しぐさ。「あまさへ」はアマッサエと促音に読む。「見ゆるる」は、当時「見ゆ」の連体形として慣用された。

聞く心よりやがて見ゆるるところに移る堺(さかひ)にて、見聞(けんもん)成就する感あり。[一]

たとへば、「泣く」といふことには、泣くといふ言葉を人に聞かせて、その言葉より少し遅るるやうに袖(そで)を顔に当つれば、風情(ふぜい)[二]にて止まるなり。泣くと聞きも定めぬより（はっきり聞き取らないうちに）、袖を顔に当つれば、言葉が遅れて残るゆゑに、言葉にて止まるなり。さるほどに（そうすると）風情が先に果てて（終って）、はぐるる[三]気色(けしき)あり。しかれば[四]風情にて止まるべきがゆゑに、「まづ聞かせて、後に見せよ」となり。

物まねはその人体になりきること

[五]先能其物成(まづよくそのものになり)　去能其態似(さてよくそのわざヲにセヨ)

「その物によくなる」と申したるは（右に記したのは）、中楽(さるがく)[六]の物まねの品々(しなじな)なり。ぜう[七]にならば、老(らう)したるかたちなれば、腰を折り、足弱くて（足もともあぶなく）、手をも短か短かと（かがみがちに）さし引くべし。その姿に[八]まづなりて、舞をも舞ひ、

一　まず耳で味わった直後に、そのしぐさを目で味わう、この微妙な味わいの移り際(ぎわ)で、見・聞ともに満たされた深い感銘が生れる。

二　物まねが〔文言でなく〕しぐさで終ることになる。

三　〔謡だけがあとに残って〕ちょうど仲間にはぐれた感じになる。

四　以上の次第で、物まねはしぐさで終らなければ不都合なので。

五　『二曲三体人形図』に、「先其物能成、去其態能似」とあるのが原形か。音読もしたらしい。

六　能で種々の物まねを演じる場合のことである。

七　老人のこと。普通「尉(じょう)」に当てるが、世阿の伝書では漢字は「助」、仮名は「ぜう」にあてる（五八頁八行など）。

八　〔このように〕まず老人の姿になりきった上で。

立ちはたらきをも、音曲（謡）をも、そのかたち（姿のままで）のうちよりすべし。

女ならば、腰をも少し直（す）ぐに（伸ばし）、手をも高々（たかだか）とさし引き、五体（からだの力を）をも弱々（ぬき）と、心に力を持たず（あまり気ばらず）して、しなしな（しなやかに）と身を扱ふべし。さてその姿のうちより、舞をも音曲をも、立ちふるまふことまでも、その態（わざ）をすべし。

九怒れることならば、一〇心に力を持ちて、身をも強々（つよづよ）と構へて、さて（その後）立ちはたらくべし。そのほか一切の物まね一一の人体（じんたい）、まづその物によくなるやうを習ふべし。さてその態をすべし。

舞ハ声ヲ為（なス）レ根ト

舞は一二音声（おんじやう）より出でずは、感あるべからず（感銘を与えない）。一三一声（いつせい）のにほひより舞へ移る堺（さかひ）にて、妙力（めうりき）あるべし。また舞ひをさむるところも、一四音感へをさまる位あり。

九 鬼能などの、敏活に激しく動く物まねなら。

一〇『人形図』では、鬼を砕動風（さいどうふう）・力動風（りきどう）に二分し、前者については「心身に力を入れずして」、後者については「力を体にしてはたらく」という。それによれば、ここは力動風で、地獄の鬼などの物まねである。

一一 物まねの際の身のこなしは、の意。「人体」は「にんたい」とも読む。これはすでに『至花道』『人形図』において、三体とその用風、さらに用風から派生するものという風に体系づけられ、かつ様式化されている。一〇一頁「二曲三体事」参照。

一二 謡や囃子（はやし）（音曲）に基づいて舞わなければ。

一三 一セイの謡の消えぬうちに舞へ移る、その移り際（ぎわ）で言葉に尽せない魅力があらわれよう、の意。舞の前には多くワカや一セイ謡がくる。

音曲が舞の基準になること

一四 音曲からくる感銘の中に溶けこむようにして終る趣がなければならない、の意。舞の後には多く、ワカ・サシ・クリの謡がくる。

そもそも舞歌とは、根本、如来蔵[一]より出来せりと云々。まづ五臓[二]より出づる息、五色に分かれて五音・六調子[三]となる。〔つまり〕双調・黄鐘・壱越調、これ三律。平調・盤渉、これ二呂。無調は律・呂両声より出でたる用（派生的な調子）の声なり。しかれば（さて）五臓[四]より声を出だすが五体を動かす人体、これ舞となるはじめなり。

しかれば（さて）時の調子[五]とは、四季に分かち、また夜昼十二時に、おのおの双・黄・壱越・平・盤の、その時々に当たれり。またいはく（一説には）、時の調子とは、天人の舞歌の時節（天人が舞歌を奏する時）、天の調感[六]、ここに移りて（地上に伝わって感応する時に）通ずる折を（それを）、時の調子とは申すなりと云々。天道[七]は、舞歌の時節、不定あるまじければ、両説ともに、そのいはれ（その理由は）叶へり（納得される）と見えたり。

しかれば駿河舞[八]の事、天女、天下りて舞歌の曲をとどめし来歴より（伝えたという由来から）、この国に伝はる秘曲となる。事多ければ（しかし繁雑なので）、しるすに及ばず（省略する）。

ただ舞[九]は、音声の力足らずは感あるべからず（感銘はないと）と、心得べきまでなり（わかればそれでよい）。まづ常の舞にも、節曲舞[一〇]などの音曲にて舞へば、たより（手がかり）ありて

一 真如、仏性は人間の煩悩を離れては存在せず、かえってそこに隠蔵されているという意味の仏語。ここは身内の五臓を如来蔵に見立てたのであろう。

二 五種の内臓。これと五色・五音・五調子の配合は、脾臓が黄・宮・壱越調、肝臓が青・角・双調、心臓が赤・徴・黄鐘調、肺臓が白・商・平調、腎臓が黒・羽・盤渉調といわれる。

三 右の五調子に、それから派生したという無調を加えたもの。しかし一般に舞楽でいう六調子は、無調の代りに太食調を加え、壱越調・双調・太食調を呂、平調・黄鐘調・盤渉調を律とする。

四 五臓から声を出せば、それがやがて全身を動かすというのが人体のしくみで、ここに舞の起源がある。

五 時の調子とは、四季あるいは昼夜の十二時（一昼夜に十二支を配したもの）に、双調以下の五調子が適宜配当されたものである、の意。その配当は、双調が春・巳時、黄鐘調が夏・未時、壱越調が土用・子時、平調が秋・寅時、盤渉調が冬・戌時に当る。

六 天上の音楽の調子の面白さが。

七 天上では演奏の時期にきまりがあるはずなので。

八 東遊（平安時代以来、宮廷や諸社の祭礼で用いられた歌舞）の中心となる舞で、駿河の有度浜に天女が舞い下りて伝えたという。

九 要するに舞は、の意。再び冒頭の文言にもどる。

一〇 曲舞（一九八頁注七）に同じ。三字で「くせまひ」と読む説もある。

一一 舞が音曲の力に基づくという証拠ではないか。
一二 仏教にも「法界体性智」以下の五智や「菩薩五智」などがあり、いずれも正智（悟り）を得るための智慧の分析であるが、これは舞の真髄を会得するための舞の分析である。
一三 舞い始めの手のかたちで、今の達拝に当る。
一四〔こうして〕舞一曲を序破急のきまりに従って舞い終える、その手わざの筋道を。
一五 手智の「手」も舞の型にはちがいないが。
一六 手も用いず、しぐさもなくて動きを見せる行き方がある。たとえば飛鳥が羽を動かさずに風に乗って翻るような動きである。
一七 これが舞であり、これを習得することが舞智である、の意。
一八 前述の手智の「序破急へ舞ひをさむる曲道」のひまひまに、舞智の「舞」を交えたものである。
一九「有文」は美しさが文、つまり明白なかたちをとるもの。逆にかたちがなく、気韻・情調として感じられるものが「無文」である。無文を有文より高度の芸態とみる考えは後出（二一六頁）。
二〇 こうして有文・無文を相曲、つまり両者兼ね備えたわざとして融合させる時、はや舞は芸態として完成している、の意。相曲智こそ具体的かつ理想的な舞のあり方といってよい。
二一 観客が感嘆するのも、こういう状態のわざである。

舞の分析

舞ひよきなり。また笛・鼓の拍子なくては、舞はるまじきなり。これ、[11]音力にて舞ふにてあらずや。

またいはく、舞に五智[12]あり。一、手智。二、舞智。三、相曲智。四、手体智。五、舞体智なり。

一、手智は、[13]合掌の手より（に始まって）五体を動かし、手をさし、引き、[14]舞一番を序破急へ舞ひをさむる曲道を習得することなり。これを手智といふ。

二、舞智は、[15]手といふも舞なれども、（〔舞の中には〕）手足を扱はずして、ただ姿（姿の美しさを主として）かかりを体にして、[16]無手無風なるよそほひをなす道あり。たとへば飛鳥の風に従ふよそほひなるべし。[17]これを舞といふ。

三、相曲智は、[18]以前の手智、序破急の間に、舞を添へたり。手をなすは[19]有文風、舞をなすは無文風なり。[20]有無風を相曲に和合するところ、すでに見風成就なり。これ、面白しと見る[21]堺曲なり。この二（有無風）道を心得て舞曲をなすを、相曲智と名づく。

四、手体風智は、この相曲において、〔つまり〕有無和合風のうちに、手[一]を体にして、舞を用にする体風あるべし。かくのごとく心得るを手体風智と名づく。

五に、舞体風智は、舞を体にして、手を用にする体風なり。これ、無姿[二]なり。

およそ三体[三]の風姿に当てて見るに、男体[四]には、手体風智、相応なるべきか（〔が〕相当しよう）。女体には、舞体風智、よろしかるべきかなり。よくよく物まねの人体によりて（応じて）、風曲[五]をなすべきなり。

また舞に、目前心後といふことあり。「目を前に見て（つけ）、心を後に置け」となり。これは以前申しつる舞智風体[六]の用心なり。見所（観客）より見るところの風姿は（から見た自分の舞姿は）、わが離見[七]なり。しかれば（さて他方）わが眼の見るところは、我見なり。離見[八]の見にはあらず。離見の見にて見るところは、すなはち見所同心[九]の見なり。その時は、わが姿を見得[一〇]するなり。わが姿を見得すれば、左右・前後を見るなり。しかれども（しかし通常は）目前・左右

一 再び手を主とし、舞を従とする芸態が考えられる。

二 無文の能姿の意。これに対して「手体風智」は有文の能姿といってよい。この「無姿」は、具体的な舞姿の一分類（手体風智と並ぶ）にすぎないものであるから、後に「妙所」について「形なき姿」（一四六頁四行）といわれた絶対的な境地とは別である。

三 五智を三体（老体・女体・軍体）に配当すると。

四 普通は童形を過ぎた成人の身体をいうが、ここでは老体と軍体を含めて男の人体をいう。

五 それにふさわしい舞のあり方を選ぶがよい。

六 舞智の芸態に関する心得である。

七 客観的に見られたわが姿である、の意。「離見」は次の「我見」（仏語）の対語として用いられており、自分の目にとらわれないこと。

八 「離見」を自分の見としたもの。つまり自分が第三者の目で見ること。一〇九頁注一八。

九 観客の見る目と一致した場合の自分の見る目。

一〇 仏語。自己に本来備わる仏性を悟得することであるが、ここは「悟る」ぐらいの意。

までをば見れども、一一後姿をばいまだ知らぬか。後姿を覚えねば、姿の一二俗なるところをわきまへず。さるほどに離見の見にて見所同見となりて、一三不及目の身所まで見智して、一四五体相応の幽姿をなすべし。これすなはち、「心を後に置く」にてあらずや。かへすがへす、離見の見をよくよく見得して、一五眼、眼を見ぬところを覚えて、左右・前後を一六分明に安見せよ。さだめて一七花姿玉得の幽舞に至らんこと、目前の証見なるべし。

一八擔板感いはく、総じて舞・はたらきに至るまで、一九左右・前後とをさむべし。

題目六ケ条　已上。

開演の時機

時節当レ感事

中楽の当座に出でて、二〇さし事・二一一声を出だすに、その時分の際あ

一一 後姿はまだ一度も見たことはないであろう。
一二 呉音で「ぞく」とも読む。野卑なこと。幽玄・花の対語として、当時二条良基の連歌論でも慣用された。
一三 普通は目の届かない背部までも観察し。
一四 五体（全身）が互いに響きあい一体となった、いわば八面玲瓏とした幽玄の舞姿を見せるがよい。
一五 目はあらゆる対象を見るが、目自体は見られないこと。ここは自分の目の限界を十分に自覚し、の意。「眼みづから眼を見ず」（『沙石集』巻一〇）。
一六 平静かつ不動の目で、はっきり見てとるがよい。
一七 美人玉を懐くといった趣の幽玄の舞。
一八 禅語。「感」は正しくは「漢」。板を擔ぐ者が、一方ばかり見て他方を見ないこと。したがって下の文言に対しては逆説的な意味になるが、ここは自分に対する謙辞で、身のほどもわきまえない私見によれば、というほどの意か。
一九 四方八方すきのないように演じ終えるがよい、の意。『却来華』に、一切のわざや心構えにまで、左右左・左右左と働く原理があるというのと、もとは同種の句か。
二〇 今のサシ謡。当時は「さし事」「さしごゑ」の区別があり、前者は後者よりも節のないコトバに近い。シテ登場の際によく用いられた定型の謡。
二一 シテの登場謡としては、最も普通の定型の謡。

るべし。早きも悪し、遅きも悪かるべし。まづ楽屋(がくや)より出(い)でて、橋[一]がかりに歩(あよ)み止まりて、諸方をうかがひて〔栈敷の隅々に気を配り〕、すは、声を出だすよと、諸人(しよにん)一同に待ち受くるすなはちに〔いっせいに待ち構える瞬間に〕、声を出だすべし。これ、諸人の心を受けて〔気構えに応じて〕声を出だす、時節感当(かんたう)[二]なり。この時節、少しも過ぐれば〔遅れると〕、また諸人の心ゆるく〔ゆるみ〕なりて、後にものを言ひ出だせば〔謡い出すと〕、万人(ばんにん)の感に当たらず。この時節は、ただ見物の人の機[三]にあり。人の機にある時節とは、為手(して)[四]の感より見(けん)ずる際(きは)なり。これ、万人の見心(けんしん)[五]を為手一人(ひとり)の眼睛(がんぜい)[六]へ引き入るる際なり。当日一(たうにちいち)の大事の際なり。

観客との距離

およそ橋がかりは、橋を三分一(さんぶいち)ほど行き残して〔残した手前で〕、一声(いつせい)をば出だすべし。二句(にのく)[七]をば、橋の詰め〔末〕、舞台の堺(さかひ)〔入口〕ほどにて言ふべし。顔をば栈(さ)[八]敷(じき)の[九]ずんに当てて、栈敷をばまもるべからず〔見つめてはいけない〕。総じて顔の持ちやう〔構えは〕、貴人(きにん)の御顔に当てて、そのずんに持つべし。内中楽(うちざるがく)[一〇]・酒盛(さかもり)などにも、大人(たいじん)〔貴人〕の御顔のずんに当てて顔を持ちて、御顔をばまもるべからず。舞の手持ちは〔手の構えは〕、顔持ちに[一一]相応(さうおう)して袖(そで)をさすものなれば、このあてが

一 当時は楽屋から舞台の背後に直角にかけた。
二 発声の時機が観客の感に命中すること。「感」は緊張の頂点に達した状態。
三 気合にかかっている、の意。「機」は一一七頁注三。
四〔いいかえれば〕役者が自分の感で見抜かねばならない一瞬の時機である。
五 見る目の働き、の意。仏語の「見(けん)」は対象をとらえる心識の働きであるから「見心」といったか。
六 ひとみの中に収斂(しゆうれん)してとらえる一瞬の時機であり、その日いちばんむずかしい時機である。「眼睛」は、九五頁注一七参照。
七 一セイ謡（普通二節からなる）の第二節で、七五・七五の二句形式を本格とする。
八 勧進猿楽などの特設の観客席。舞台を中央に置いて、これを円形にとり囲み、数階に及ぶものもあった。栈敷と舞台の間は芝居とよばれた庶民席。貴人の席は正面栈敷にあり、したがって橋がかりのつき当りになる。
九 方角、の意。今も滋賀・和歌山・鳥取等の方言に残っている（『全国方言辞典』）。
一〇 屋内の演能や小酒宴。
一一 顔の構えとつり合うように袖をさし引きするのが普通であるから、「御顔のずんに当て」る心づもりでしぐさをすれば。

ひをもて立ちはたらけば、大きなる座敷（演能の席）にも、小さき座敷にも、酒盛などまでも、身なりに[一二]相応するなり。よくよく（〔この点を〕十分配慮するがよい）あてがふべし。

また舞台に立つ事、はやし手[一三]の座より舞台を三分二（さんぶに）ほど前を残して立つべし。また舞などにも、舞ひ出だし、舞ひ止（と）むるところ（場所は）、舞台を三分一（さんぶいち）ほどうしろを残して、舞ひ初（そ）め、舞ひをさむべし。また大庭（おほには）[一四]の中楽には、御前（おまへ）[一五]を近くなすやうに心得（う）べし。小庭（こには）[一六]などならば、御前を遠くなすべし。ことさら内中楽などならば、いかにもいかにも御前を遠くなすやうに用心すべし。

また内にての（屋内で謡う時も）音曲なども、その座敷の人の心を取る（つかむ）時分（ころあい）あるべし。早きも悪く、遅からんもまして悪かるべし。すは、声を出だすよと、人の（観客が）、心に待ち受けて（期待して）心耳（しんに）[一七]をしづむる際より、声を出だすべし。[一八]ここにて、一調・二機・三声をもて、声先（こわさき）を出だすなり。

一二　場所とからだつき（手持ち、その他）のつり合った演技になる。
一三　囃子方（はやしかた）、つまり笛・小鼓（こつづみ）・大鼓（おおつづみ）・太鼓（たいこ）の役人の座席で、舞台後方にある。したがってこの場合舞台中央よりやや囃子手の座寄りに立つことになる。
一四　主殿の外にある広い庭。
一五　貴人との距離感を縮めるように工夫するがよい。
一六　大庭の対語。建物の脇にある狭い庭。
一七　心を静め、耳をすます瞬間に。
一八　その際、前述（一一七頁）の一調・二機・三声の呼吸で初声を出すわけである。

能組の序破急

序破急之事[一]

序[二]ははじめなれば、本風の姿なり。脇[三]の中楽、序なり。直[四]ぐなる本説の、さのみに細かになく、祝言なるが（祝意がこもり）、正[五]しく、下りたるかかりなるべし。態[六]は舞歌ばかりなるべし。歌舞はこの道の本態風（基本のわざ）なり。

二番目の中楽は、脇[七]の中楽には変はりたる風体の、本[八]説正しくて、強々としたらんが、しとやかならん風体なるべし。これは、脇[九]の中楽に変はりたる風情なれども、いまださのみに細かにはなくて、手（型も）をもいたく砕く時分にてなければ（複雑なものを見せるには早すぎるから）、これもいまだ序[一〇]の名残の風体なり。

三番目よりは破なり。これは、序[一一]の、本風の、直ぐに正しき体を、細かなる方へ移しあらはす体也。序と申すはおのづからの姿（無理のない自然の）、破は、また、[一二]それを和して注する、釈の義なり。さるほどに三番目より、

一 『花伝』の序破急の段（四〇頁）や「花修」六九頁参照。
二 「序」は初めを意味するから、能の基本となる芸態でなければならない。
三 「翁」に次いで演じられる初番の能。
四 誰にもよくわかる本説を用い、しかもあまりこみ入った内容のものでなく、の意。「本説」は典拠となる古書の本文（物語・故事・詩など）。
五 言葉つづきは典雅、かつなだらかでありたい。
六 〔以上の詞章に対し〕わざは舞歌ばかりで、物まねは控えるがよい。
七 脇能とは違った芸態で。
八 〔具体的にいえば〕典拠を古典に求め、軍体などの力強い内容で、しかも落着いたものでありたい。
九 脇の中楽とは違ったしぐさになるが、まだそれほどこみ入ってはおらず。
一〇 序の気分の残った芸態である。
一一 序という基本的で、すなおで、典雅な芸態を、さらに細かに展開してみせる芸態である。
一二 序の姿をわかりやすく解き明かす、つまり「釈」の意味に当る。

能は細[一三]かに手を入れて、物まねのあらん風体なるべし。その日の肝(かん)要(えう)の能(中心の能)なるべし。かくて四・五番までは破の分(ぶん)なれば、色[一四]々を尽くして事をなすべし。

急と申すは挙句[一五](あげく)の義なり。その日の名残(終り)なれば、限りの風(あとのない)なり。破と申すは、序を破りて、細やけて(技巧をこらし)、色々を尽くす姿なり。急と申すは、またその破を尽くす(詳しく説明する)ところの、名残の一体(いってい)なり。さるほどに急はもみ[一六]寄せて、乱舞[一七](らんぶ)・はたらき[一八]、目を驚かす気色(けしき)なり。もむと申すは、この時分の体なり。

およそ昔は、能数(のうかず)、四・五番には過ぎず(以内であった)。さるほどに五番目は必ず急なりしかども、当時(現在は)はけしからず(ひどく)能数多ければ、早く急になり(なると)ては、急が久[一九]しくて、急ならず。能は、破にて久しかるべし(〔つまり〕)。破にて色々を尽くして、急は、いかにもただ[二〇]一切り(ひときり)なるべし。ただし貴人(きにん)の御意(ぎょい)によりて仕る(つかまつ)能は、次第不同[二一]なれば、かねての(予定が)あてがひ変はる(狂ってくる)なり。それ[二二]につけても心得て、いまだ末[二三]あるべき能

一三 こみ入った型を交えて、物まねを見せる芸態となろう。
一四 技巧の限りを尽して演じるがよい。
一五 連歌一巻の最後の一句。
一六 激しく追いこみ、の意。「もむ」は、もと馬腹に鞭(むち)をあてることから転じて、激しいふるまいをいう。
一七 「らっぷ」ともいう。古くは殿上淵酔(てんじょうのえんずい)などにおける殿上人の歌舞とか猿楽法師の歌舞芸をさしたが、ここは早い囃子(はやし)にのった勇壮な男舞(おとこまい)・早舞(はやまい)などをいうか。
一八 これは舞以外のしぐさを意味する広義の用法(一五頁注一二)ではなく、敏活に激しく動く、いわゆる砕動風(さいどうふう)のわざ(一二一頁注一〇)をさす。「はたらきと申すは、この砕動の風を根体(こんてい)(基本)として、老若・童男・狂女などにも事によりて砕動の心根あるべし」(『人形図』)。
一九 急が幾曲にもわたって、急の意味を失う。
二〇 あくまで一曲かぎりとしたい。
二一 序破急の順序にとらわれないから。
二二 その場合もよく考えて、序破急の原理を見失うことなく。
二三 まだ数番残っている演能では。

には、たとひ急なる能を、御意によりて仕るとも、心中に控[一]へて、さのみにもまで、身七分動[二]を心得て、[三]なほなほ奥を残すやうにすべし。

演能場の序破急

ここに大事あり。自然、能をするうちに、はや破・急の時分になりて、貴人の、[四]御後来に御入りあることあり。それは、はや申楽は急に及べども、貴人の御心はいまだ序なり。さるほどに序の御心にて急なる能を御覧ずれば、すべて御意に合はず。結句[五]、先に見つる見物衆も、貴[六]人の御座より皆々機をしづめて、座敷あらぬ体になりて、諸人の心も座敷も、また序になる気色あり。[七]この時節の能、さらに出で来ず。さるほどに、また序になりかへりて能をすべきかなれども、それもまた何とやらん能悪し。一大事なり。かやうならん折をば心得て、破[八]なる能のよからんを、心を少し序になして、しとやかにして、上意をとるべし。かやうに貴人の御心をとり動かして、[九]また座敷を破・急に、にこにことしなすやうに、故実をもてすべし。

一 控えめにして、あまり激しく動かず。
二 一一八頁三行以下参照。
三 まだあとに演じる余地を残しておくようにするがよい。
四 遅刻して入場されることがある。
五 普通は、「むしろ」「反対に」の意であるが、「結局」の意味にも用いられる（一八頁注一）。ここは「のみならず」の意に近い。
六 貴人のおでましによって皆一息入れ、〔そのため〕演能場の気分がゆるんで。
七 こういう時の演能は、けっして成功しない。
八 破に属する能で、曲柄のよいものを、気持はやや序気味にもって落着いて演じ。
九 再び演能場の気分を破からもとの急へと、なごやかに収めるように、序破急の故実に従って演じるがよい、の意。「故実」は心得べきこと。

たとひかやうに心を入れてするとも、十分にはあるべからず。（十分な成功はえられない）
また自然、期せざる御会[一〇]の中楽ありて、大御酒[一一]の時分などに、にはかに召されて能を仕ることあるべし。それはまた（この場合も）、御座敷ははや急なり。仕るべき能は序なり。これまた大事なり。かやうならん時の中楽をば、序を仕らんうちにて[一二]、少し心を破に持ちて、さのみにねやさで[一三]、軽々と機を持ちて、破・急へ早く移るやうに能をすべし。これは能の故実なり。しかれば能よきこともあるべし（このように演じれば成功することもあろう）。
また酒盛[一四]なども、同じ心得庭なり。はや酒盛あるべしとて（もう酒宴のころだと）、かねてより心得て、扇拍子[一五]より祝言の音曲、次第次第の風体は、心得たることなれば、用意のままなるべし（予定どおり運べばよい）。自然[一六]、御後来の御座敷あらん時は、先[一七]の心根をもて、急を少し序になして、故実をもてすべし。また御座敷の急に参じたらん時は（終りごろに召された時は）、また先の故実をもて、序の心を少し急に持ちて仕るべし。
しかれば[一八]序破急の心得、大儀[一九]の中楽よりはじめて、酒盛または

一〇 御会合の余興の能。
一一 「大酒」の丁寧語。長時間にわたる盛大な御酒宴。
一二 序の位の能を演じながらも。
一三 あまり運びが重苦しくならぬよう、あまり気をつめずに、の意。「ねやす」は、物を練って粘りけを出すこと。「機」は気合。一一七頁注三。
一四 小酒宴でも、同様な心得が必要である。
一五 はじめに扇拍子、次に祝言謡、その後順次に演じる芸の段取りは、の意。「扇拍子」は、鼓の代りに扇で掌や床を打って拍子をとること。また御前の謡には、はじめに祝言の小謡が付く。
一六 ひょっとして貴人の遅刻された座敷では。
一七 前述の心づかいを適用して。
一八 以上によって序破急の心得については。
一九 「大儀」は中儀・小儀に対し重要な儀式。ここは御前の能や神事・勧進能などをさす。

一　その適切な段取りを心得ていなければならない。

稽古は身も心も十分であること

二　その人を師としてよく稽古し、まねるがよい。
三　その結果自在の境地に達した芸態が、観客に感銘を与えるのであるが、それをただ表面的に面白いと早合点して。
四　その後〔舞台に立てば〕動十分心、動七分身（一一八頁）の心得のとおりに、からだの動きを控えめにして。
五　その後、〔弟子は〕次第に上達してゆき、その結果。

かりそめの音曲の座敷(ちょっとした謡の席に至るまで)までも、[一]次第次第を心得べし。

知ル二習道ヲ一事

至りたる(無上の)上手の能をば、[二]師によく習ひては似すべし。習はでは似すべからず。上手は、はや窮め覚え終はりて(悟り)、[三]さてやすき位に至る風体(ふうてい)の、見る人のため面白きを、ただ面白きとばかり心得て、初心、これを似すれば、似せたりとは見ゆれども、面白き感なし。上手は、はや年来、心も身も十分に習ひ至り過ぎて(稽古し窮め尽して)、[四]さて動七分身(どうしちぶんしん)に身を惜しみて、やすくする(無理なく演じる)ところを、初心の人、習ひもせで似すれば、心も身も七分になるなり。さるほどに詰まるなり(芸の伸びようがない)。

しかれば習ふ時には、師は、わが当時するやうには(自分が今するとおりには)教へずして、初心なりし時のやうに、弟子を、身も心も十分に教ふるなり。教へすまして(十分教えこんで)、[五]後、次第次第に上手になるところにて、やすき位になりて、身を少な少なと惜しめば（つとめて控えめに動かすと）、おのづから身七分動になるなり。総じて（概して）やすき位を似する道理あるべからず（まねることは無理である）。六似せば大事なるべし。大事なるところは（という境地は）、せめて（不十分ながら）似すべきたより（手がかり）もあるべし。七「似たることは似たれども、是なることは是ならず」といへり。八この是に似するあてがひあるべしや。

九大安不二。口伝有。

一、師となり、弟子になる事（師と弟子の間がらは）、一〇おほかたを習ふことは常のことなれども、一一師の許す位は、弟子の下地と心を見すましてならでは、許さぬ仔細あり。一二（易云、非其人伝其書、所天悪。）下地おろそかなれば、許すこと叶はず。そのゆゑはおろそかなるを許せば、許す（印可の）位は高上なり（位はきわめて高く）、一三下地は及ばねば、相応せぬによつて叶はず。叶はねば、許すこと偽りになりて、いたづらになる（無効になるから）ゆゑに許さぬなり。

そもそもその物になること（師となるためには）、三つそろはねば叶はず。下地の叶ふ（地力がつくだけの素質のよさ）べき器量、一つ。心に一四すきありて、この道に一五一行三昧になるべき心、

六 まねられるなら、それは大事というべきであろう、の意。「大事」はむずかしいこと。逆説的であるが、むずかしいことはまねることができ、「やすき位」はまねられない、というのである。

七 うまくまねられてはいるが、是（本物）かといえばそうではない、の意。『碧巌録』に散見する句。

八 〔とすればまねと本物、似と是の距離はすこぶる大きいが〕はたしてこの本物をまねる、つまり是と似を一致させる工夫があるだろうか。

九 大事と安き位とは本来一つである、の意。これはまねられるものとまねられないもの、あるいは似と是が一つということで、上の問いを肯定することになるが、その理由は口伝に譲るというのである。

師の資格

一〇 一通りの稽古については問題はないが。

一一 師が印可を与える芸位となると、師は弟子の地力と心構えを見窮めないかぎり与えないという事情がある、の意。「下地」は基礎となる芸力で、素質と稽古修行の成果を含める。

一二『易経（周易）』にこの句はない。

一三 地力はこれに及ばないから、両者合致せず、そこに無理がある。

一四 ひたむきに好むこと。数奇（寄）とも書く。

一五 専ら一つの行によって真如を観ずること。また専心に念仏することをもいう。ここは他の芸事をたしなまず、専ら能にうちこむこと。

一つ。またこの道を教ふべき師（の良師をもつこと）、一つなり。この三つそろはねば、その物にはなるまじきなり。その物とは、上手の位に至りて、師と許さるる位なり。

また当時（現代の）の若為手の芸態風（やり方）を見るに、転読[一]になることあり。これもまた、習はで（稽古しないで）似するゆゑなり。二曲[二]より三体に入りて（進み）、年来稽古[三]ありて、次第連続に（順次に休まず稽古すれば）習道あらば、いづれも得手[四]に入りて、つづ[五]の芸風になるべきことなるを、ただ似せまなびて一旦のこと（一時の効果をねらうから）をなすゆゑに、転読になるかと覚えたり。まづ二曲を習はんほど（稽古している間）は、三体をば習ふべからず。三体を習ふ時分（時期に進んでも）なりとも、軍体をばしばらく習ふべからず。軍体を習ふとも、砕動[六]・力動などまでをば残すべき年来の時分あるべし。これを一度に習ひ、一度に似せんこと、いかほどの大事（どんなにむずかしいことか）ぞや。かへすがへす思ひも寄らぬことなるべし。[七]もし、年若き為手の、達者にまぎれて転読なりとも、一旦の花あるべし。それは、年ゆかば（年寄れば）、能は下がるべし。もし下がらずとも、名人になること、

転読のこと

一 仏語。大部の経文、例えば大般若経（六百巻）の場合、その題目・品名を読んで、経文はくりひろげるだけですますこと。真読の対語。ここは形だけのまねごとをする、みてくれの芸をする意。

二 舞と歌。「三体」は物まねの基本となる人体で、老体・女体・軍体をさす。詳しくは一〇一頁参照。

三 年齢的な段階に応じた稽古をし。

四 自分の得意の芸となり。

五 射芸の用語。十を「つづ」と読み、十本すべて命中すること。ここは転じて完全の意。

六 砕動・力動風にまで進むことは、しばらく控えねばならない年齢的な時期があろう、の意。「砕動風」「力動風」はいずれも軍体の応用で、鬼の物まねの基本型。一二一頁注一〇。

七 かりに若い役者が、腕の立つのにまかせて転読になっても、一時成功することはあろう。「しかし」、の意で下に続く。

かへすがへすあるべからず。心得べし。

またこの転読につきて心得べきことあり。あまりに珍しき能ばかりを好みて、[8]古き能を為捨て為捨て、能の主にならぬも、また能の転読なり。得手に入りたる能を[9]定能に為定めて、そのうちに新しき能を交ぜてすべし。珍しきばかりに移りて、もとの能を忘るれば、これまた能の位、大きなる転読なり。珍しきばかりをすれば、また珍しからず。古きに新しきを交ふれば、古きもまた新しきも、ともに珍しきなり。[10]これ、まことの花なるべし。

[11]孔子云、温レ古新知、可ニ以為レ師。

上手之知レ感事

音曲・舞・[12]はたらき足りぬれば、[13]上手と申すなり。[14]達者になければ不足なること、是非なけれども、それにはよらず、[15]上手はまた別

八 一度演じた能を演じ放しにして、完全に身につけることをしないのも。

九 基本の演目。いわゆる十八番。

一〇 この常に古びない珍しさこそ、『花伝』でも説いた（一七頁注九）「まことの花」に当るであろう。

一一 『論語』「為政」の「温レ故而知レ新、可ニ以為レ師矣」による。古きを学び、新しきを会得する人こそ師とすべき人である、の意。本文の読みは建武四年鈔本による。

一二 舞以外のしぐさを意味する広義の用法。

一三 普通上手とよんでいる、の意。

一四 〔そういう十分にできる人はまた「達者」といってよく〕、したがって達者でないと芸に不足があるのは当然であるが、それではその人は「上手と申」せないかといえば、必ずしもそうでなく、の意で下に続く。

一五 達者とは無関係に、「上手」とよばれる人は別に存在しうるのである。

いわゆる上手とまことの上手

にあるものなり。そのゆゑは、声よく、舞・はたらき足りぬれども、名人にならぬ為手あり。声悪く、二曲さのみの達者になけれども、[一]上手の覚え、天下にあるもあり。これすなはち、[二]舞・はたらきは態なり、主になるものは心なり。[三]また正位なり。

さるほどに面白き味はひを知りて、心にてする能は、さのみの達者になけれども、上手の名を取るなり。しかれば[四]まことの上手に名を得ること、舞・はたらきの達者にはよるべからず。[五]これはただ為手の正位心にて、瑞風より出づる感かと覚えたり。[六]この分け目を心得ること、上手なり。

しかれば十分に窮めたる為手も、面白きところのなきもあり。初心より面白きところのあるもあり。しかれば初心より[七]七・八分、十分になりぬれば、次第次第に上手の位に至れども、面白きと思ふは、また別なり。

また面白き位より上に、心にも覚えず、あつといふ[八]重あるべし。

一 上手という評判が芸壇に高い役者もある、という事実があるからである。

二 舞やしぐさは単なる身体の動きにすぎず、主体となるのは、実は心だからである。

三 いいかえれば正位に達した心である、の意。「正位」は仏語で、悟りの位。

四 冒頭でいわれた意味の上手、つまり達者即上手に対して、正位心に基づく上手をさす。

五 これは専ら役者の正位心の働きで、それに基づくすぐれた芸態（瑞風）のもたらす感銘によるかと思われる。

六 以上の、いわゆる上手と「まことの上手」の区別をわきまえること、それが「まことの上手」である。

芸態と芸位の三段階——上手・面白き位・無心の感

七 七・八分、さらに十分という風に音曲・舞・はたらきのわざが進むと。

八 芸の段階。

これは感なり。これは心にも覚えねば、面白しとだに思はぬ感なり。ここを混[9]ぜぬともいふ。しかれば易[10]には、感といふ文字の下、心を書かで、咸ばかりを「かん」と読ませたり。これ、まことの感には、心もなき際（境地）なるがゆゑなり。

為[11]手の位もかくのごとし。〔まず〕初心より連続に習ひ上がりては（稽古して進むと）、よき為手といはるるまでなり（段階に達する）。これは、はや上手に至る位（いわゆる上手の）なり。その上に面白き位あれば、はや名人の位なり。その上に無[12]心の感を持つこと、天[13]下の名望を得る位なり。この重々（諸段階）をよくよく習ひて工夫して、心[14]をもて能の高上に至り至るべし。

浅[15]深之事

大様さと細かさの調和

能に、心にかけて思ふべきことあり。細かになければ面白からず（芸はきめ細かでないと）。さて細かなる心（いき方）を心がくれば、能[16]姿小さく見ゆる相あり。また大

九 他とまぎれないこと。歌論書『三五記』に「かたへに混ぜぬたぐひ」とあり、『愚秘抄』にも「ありのままのことを言ひたるが、さるから物にも混ぜられぬやうなるべし。珍しとも聞えぬ歌なるべし」とある。ありのままで、しかも十分に個性的な境地である。

一〇『易経』下篇の冒頭、「咸」の卦（呪術的符号で六十四ある）の説明に、「咸は感なり」とある。

一一 以上の芸態の諸段階は、芸の修練と観客の反応を基準として立てられたものであるが、それは役者の芸位の段階にも適用される。

一二 元の胡炳文の『本義通釈』は、右の「咸は感なり」に注して、「感といはずして咸といふは、咸は皆（あまねし）なり。無心の感なり。感に心なければ通ぜざるところなし」という。

一三 天下の名声を得る芸位。具体的には中央の芸壇で認められること。

一四 正位心を根本として、わざの極位を窮めるがよい。

一五 細かさと大様、小と大の意味であろう。

一六 演能の、全体としての印象あるいは風格が、小さく見える虞れがある、の意。「見ゆるる」は「見ゆ」の連体形として当時慣用された。「相あり」は、おもによくない結果の予測されること。

様(やう)にせんと心がくれば(おっとりと演じようとすれば)、見所(けんじよ)[一]少なくて、のさになる相(さう)あり。[二]この分け目、すべてすべて大事なり。

まづ細かなるべきところをば、いかにも細やけて(細かにやり)、大様なるべきところをば、大様にすべきかなり(であろう)。この分け目、ことにことに能を知らでは叶(かな)ふべからず。よくよく師に問ひて、これを明(あき)らむべし。しかれどもおほかた心得べきやうあり(大体の考え方は次のとおりである)。二曲・[三]ふり・ふぜい、よろづにつけて心を[四]細かにして、身を大様にすべし。〔これを〕よくよく心にかけて、[五]定心(ぢやうしん)に持つべし。

総じて能は、[六]大きなる形木(かたぎ)より入りたる能は、細かなる方(かた)へもゆくべし。小さき形木より育ちたる能は、大きなる方へは、左右なく(簡単には)ゆくまじきなり。大のうちには小あり。小のうちには大なし。よくよく工夫すべし。[七]大小にわたるは広き能なるべし。

[八]大寒(だいかん)ノ氷、解(ト)クニ小寒ニ云々(うんうん)。

一 「見所」は、音でよんでおくが、見どころの意。「のさ」は、のっそりした意で、大味な芸のこと。「のさび」ともいう。

二 この区別が全くむずかしい。

三 「ふり・ふぜい」は、ともにしぐさのこと。

四 動十分心・動七分身の原理である。

五 かりそめにも迷ってはならない、の意。「定心」は仏語で、心を一所(ひとところ)に止めて散乱させないこと。

六 大様な型に従って稽古した能、の意。「形木」は三五頁注一〇参照。

七 大・小ともにこなすのは幅の広い能といってよい。

八 「小寒の氷、大寒に解く」(『俚言集覧(りげんしゆうらん)』)の誤りか。大寒は最も寒いので、その氷は小寒に張った氷を併(あわ)せる一面、また立春にも近いので、かえって寒さが薄れて氷の解けることがある、その時は小寒に張った氷も併せて解ける、という意味から、「大のうちには小あり」の譬(たとえ)とされたか。むしろ「云々」を省略の意味にとって、「氷解」をくり返し、「大寒の氷解くれば、小寒の氷も解く」と読む説に従うべきか。

幽玄[9]之入ㇾ堺事

幽玄の風体の事。諸道[10]・諸事において、幽玄なるをもて上果[11]とせり。ことさら当芸（能）において、幽玄の風体、第一とせり。まづおほかたは（一通りの意味では）、幽玄[12]の風体、目前にあらはれて、これをのみ見所の人も賞翫すれども、幽玄なる為手、左右なくなし。これ、まことに幽玄の味はひを知らざるゆゑなり。さるほどにその堺へ入る（境地に達した）為手なし。

そもそも幽玄の堺とは、まことにはいかなるところにてあるべきやらん。まづ世上[13]の有様をもて、人の品々を見るに、公家の御たたずまひ（態度や動作が上品で）の位高く、人ばう[14]余に変はれる御有様、これ、幽玄なる位と申すべきやらん。しからばただ美しく[15]柔和なる体、幽玄の本体なり。人体[16]のどかなるよそほひ、人ない[17]の幽玄なり。また言葉やさしくして、貴人・上人[18]の御ならはし（ふだんの）の言葉づかひをよくよく習ひうかが（調べて）

九 この句は、歌論・連歌論でも理想の境地として慣用された。「いらげん」は「けん」と清音にも読む。

幽玄は姿かかりの美しさであること

一〇 あらゆる芸能。

一一 最上級の芸位。『九位』でいえば、上三花に相当する。一六九頁二行。

一二 幽玄の芸態は日常目にふれ、観客もこればかりを尊重するというほどの流行であるが、真に幽玄な役者は容易に見つからない。

一三 例を世間にとり、人の身分・品格に譬えれば。

一四 「人望」か。世間の尊敬も余人と違っている御様子は、の意。「人貌（かおかたち）」とする説もある。

一五 歌論書『三五記』では幽玄を、「やさしく物柔らかなる筋」という。

一六 からだつきのゆったりしている様子は、の意。底本「人てい」とあるので、「人」も漢音で読んでおく。

一七 「人体」に同じ。生理的な身体の意味（『遊楽習道風見』）にも、表現形態としての姿の意味にも用いられるが、ここは後者。

一八 もとは殿上人のことであるが、ここは「上方」（二五頁注一一）と同じく、上層の人の意。

ひて、かりそめなりとも（ふとした場合も）口より出ださんずる言葉のやさしからん、これ言葉の幽玄なるべし。また音曲において、節[一]かかり美しく下りて、なびなびと（みやびやかに）聞えたらんは、これ音曲の幽玄なるべし。舞は、よくよく習ひて、人ないのかかり（姿全体の感じが）美しくて、静かなるよそほひ（しぐさ）にて、[二]見所面白くは、これ舞の幽玄にてあるべし。また物まねには、三体の姿かかり美しくは、これ幽玄にてあるべし。また怒れるよそほひ、[三]鬼人などになりて、身なりをば少し力動に持つとも（上体をやや力動風に動かす時も）、また美しきかかりを忘れずして、[四]動十分心、[五]また強身動宥足踏を心にかけて、人ない美しくは、これ鬼の幽玄にてあるべし。

この（以上の）色々を心中に覚えすまして（会得し尽し）、それに身をよくなして（なりきって）、何の物まねに品を変へてなるとも（を演じ分けるとしても）、幽玄をば離るべからず。たとへば上[六]臈・下臈、男女、僧俗、田夫[七]野人、乞食[八]非人に至るまで、花の枝を一房づつかざしたらんを（手にもった有様を）、おしなべて（一様に）見んがごとし。その、人の（人々の）品々（身分品格）は変はるとも、[九]美しの花やと見んことは、皆同じ花なるべし。

一 「節のかかり」（七二頁注四）と同じで、節のつづけがら、流れ。

二 見た目に面白ければ。「見所」はここも「見どころ」の意。

三 〔つまり〕砕動風の鬼。力動風鬼とよばれる真実の鬼（地獄の鬼など）に対し、怨霊や憑き物の鬼をさす。『拾玉得花』では「鬼人体」を立てる。この砕動風鬼の激しいしぐさを「怒る」という。

四 一一八頁参照。

五 一一八頁参照。

六 貴人。「下臈」は下賤の者。

七 「野人」と同義で、二語つづけて用いられる。農民・樵夫・炭焼・焼物師など。

八 「乞食」と同義で、しばしば二語つづけて用いられる。貧民。「貧人」のあて字もある。

九 「美しい花よ」と見る点では、どれも違いはないわけである。

[一〇]この花は人ないなり。姿をよく見するは心なり。

心といふは、この理をよくよく分けて（会得して）、[一一]言葉の幽玄ならんためには歌道を習ひ、姿の幽玄ならんためには、尋常なる為立の風体を習ひ、一切ことごとく、物まねは（物まねの種目は）変はるとも、[一二]美しく見ゆる一かかりを持つこと、幽玄の種と知るべし。

ただややもすれば、[一三]その物その物の物まねばかりを為分けたるを至極と心得て、姿を忘るるゆゑに、左右なく（容易に）幽玄の堺に入らず。幽玄の堺に入らざれば、[一四]上果に至らず。上果に至らざれば、名を得る上手にはならぬなり。さるほどに名人は左右なくなきなり。ただこ[一五]の幽玄の風の大切なるところを肝要にして、稽古すべし。（結局）この上果と申すは、姿かかりの美しきなり。ただかへすがへす[一六]身なりを心得て、たしなむ（十分稽古するがよい）べし。

しかれば窮め窮めては（つきつめてゆけば）、二曲をはじめて品々の物まねに至るまで、[一七]姿美しくは、いづれも上果なるべし。姿悪くは、いづれも[一八]俗なるべ

一〇 ここで花というのは姿の譬であり、〔したがって幽玄とは姿の美しさであるが〕、その姿を美しく見せる根本は心の働きにある。

一一 上品な扮装のしかたを、の意。「為立」は二五頁注一二参照。

一二 どこかに美しい姿があらわれるように配慮すること、〔それが心で〕、そこに幽玄な姿の花が開く種（根拠）がある、の意。

一三 個々の物まねを演じわけることさえできれば、芸は完成したと考え。

一四 最上級の芸位。一三九頁注一一。

一五 幽玄の芸態がもつ、この効能（上果に至り、名を得ること）にひたすら目をつけて。

一六 肉体としての「からだつき」のこと。表現形態としての「姿」は、身なり・言葉・音曲等を素材として成り立っているが、ここでは特に身なりについて言う。

一七 言葉・音曲・舞・三体の物まねのすべてにわたって、それらの表現形態をさす。

一八 幽玄や花の対語。麁く下品なこと。底本「しよく」は漢音。呉音なら「ぞく」。七〇頁五行。

し。[一]見る姿の数々、聞く姿の数々の、おしなめて美しからんをもて、幽玄と知るべし。この理をわれと工夫して、その[二]主になり入るを、幽玄の堺に入る者とは申すなり。この品々を工夫もせず、ましてそれにもならで、ただ幽玄ならんとばかり思はば、生涯幽玄はあるまじきなり。

劫[三]之入用心之事

この芸能を習学して、上手の名を取りて、毎年を送りて、位の上がるを、よき劫と申すなり。しかれどもこの劫は、[四]住所によりて変はるべきこととあり。[五]名望を得ること、都にて褒美を得ずはあるべからず。さやうの人も[六]在国して、田舎にては、[七]都の風体を忘れじとする劫ばかりにて、[八]結句、よきことをも忘れじ忘れじとするほどに、[九]少な少なとよき風

一 舞や物まねの姿をさす。次の「聞く姿の数々」は、謡の文言や節の流れ（節かかり）などの姿をさす。
二 幽玄の姿をすっかりわがものとなしきる時。

三 もとは仏語で、計りしれない遠大な時間のことであるが、ここは転じて長年月にわたる修練の成果。年功の意。
四 居場所によって変るという事情がある。
五 名声を得るというのは、都で評判をとるのでなければ無意味である。

よき劫も積れば悪き劫になること

六 国もとに帰り、田舎住いをしていると。
七 都で評判をとった芸態を失うまいとする受身の修練ばかりで。
八 結局、の意。下の「覚えねば」にかかる。
九 少しずつ、そのすぐれたわざがしつこくなってゆくのを悟らないから、折角の劫があだとなる、の意。「濃くなる」は、後出「よき劫の積もる」の意に相当する。

情の濃くなるところを覚えねば、悪き劫になるなり。これを住劫[一〇]と、きらふなり。

都にては、目利きの中なれば、少し[一一]も主に覚えず住するところ、やがて見物衆の気色にも見え、または讃歎[一二]・褒貶にも耳を打たすれば、連々[一三]悪きところ除きて、よき劫ばかりになれば、磨き立てられて、おのづから玉を磨くがごとくなる劫の入るなり。「曲蓬[一四]、麻間生時は、矯めざるにおのづから直し。白砂、土中にある時は、これ皆ともに黒し」といへり。都に住めば、よきうちにあるによつて、おのづから悪きことなし。少な少なとあしきことの去るを、よき劫とす。よき劫の別[一五]に積もるにはあらず。ただかへすがへす、心にも覚えず、よき劫の重[一六]して悪き劫になるところを用心すべし。

しかればよきほどの上手も、年寄れば古体[一七]になるとは、この劫なり。人の目には見えて、きらふことを、われは昔よりこのよきところを持ちてこそ名をも得たれと思ひつめて、そのまま、人のきらふ

一〇 住劫とよんできらうのである、の意。「住劫」は劫を守って動かないこと。八二頁注五。
一一 少しでもわれ知らず停滞していると、そのさまが。
一二 批判の声が容赦なく聞えてくるので、の意。「讃歎」は徳を讃える意味の仏語から転じて、うわさとか作品の批判をいう。「褒貶」に同じ。
一三 続けて。たびたび。
一四 曲ったよもぎもまっ直ぐな麻に交って育つと矯正しなくても自然にまっ直ぐになる（以下略）、の意。当時慣用された格言で、『論衡』率性篇を引くことが多い（『続教訓抄』など）が、もとは『大戴礼』曾子制言上による。
一五 よき劫というものが存在して、それが特に積るわけではない、の意。よき劫が空・無のあり方をしていることがわかる。
一六 「住」に同じ。音と意味の上から通用させている。
一七 古くさくなるとは、住劫のことをさしている。

ことをも知らで、老の[一]入舞（いりまひ）を為損（し）ずること、しかしながら（すべて）この劫なり（住劫のせいである）。よくよく用心すべし。

[二]万能（まんのう）綰（つなぐ）一心事

無心でわざを統一すること

見所（けんじよ）の批判（観客の批評）にいはく、「[三]せぬところが面白き」などいふことあり。これは、為手（して）の秘するところの[四]安心（あんじん）なり。まづ二曲（舞歌）をはじめとして、立ちはたらき・物まねの色々、ことごとく皆、[五]身になす態（わざ）なり。せぬところと申すは、その[六]隙（ひま）なり。このせぬ隙は何（なに）とて面白きぞと見るところ（考えてみると）、これは、油断（ゆだん）なく[七]心をつなぐ性根（しやうね）なり。舞を舞ひやむ隙、音曲（おんぎよく）を謡ひやむところ、そのほか言葉・物まね、[八]あらゆる品々の隙々に心を捨てずして、用心を持つ内心なり。[九]この内心の感、外に匂（にほ）ひて面白きなり。かやうなれども、この内心ありと、よそに見えては（観客に見られては）悪かるべし。も

一 舞楽で退場まぎわに、またひき返して面白く舞うこと。入綾（いりあや）ともいう。五月末のほととぎすを「入綾の声」とよぶのと同様、ここも最後にひと花咲かせる意味に用いる。

二 あらゆるわざを心一つにつなぎとめること。

三 わざをしない部分。

四 「安き位」（一〇四頁注二）に達した役者の平静自在な心の働き。

五 からだで演じるわざである。

六 わざの切れ目。

七 〔わざにわざをつなぐ代りに〕わざに心をつないでいる、その内心の働きのためである。

八 あらゆるわざの切れ目ごとに気を抜かないで、気を配る、その内心の働きのためである。

九 この内心の緊張がそれとなく観客に伝わる時、面白さとなる。

し見えば、それは態[一〇]になるべし。せぬにてはあるべからず。無心[一一]の位にて、わが心をわれにも隠す安心にて、せぬ隙の前後をつなぐべし。これすなはち、万能を一心にてつなぐ感力[一二]なり。

「生死去来[一三]、棚頭傀儡、一線断時、落々磊々」。これは、生死[一四]に輪廻する人間の有様をたとへなり。棚[一五]の上の作り物のあやつり、色々に見ゆれども、まことには動くものにあらず。あやつりたる糸の態なり。この糸切れん時は、落ちくづれなんとの心なり。

中楽も、色々の物まねは作り物なり。これを持つものは心なり。この心をば人に見ゆべからず。もしもし見えば、あやつりの糸の見えんがごとし。かへすがへす、心を糸にして、人に知らせずして、万能をつなぐべし。かくのごとくならば、能の命[一六]あるべし。

総じて即座に限るべからず。日々夜々[一七]、行住座臥にこの心を忘れずして、定心[一八]につなぐべし。かやうに油断なく工夫せば、能いや増しになるべし。

一〇 〔意図的な表現と見なされ〕わざに等しくなる。
一一 〔したがって観客に見られないためには〕無心の境地に達し、自分の心を自分にも気づかせないほどの平静自在な心の働きで、「せぬ隙」の前後のわざをつなぐがよい。
一二 緊張した心の働き。
一三 『月菴和尚法語』に見える偈。同書によれば、もし信力が弱くて疑心が起り、一念が乱れると、忽ち眼前に六道があらわれ、人はそこを経巡って長く生死を離れることができない。そのさまは、ちょうど舞台上のあやつり人形が、一糸が切れると、忽ちがらがらと崩れ落ちるようなものである、の意。「傀儡」はここでは「懸糸傀儡」(糸あやつり)。月菴は諱宗光、美濃の人(一三二六～八九)で、臨済宗の明匠。世阿は、『拾玉得花』にもその語を引く。
一四 六道即ち迷いの世界を、生き替わり死に替わりさまよう人間の有様を譬えたものである、の意。「りんゑ」はリンネと発音する。
一五 傀儡棚。あやつりの舞台。
一六 芸の死ぬことはあるまい、の意。「落々磊々」の句を踏まえていう。
一七 日夜いつも、そして生活のあらゆる場面で、万能綰一心の原理を明白に自覚し。
一八 かりそめにも迷うことがあってはならない、の意。「定心」は仏語で、心を散乱させないこと。

一この条々、窮めたる秘伝なり。

二稽古有レ勧レ急。

妙所之事

三妙とはたへなりとなり。たへなると云ぱ、形なき姿なり。形なきところ、妙体なり。

そもそも能芸において妙所と申さんこと、二曲をはじめて、立ちふるまひ、あらゆるところに、この妙所はあるべし。さて言はんとすればなし。もしこの妙所のあらん為手は、無上のそのものなるべし。しかれどもまた生得、四初心よりも、この妙体のおもかげのあることもあり。その為手は知らねども、五目利きの見出だす見所にあるべし。六ただおほかたの見物衆の見所には、何とやらん面白きと見る見風あるべし。これは、窮めたる為手も、七わが風体にありと知るま

一『花鏡』の前身である『花習』（九二頁注二）は以上で終っていたらしく、これはその結語であろう。『花鏡』として以下増補された際もそのまま残されたと見える。「条々」は以上の各条をさす。

二 稽古は急々にするように、つとめなければならない、の意か。『月菴和尚法語』の前引の偈の前に、「そもこの疑心、これ何ぞと、かくの如く行住坐臥、一切作用の時、忘るることなく怠ることなく、急々に眼をつけて、よくよく窮はめて見よ」とある。「急々に」は急切に、根本的に、の意。

形なき姿が窮極であること

三 仏語。絶対、無比の意。『遊楽習道風見』には『天台妙釈』の文句として「言語道断、不思議、心行所滅のところ、これ妙なり」を引く。

四 生れつき、あるいは初心期から妙体らしいものがちらつくこともある。「それは」、の意で下に続く。

五 すぐれた観客は「そこだ」と見ぬいていよう。

六 一般の観客の目には、ただどことなく面白いといった芸態として映るであろう、の意。「見風」は、目に見える芸態。

七「前述の初心のように、気がつかないということはないが」自分の芸態のどこかにあると気がついている程度にすぎない。

でなり。すは、[八]そこをするとは知るまじきなり。[九]

しかれどもこれをよくよく工夫して見るに、ただこの妙所は、能を窮め、堪能そのものになりて、闌けたる位[一〇]のやすきところに入りふして、なすところの態に少しもかかはらで、無心・無風[一一]の位に至る見風、妙所に近きところ[一二]にてやあるべき。およそ幽玄の風体の闌けたらんは、この妙所に少し近き風にてやあるべき。よくよく心に[一三]て見るべし。

批判之事

そもそも能批判[一四]といふに、人の好みまちまちなり。しかれば万人の心に合はんこと、左右なくありがたし。さりながら天下[一五]に押し出だされん達人をもて、本とすべし。

まづ[一六]当座にて、出[一七]で来たる能、出で来ぬ能の際を、よくよく見分

八〔為手自身は〕それ、今、妙体を演じているとまでは気づくものではない。

九 以下吉田本には次の文言がある。「知らぬをもて妙所といふ。少しも言はるるところあらば、妙にてはあるまじきなり」。後の書き加えであろう。

一〇 闌位という自在の境地に浸りきり、の意。「闌位」は一〇四頁参照。

一一 執心を離れ、わざにもとらわれない芸位をいう。右の「闌けたる位のやすきところに入りふし」及び「なすところの態に少しもかかはらで」をそれぞれ要約したのが「無心」「無風」の位である。

一二〔妙所そのものではないが〕接近した境地といえよう、の意。妙所は絶対の境地・芸態なので、到達はできず、ただ限りなく接近できるにすぎない。

一三〔これはわざを越えた、無心の境地であるから〕よくよく心眼を働かせて会得するがよい。

一四 能批評といえば、まず人の好みは皆違うという事実がある。

一五 都の芸壇で認められている達人の芸を基準とするがよい。

批評の基準となる三種の能

一六〔それにつけても〕まず演能の現場で。

一七 能の成功、失敗の微妙な違いを、注意深く見分け聞き分けて、の意。世阿は評価の基盤を観客に置いているので、成功とは観客の賞賛を博することである。なお七一頁七行以下参照。

け聞き分けて、これを知るべし（会得するがよい）。〔さて〕能の出で来る当座に、見[一]・聞・心の三つあり。

見の能

見[二]より出で来る能と申すは、さし寄り（開演）から、やがて（すぐ）座敷も色めきて、舞歌（の芸態が）曲風面白くて、見物の上下、感声（感嘆の声）を出だして、はえばえしく（花やかに見ばえのする舞台）見えたる当座、これ見より出で来たる能なり。かやう[三]なる出来庭は、目利きは申すに及ばず、さほどに能を知らぬ人までも、皆同心（一致して）に、面白やと思ふ当座なり。

さりながらかやうの能に、為手の心得べきことあり。あまりに能出で来て、何とする（なすことすべて）も面白きほどに、見手[四]の心、浮き立つところにて、諸人[五]の目・心、隙なくなりて、能少しまぎるる相あり。為手も心はやりして（気負いこんで）、風情を尽くす（わざを出しきるために）ところにて、見手の心・為手の心、隙なくなりて、よきところの堺[六]まぎれて、能のむき、けてう[七]になる方へゆきて、悪くなる相あり。これを能の出で来過ぐる病とす。かやうなる時は、能を少し控へて、風情[八]・よそほひを少な少なと

一 観客の視覚・聴覚・内心のいずれに訴えて成功したかによって、三種の種別が成り立つ。

二 観客の視覚に訴えて成功する能。

三 こうして成功した舞台は。

四 観客の心がうわつくために、の意。「見手」は為手の対語。

五 観客たちの目も心もゆとりがなくなり、能の印象が少し上すべりする虞れがある。

六 すぐれたわざが引き立たず。

七 能が次第に「けてう」の方に流れて、の意。「けてう」は人の目を引くさま。ここは上すべりの意らしい。

八 しぐさやふるまいをできるだけおさえて、余力を残し。

かかへて、見物の人の目・心をやすめて、隙(緊張を解き)をあらせ、息をつがせて、面白きところを静かに見すれば、なほ(いっそう)面白き感出で来て、いよいよ能、後強(のちづよ)[九]になりて、番数(ばんかず)に従ひて、感風(かんぷう)[一〇]尽きすべからず。かくのごとくの申楽(さるがく)の出来庭を、見より出で来る能とは申すなり。

聞の能

聞(もん)より出で来る能と申すは、さし寄り(開演とともに)しみじみとして、やがて音(おん)[一一]曲(ぎょく)、調子に合ひて、しとやかに(静かに落着いて)面白きなり。これ、まづ音曲のなす感なり。無上の上手[一二]の、得手(えて)に入る当感なり。かやうに出で来る味はひをば、田舎(ゐなか)[一三]目利きなどは、さほどとも思はぬなり。かやうなる能は、無上の上手は、おのづから(巧まずして)内心[一四]より風体(ふうてい)色々に出で来れば、なほいよいよ面白くなるなり。もし中つあし[一五]の為手の、さほどにも心のなからんが、かやうならん時の能をせば、後弱(のちよわ)になることあるべし。

しみ凍りて[一六]、静かに、美しく出で来たるままに能をすれば(続けると)、番数重(かさ)なる時、能の気色(けしき)しづむ(めいる)相あり。それを心得て、少し能に心を入(工夫して)

九 しり上がりに面白くなり、番数を重ねるにつれて。
一〇 観客に深い感銘を与える芸態。
一一 謡い出しからすぐ笛の調子に合い。
一二 最高の名手が得意のわざを発揮した場合の感銘がこれである。
一三 都の洗練された見巧者(みごうしゃ)に対する語。または単にひとりよがりの目利きのこと。
一四 内心の働きで多彩な芸態があらわれてくるので。
一五 中級の役者で、あまり心の働かないのが、たまたまこういう出だしに成功した能をすると、〔「風体色々に出で来る」ことがなく、〕先細りになることがあろう。「中つあし」の「あし」は、ほぼその程度、の意。
一六 このように深く沈潜して、の意。「しむ」は「凍る」に同じ。前の「見」の能における「心浮き立つ」「けてう」の対語といってよく、霜夜のようにさえ返って、心の引きこまれるような状態をさしている。

れて、[1]面白きかどを少な少なと見せて、見物者の心を引き驚かして[2]風体を詰め開くべし。無上の上手は、[3]おのづから、物数・身心より、舞歌の風儀の遠見あらはるるところにて、なほなほ（いよいよ）面白くなりゆくなり。[4]中つあしの為手は、よくよく心得て（十分に工夫して）、番数に従ひて、しづまぬやうに心得べし。これをまた、しづまぬやうにするよと見物衆の目には見すべからず（見せてはならない）。見物衆は、ただ、面白くなるよとばかり思ふやうにすべし。これを為手の秘事・故実とす。かくのごとき能の当座を、聞より出で来る能とは申すなり。

[5]心より出で来る能とは、無上の上手の[6]申楽に、物数の後、二曲（舞歌）も物まねも[7]義理も、さしてなき能（能で）の、さびさびとしたるうち（枯れた感じの曲の中に）に、[8]何とやらん感心のあるところあり。これを[9]冷えたる曲とも申すなり。この位、よきほど（相当な）の目利きも見知らぬなり。まして田舎目利きなどは、思ひも寄るまじきなり。これはただ、[10]無上の上手の得たる瑞風かと覚えたり。[11]これを心より出で来る能ともいひ、無心の能とも、また

一 目を引くようなわざを少しずつあしらって。
二 芸態に緩急・抑揚をつけるがよい。
三 これまで身につけた物数や、すぐれた身のこなし、および内心の工夫等によって、巧まずして舞歌の美しい姿があらわれるので、の意。「物数」は、舞歌・物まねにわたる種々のわざや演目をさす。「風儀」は姿に同じ。「遠見」は統一された全体像で、「かかり」の意味に近い。
四 中級の役者「がこの種の能をうけて後番の能をする場合」は。
五 観客の心の働きに訴えて成功する能。
六 演能で、はじめに種々のわざ、あるいは数番の曲を見せたあと、今度は、の意で下に続く。
七 問答や言い立て。六一頁注二二。
八 どこが面白いというはっきりした自覚はなくて、深い感銘を覚える場合がある、それをさしている、の意。

心の能

九 後の心敬が、「枯野の薄、有明の月」を「冷えさびたる方」とよんで、表現を越えた透徹・寂寥の境地を象徴した（連歌論『ささめごと』）のと近く、『九位』の「冷えたる曲風」（一六七頁注一七）とは、言葉は似て芸位の段階が違う。
一〇 最高の名手だけが会得したすぐれた芸態。
一一 これがここでいう「心より出で来る能」であるが、以上の意味からすれば、逆に「無心の能」といっても同じである、の意。

一二は無文(むもん)の能とも申すなり。

一三かやうの細かなる風体の数々を、よくよく心得分けて(識別して会得するがよい)知るべし。総じて目利き(わざの巧拙はわかるが)ばかりにて、一四能を知らぬ人もあり。能をば知れども、目の利かぬもあり。一五目智相応(もくちさうおう)せば、よき見手(みて)なるべし。

上手の申楽の出来(でき)ざらん時と、下手の申楽の出で来たらん時とを本(ほん)(基準)にして、批判すべからず。一六大事(だいじ)・一七大庭(おほには)の能に出で来(く)ること、上手の習ひ(常態)なり。小庭(こには)・一八片脇(かたわき)などにて出で来る能は、下手の習ひなり。一九見所(けんじょ)より面白がるやうを心得てする為手は、能に徳ある(成功を収めよう)べし。二〇また為手の心を知り分けて能を見る見手は、能を知りたる見手なるべし。

二一批判にいはく、「二二出来庭(できば)を忘れて能を見よ。能を忘れて為手を見よ。為手を忘れて心を見よ。心を忘れて能を知れ」となり。

一二 とりたてて耳目に訴える面白さのない能。一二三頁注一九。
一三 以上のような微妙な三種の芸態〔の違い〕を。
一四 能の心得を知らぬ、の意。「能を知る」は、能の本質を知るといった抽象的な意味ではなく、以上の三種の種別のような肝要の心得を会得することをいう。なお七九頁注一五「能を知る」参照。
一五 目利きと能を知ることとの能力が一致すれば。
一六 神事・勧進能などの晴れの舞台。
一七 主殿の前にある広場で、大舞台を意味する。「小庭」の対。
一八 私的な興行や地方興行など。
一九 観客側が面白がるこつを知って。
二〇 他方、そういう為手の工夫を十分見ぬいて能を見る観客こそ、前述の、の意で下に続く。
二一 以上に関連して、批評の要諦(ようたい)を述べた箴言(しんげん)を引いておく、の意。
二二 〔舞台での出来・不出来を知ることも大事であるが、〕それ以上に演能それ自体を知ること。さらにそれ以上に役者の工夫を知ること、否それ以上に見る自分の心の働きを自覚すること。そして窮極の課題は、無心になって能の肝要の心得を会得することである、の意。注二〇で、「為手の心を知る」ことと「能を知る」ことを同格に置いていたのとは趣旨に食い違いがあるが、いちおう前文の趣旨に即して以上のように解しておく。

音ノ習道之事

[一]習ひやう二色（ふたいろ）にあり。謡（うたひ）の本を書く人の（謡曲の作者が）、節（ふし）[二]を心得て、文字（もじ）移り[三]を美しく作るべきこと、一つ。また（〔逆に〕）謡ふ人の、節[四]を付けて文字（もんじ）を分かつべきこと、一つなり。[五]文字によりてかかりになりて、五音（ごいん）正しく、句移りの文字ぐさりの、すべやかに聞きよくて、なびなびと（流麗に）あるやうに節をば付くるなり。さて（その後）謡ふ時は、その節をよくよく心得分けて謡へば、節の付けやう、謡ひやう、相応するところにて（その両方が一体となるために）、面白き感あるべし。しかればただ節の付けやうをもて、謡（うたひ）の博士（はかせ）[六]とすべし。

文字移りの美しく、清濁（すみにごり）[七]の節に似合ひたるが、かかりにはなるなり。節は形木（かたぎ）[八]、かかりは文字移り、曲（きよく）[九]は心なり。息（いき）[一〇]と機（き）と、節と曲との分け目（違いを）、よくよく知るべし。

一 音曲の稽古には二方面がある。

二 節について十分理解をもち、の意。

三 文字のつづきぐあい。特に句（七五）の終りの字から次句の頭の字につづく場合をいう。

謡の稽古の心得

四 節付けをし、文字を正しく謡い分けられるようにすること、これが他の一面である。

五〔後者について具体的にいえば〕文字に即して「節かかり」（節の流れ）が生れるよう、そのため五十音の一字一字が節にゆがめられず、音韻のきまりどおり発音されるよう、また七五七五の文字のつづきぐあいがなめらかで聞きよく、の意で下に続く。「五音」はアイウエヲ（当時はヲ）を韻字とする五十音の総称。

六「節博士（ふしはかせ）」に同じ。謡の基準。八六頁注二。

七 文字の清濁が節に叶っている場合に。

八 型。三五頁注一〇。

九 曲は心の働き、つまり機（気合）から生れる微妙な節のあやである、の意。「曲」は「節」と明白に区別されており、八六頁六行の「節の上の花」に当ろう。「五音曲条々」には「曲は覚えず知らず出で来る気音なり」とある。

一〇「息」「機」の区別は一一七頁注三参照。

稽古にいはく、「声[一一]を忘れて節を知れ。節を忘れて調子を知れ。調子を忘れて拍子を知れ」といへり。また音曲を習ふ次第、まづ文[一二]字を覚ゆること、その後、節を窮むること、その後、曲を色どること、その後、文字の声[一三]を分かつこと、その後、心根[一四]を持つこと。拍[一五]子は初・中・後へわたるべし。声をつかふこと、声[一六]のむきたる時を失はじとつかふべし。

また音曲に訛[一七]る事、節訛[一八]りは苦しからず。文字訛りは悪かるべし。この分け目、また大事なり。よくよく習ふべし。文字訛りと申すは、一切の文字は、声が違へば訛るなり。節訛りは、てにはの仮名の字の声なり。てにはの字の声は、言ひ流す言葉の吟のなびきによりて、声が少し違へども、節よければ苦しからず。「軽[一九]重・清濁は上による」といへり。また便音[二〇]ともいふ。よくよく口伝すべし。

てにはの文字の事。は・に・の・を・か・て・も・し、かくのごとくの終[二一]はり仮名は、声は少し違へども、節のかかりよければ、聞

一一「まず自分の声の質を知ってうまくつかうことが大事であるが」それ以上に節の扱いを会得すること、さらにそれ以上に声を音取りの調子に合わせること、さらにそれよりも節を拍子に合わせることを会得するのが大事である、の意。同じ標語は『曲付次第』にも見えているが、節と調子の順序が入れ換る。

一二 単語を正確に発音すること。

一三 アクセント（音の高低）を正確に発音する。

一四 技術を越えた内心の工夫をすること。

一五 拍子の心得は、以上の各段階を通じて重要である。

一六 声には「宵・暁の声」（一八頁注六）など、声に合った時機があるから使用を誤ってはならない。

一七 アクセントの正しくないこと。

一八 てには（助辞）の訛り。これに対して、漢字で書かれることの多い体言・用言（自立語）の訛りが、次の「文字訛り」である。

一九 発音の軽重・清濁は、上の語との続きぐあいできまる、の意。これは元来反切を解説した文言で、「平・上・去・入は下字により、軽重・清濁は上字による」（『文字反』など）ともいう。反音頌。

二〇 いわゆる音便ではなく、ある音節の清濁やアクセントが、その前後につく音節との関係で変ること。

二一 句の終りにくる助辞の意らしい。

きにくからず。節・曲と申すは、大略[一]てにはの文字のひびきなり。

総じて音曲をば、いろは誦み[二]には謡はぬなり。真名[三]の文字のうちを拾ひて(早めに謡い)、てにはの字にて詰め開きて(伸縮を加減して)、謡ふべし。

平・上・去・入、四声[四]可レ合。

漢書[五]云、「十二律、本来、律暦子[六]、崑崙山行、男鳳声・女鳳声聞而、律呂ニウツス」ト云々。律ハ男鳳声、陽。呂ハ女鳳声、陰。律ハ上ヨリ下ル声、入息。呂ハ下ヨリ上ル声、出息。律ハ機[七]ヨリ出声、呂ハ息ヨリ出声。律ハ無、呂ハ有。然者律ハ竪、呂ハ横ナルベキ歟。

論語[八]云、「熊・虎・豹、弓ノマトノ皮也。虎天子、豹諸公、熊大夫」。然者「コ・ホウ・ユフ」トコソ云フベケレドモ、言ノ吟、ヨク下故ニ、如レ此云也云々。

一 おおよそ「てには」の仮名のところで付けられるもので、そのアクセントに基づいている、の意。
二 一字一字切り離して、数えるように謡うこと。「いろは謡」「経誦み」ともいう。
三 漢字。ここでは自立語をいう。
四 アクセントを音韻のきまりどおり発音して、訛ってはいけない、の意か。「四声」は、平声以下の四種の漢字の韻のことであるが、ここは一般にアクセントをさすのであろう。
五 後漢の班固編の前漢の歴史。百二十巻。
六 『漢書』の「律暦志」(音楽・暦についてしるす)を人名に誤る。同書には泠綸が崑崙山に行き、竹を切って十二筩(筒)を作り、鳳の雌雄の声にそれぞれ六筩を調べ合せて、十二律(呂六・律六)を定めたことや、律が陽、呂が陰に当ること等が見える。「十二律」は一一八頁注二参照。
七 音声を二分し、細く弱いものを竪、太く強いものを横とする(『音曲声出口伝』『風曲集』)。
八 『論語』にはなく、『周礼』の「天官、冢宰」に、大射の際、王は虎侯(虎の皮で飾ったまと)・熊侯・豹侯、諸侯は熊侯・豹侯、卿大夫は麋侯を用いることがしるされ、『説文』の「侯」の解には順序を変えて、「天子、熊・虎・豹を射る」とある。

奥（おく）[九]ノ段（だん）

およそこの一巻、条々[一〇]已上（いじやう）。このほかの習事（ならひごと）[一一]あるべからず。ただ能を知るよりほかのことなし。能を知る理（ことわり）[一二]をわきまへずは、この条々〔以上の十七条も無用のものとなろう〕もいたづらごとなるべし。まことにまことに能を知らんと思はば、まづ諸道・諸事をうち置きて〔他の一切の芸事をさしおいて〕、当芸ばかりに入りふして〔没頭し〕、連続に習ひ窮めて、劫（こふ）[一三]を積むところにて、おのづから心に浮ぶ時、これを知るべし。

まづ師の言ふことを深く信じて、心中（しんぢゆう）に持つべし〔心に刻むがよい〕。師の言ふとは[一四]、この一巻の条々をよくよく覚（かく）して、定心（ぢやうしん）[一五]に覚えて、さて能の当座に至る時〔舞台に上ると〕、その条々をいたし試みて〔適用して〕、その徳〔効能〕あらば、げにもと〔なるほどと〕尊（たふと）みて、いよいよ道をあがめて、年来[一六]の劫を積むを、能を知る大用（だいよう）とするなり。一切（いつさい）芸道に、習々（ならひならひ）[一七]、覚（かく）し覚して、さて行なふ道あるべし。中楽（さるがく）

九　本書の奥伝、の意。底本は、この二字を他の標題のように短冊ではなく、直接料紙にしるす。またその前に白紙一枚を挿んで、それ以前の本文と区別している。

花鏡の効用

一〇　以上の十七箇条で終る、の意。
一一　稽古の課題。
一二　「能を知る」（一五一頁注一四）とは何か、を会得することに役立たなければ。
一三　年功を重ねた結果、自然に思い当る、その時会得されるものである。
一四　師の教えとは、つまり本書一巻の各条々のことで、それをよく学び。
一五　迷うことなく心に銘記し、の意。「定心」は一三八頁注五参照。
一六　多年修練を重ねることが能を知るための要件である、の意。「大用」は、大きな働き。九二頁注六。
一七　くり返して稽古し、学び、その後実地に移すという修行法がとられる。

も習ひ覚して、さてその条々をことごとく行なふべし。

秘義にいはく、「能は若年より老後まで、習ひ通るべし」。

老後の芸のこと

老後まで習ふとは、初心より盛りに至りて、そのころの時分時分を習ひて、また四十以来よりは、能を少な少なと、次第次第に惜しむ風体をなす。これ、四十以来の風体を習ふなるべし。五十有余よりは、おほかた、せぬをもて手だてとするなり。大事の際なり。この時分の習事とは、まづ物数を少なくすべし。音曲を本として、風体を浅く、舞などをも手を少なく、古風の名残を見すべし。

およそ音曲は、年寄りの一手取る曲なり。老声はなま声尽きて、あるいは横、あるいは竪、または相音などの残声にて、曲よければ、面白き感聞あり。これ一つのたよりなり。かやうの色々を心得て、この風体にて一手取らんずることをたしなむを、老後に習ふ風体とは申すなり。

老芸の物まね事、老・女二体などの物まね、しかるべし。ただ

一 秘伝として伝承されていた文句であろう。同じ用例は三九頁一行参照。

二 二十四・五から三十四・五に至る間に、の意。以下の一段は『花伝』の「年来稽古条々」参照。

三 年を追うて身の動きを控える芸態を心がける。

四 何のわざもしないことが演じ方の原則となる。これはむつかしい芸境である。

五 この時期の稽古の課題は、何よりもわざの種類や曲目を減らすことである。〔つまり〕、の意で下に続く。

六 音曲・舞に対して、それ以外のしぐさ、つまり広義の「はたらき」をさしている用法。

七 全盛期の面影をとどめる程度でよい。

八 〔若者に対して〕年寄りの一つすぐれたわざである、の意。「曲」はわざ（一〇六頁十一行）。「一手」は、弓術・碁・相撲・占いなどにおけるわざの数え方。

九 鍛えない前の声。地声。

一〇 一五四頁注七。「相音」は「横」「竪」ともに備わった声。

一一 「なま声尽き」たあとの鍛えぬかれた声。

一二 曲（一五二頁注九）にすぐれた味わいを見せるので。

一三 ここに年寄りが成功する一つの手がかりがある。

一四 老後の芸としての物まね。

一五 かりにも鬼などの激しく動くわざが得意なら。

しその身の得手によるべし。静かならん風体を得たらん(得意とする)為手は、これ、老風(老芸)に似合ふところなるべし。[一五]もしもし狂ひはたらく態、得手ならば、似合ふまじきなり。さりながらそのうちに(その場合でも)、[一六]本十分と思はん舞・はたらきを、六・七分に心得て(控えて)、ことさら[一七]身七分動に身をなして(身を動かし)、心得てすべし。これを老後に習ふところと知るべし。

しかれば当流(そこでわが座)に、[一八]万能一徳の一句あり。

初心不レ可レ忘

此句、三ケ条口伝在。[一九]是非初心不レ可レ忘。[二〇]時々初心不レ可レ忘。老後初心不レ可レ忘。此三、能々口伝可レ為。

「初心忘るべからず」の意義

一、[二一]是非の初心を忘るべからずとは、[二二]若年の初心を忘れずして、身に持ちてあれば、老後にさまざまの徳(利益)あり。「[二三]前々の非を知るを、後々の是とす」といへり。「[二四]先車の覆す(転倒は)ところ、後車の戒め」と云云。初心を忘るるは、[二五]後心をも忘るるにてあらずや。

[二六]功成り名遂ぐるところは、能の上がる果なり。[二七]上がるところを忘

一六 本来なら十分に演じるはずの。

一七 一一八頁三行以下参照。

一八 すべてのわざはこの一句から、というほどの効能をもった標語がある、の意。

一九 現在の芸が上達するか、退歩するかを決める基準としての初心、の意。

二〇 その時その時の意で、「ときとき」とも読める。

二一 「是非の……とは」は、この項全体の主語。次の二項にも同じ語法が見られる。

二二 〔まず〕二十四・五歳の、未熟なころの心構えを忘れないで。

二三 これまでの失敗を知ることが、これからの成功の基になる、の意。『夢中問答』中巻に「前々の非を知るを後々の位とす」とある。

二四 『漢書』賈誼伝に「鄙諺」と称して、「前車覆、後車誡」とあり、『保元物語』にも引かれている。「先車」は「前車」に同じ。

二五 今の位に対する自覚。

二六 〔極端な例をとれば〕長年の修練が実り、天下の名望を得るという状態は、上達の窮極といってよい、の意。『老子』第九（林希逸注）の「功成り名遂げて」の句による。

二七 〔それはこれ以上がない窮極であるが〕その上達のぐあいに無自覚でいると、初心に後戻りする道理になることにも無自覚でいることになる。

るるは、初心へ返る心をも知らず。初心へ返るは、[一]能の下がるところなるべし。しかれば今の[二]位を忘れじがために、初心を忘れじと工夫するなり。

かへすがへす、[三]初心を忘るれば初心へ返る理を、よくよく工夫すべし。初心を忘れずは、後心は正しかるべし。後心正しくは、上がるところの態は下がることあるべからず。[四]これすなはち、是非を分かつ道理なり。

また若き人は、当時の芸曲の位をよくよく覚えて、[五]これは初心の分なり、[六]なほなほ上がる重曲を知らんがために、今の初心を忘れじと[七]念籠すべし。今の初心を忘るれば、[八]上がる際をも知らぬによつて、能は上がらぬなり。さるほどに若き人は、今の初心を忘るべからず。

一、時々の初心を忘るべからずとは、これは、初心より年盛りのころ、〔さらに〕老後に至るまで、[九]その時分時分の芸曲の、似合ひたる風体を

一 芸の転落にほかならない、の意。窮極であるから進むことはないが、意外にも退歩はあるという警告である。

二 今の芸位を見失わないために初心を見失うまいと工夫することが必要である。

三 初心を忘れると後心を忘れ、後心を忘れるといきおい未熟な初心へ返るという道理について。

四 以上が、「初心忘るべからず」の一句が上達するか退歩するかの決め手になる、という理由である。

五 これはまだ初心の程度にすぎない、の意。「重」は段階。

六 より一層上位のわざ、の意。

七 十分工夫すること。一一七頁注九。禅語の「拈弄」の通俗的な用法であろう。

八 上達のさまや程度。

九 各時期に特有の芸で、しかも当時の身体の条件に叶った芸態を手がけてきたのは、の意。『花伝』「年来稽古条々」に詳しい。

たしなみしは、時々の初心なり。されば、その時々の風儀[一〇]を為捨て[一一]忘るれば、今の当体[一二]の風儀をならでは身に持たず。〔反対に〕過ぎし方の一体一体を、今[一三]、当芸に、皆一能曲に持てば、十体[一四]にわたりて能数尽きず。その時々にありし風体は、時々の初心なり。それを当芸に一度に持つは、時々の初心を忘れぬにてはなしや（ということではないか）。さてこそ[一五]、わたりたる為手にてはあるべけれ。しかれば時々の初心を忘るべからず。

一、老後[一六]の初心を忘るべからずとは、命[一七]には終はりあり、能には果てあるべからず。その時分時分の一体一体を習ひわたりて（つぎつぎに習って）、また老後の風体に似合ふことを習ふは、老後の初心なり。老後、初心なれば、前能[一八]を後心とす。五十有余よりは、「せぬならでは手だてなし」といへり[一九]。せぬならでは手だてなきほどの大事（困難なこと）を老後にせんこと、初心にてはなしや（でなくて何であろう）。

さるほどに一期[二〇]初心を忘れずして過ぐれば、上がる位[二一]を入舞にし

一〇 芸態。「風体」の意に近い。

一一 そのつど演じ放しにして、二度と取上げなければ。

一二 現在の自分にふさわしい芸態しか身につけていないことになる。

一三 現在、自分の芸として、一つ残さず「一能曲」として身につけていると、の意。「一能曲」は、一連のいつでも上演できる曲目、あるいはわざ。

一四 あらゆるわざ・種目にわたって、手持ちがなくなることはない。「十体」は八八頁八行以下。

一五 それでこそ芸の幅の広い役者というものである。

一六 老後、はじめての芸にいどむみずみずしい心構え、の意。「老後の初心」は、いちおう言葉の矛盾であるが、そこに新しい意味を盛ろうとする。

一七 いのちには末期があるが、芸には行き止りが見えてはならない、の意。後文の「奥を見せずして生涯を暮す」と同義。

一八 過去の芸のすべてが思い出され、現在及び今後のために、新しく見直され、経験し直されることになる、の意。これまでに蓄積された芸の、単なるくり返しではすまなくなったのである。

一九 前に書いておいた、の意。一二三頁二行。

二〇 若年から老後までの一生涯。

二一 一向に衰えを見せない芸位を維持して晩年を飾り、最後まで退歩することがない、の意。「入舞」は一四四頁注一参照。

上達の限界

て、つひに能下がらず。しかれば能の奥を見せずして、生涯を暮すを、当流の奥儀、子孫庭訓の秘伝とす。この心底を伝ふるを、初心重代相伝の芸案とす。初心を忘るれば、初心、子孫に伝はるべからず。初心を忘れずして、初心を重代すべし。

此外、覚者の智によりて、又別見所可有。

風姿花伝、年来稽古より別紙至迄は、此道を顕花智秘伝也。是は亡父芸能色々を廿余年間、悉為書、習得条々也。此花鏡一巻、世、私に四十有余より老後至まで、時々浮所芸得、題目六ケ条・事書十二ケ条、連続為書、芸跡残所也。

応永卅一年六月一日　　世阿判

此一巻、世子、孫々家ニ伝、雖不可出他、道重心、通冥

一 わが座の役者にとっての奥義、また子孫を導くための秘伝としている。
二 以上の骨身を削った工夫のあとを子孫に伝えようとするのが、「初心重代相伝」（初心を子孫に代々伝えてゆく）という芸の公案である。
三 そのため自分自身が初心を忘れないで、初心を代代伝えてゆかなければならない、の意。したがってこの公案には二つの効用がある。一つは、もとより「初心」の教えを子孫に相伝し、守らせること。一つは、相伝するためには相伝者自身が初心を維持していなければならないので、自身のために役立つことである。
四 〔以上が自分の見解であるが、〕学ぶ者の見識いかんでは、また別の見解もありえよう。
五 「花を知る」ことを窮極の課題とした伝書。
六 六八頁注二参照。
七 漏らさず書きとめ、かつ身につけた条項である。
八 わたくしがひそかに。「世」は自称。
九 その時その時胸に浮んだ芸道上の工夫。
一〇 「一調二機三声」から「舞声為根」までの六箇条。
一一 「一、……之事」の形式で書かれた条項。「時節当感事」から「音習道之事」までの十一箇条に、「奥段」を合わせた数に当る。
一二 以上十八箇条を順次に書きつづり、芸の形見として子孫に残すものである。
一三 一四二四年。世阿六十二歳。
一四 世阿の敬称。

慮一、則得二此書一。然者当流依レ為二一七瑞骨一、為レ道為レ家、自写書所也。

一八穴賢穴賢、不レ可レ有二他見一。

一九永享九年八月日

二〇貫氏判

一五 門外不出の本であったが。

一六 私の猿楽道に対する深い敬意が神慮に通じて、この本を手にすることができた。

一七 根本となるすぐれた本。

一八 くれぐれも注意して、他人に見せてはならない。

一九 一四三七年。世阿没前六年。

二〇 底本は損傷して見えず、安田文庫旧蔵本による。「貫氏」は不明。金春禅竹（実名氏信。当時三十三歳）の初名説もある。底本の筆致は晩年の禅竹に近い。

九位

九位注[一]

上三花[二]

妙花風　新羅[三]、夜半、日頭明らかなり（太陽が輝いている）。

妙[四]と云ぱ、言語道断、心行所滅なり。夜半の日頭（よなかの太陽）、これまた言[五]語の及ぶべきところか。如何。しかれば当道（猿楽）の堪能[六]の幽風、褒美も及ばず、無心の感、無位[七]の位風の離見こそ、妙花にやあるべき。

寵深花風[八]　雪[九]、千山を蓋ひて、孤峰、如何が白からざる。

古人いはく、「富士山高うして、雪消せず」といへり。これを唐人難じていはく、「富士山深うして」[一〇]云々〔その心は〕。至りて高きは深

一『九位』の第一章。「注」は底本「住」。
二「九位」を上中下に三分し、その第一位。
三『大慧普覚禅師語録』七に見える句。「新羅」は唐代に栄えた朝鮮最初の統一国家。句意を図示すれば◉
四 妙とは言葉であらわすこともできず、「心行」つまり思慮の働きも及ばない境地である。
五 言葉であらわせば、矛盾としか言いようがあるまい。どうだ。
六 名手の演じる幽玄の芸態で、ほめる言葉もなく、ただ心にも覚えずあっと感動するようなもので。

幽玄の花風

七 また普通の芸位では測られない絶対の位にある芸態で、「離見」つまり普通の見風を離れた至上の見風を示すのが、の意。「見風」は外にあらわれた芸態。
八「寵」は「うつくしぶ」と読む字。「深」は以下の注によれば至高の意。至高の美が「寵深」であろう。
九 雪が山々をおおい尽している中で、一峰だけ白くないのはなぜか、の意。『曹山元証禅師語録』『虚堂和尚語録』二に見える句。前者は句意を「異中の異」と解いているが、この場合閑花風の、白一色で象徴された境地を一歩打破する芸位を示唆する。図示⊙
一〇『虚堂和尚語録』二に、「山深うして雪未だ消せず」の句があるが、この問答のことは見えない。以下に見える通り、「深」は高低の差別を越えた高さであるから、同じく「消せず」といっても、この場合は消・未消の差別を越えた状態を意味することになろう。

きなり。高きは限りあり、深きは測るべからず。（計測を越えた高さである）しかれば千山（せんざん）の雪（雪の中）、一峰白からざる[一]深景（しんけい）、寵深花風（ちようしんくわふう）に当たるか。

閑花風（かんくわふう）[二]　銀垸裏（ぎんわんり）[三]に雪を積む。

雪を銀垸裏に積みて（銀製の椀の中に盛り）、白光清浄（びやくくわうしやうじやう）なる現色（げんしき）[四]、まことに柔和（にうわ）[五]なる見姿（けんし）、閑花風といふべきか。

中三位（ちゆうさんゐ）（二曲三体の位）

正花風（しやうくわふう）　霞（かすみ）[六]明らかに、日落ちて（沈み）、万山紅（ばんさんくれなゐ）なり。

青天白日（せいてんはくじつ）[七]の一点、万山（山々の）、いちじろき遠見（ゑんけん）は（鮮明な眺めは）、正花風なり。これは、広精風（くわうしやうふう）よりひいでて（一歩を進め）、すでに得花（とくくわ）[八]に至る初入頭（しよにつとう）なり。

広精風（くわうしやうふう）　語り尽くす[九]、山雲海月（さんうんかいげつ）の心。

山雲海月の心、満目青山（まんもくせいざん）[一〇]の広景を語り尽くすところ、広精風の

一　計測を越えるので高低の差別もなく、したがって雪の有無の次元も越え、もはや白いとは言えない意。
二　「閑」は、みやびやかなこと。
三　「垸」は椀に同じ。『碧巌録（へきがんろく）』十三則や『大慧普覚禅師語録』四などに見える有名な句であるが、句意はこの場合、次の注に明らかである。図示○
四　仏語。ここでは感受された色合いの意。
五　やさしくやわらいで見える姿、の意。「柔和」は仏語。ここでは幽玄の主要な性質（一三九頁一〇行）を示す。白雪を幽玄と見るのは中世の伝統的感覚であるが、それの確立された芸位が閑花風であろう。
六　この句は出典不明。「霞」は夕焼け。図示㊀
七　青空に輝く一点の日輪が夕焼けして、の意。「青天白日」は『碧巌録』十五則に見える。「万山」は広精風を習得した状態、それが「日頭」や「雪」と同じく「霞」の光におおわれているのは、新しい得花の段階を象徴している。
八　花を悟得した境地に一歩踏みこんでいる、の意。「入頭」は入門のこと。
九　『碧巌録』五十三則に見える句。樵夫（きこり）と漁夫が互いに山の雲・海上の月の趣を語り尽すというのは、それぞれの本性をつきぬけたことを意味するが、ここではできる限り種々の芸を習得することの譬（たとえ）である。
一〇　『碧巌録』七則に見える句。見わたす限りの青い山々、その広大な景色を語り尽す趣が、の意。

習道に、一一もつともこれあり。これより一二前後分別の岐堺なり。

浅文風　一三道の道たる、常の道にあらず。

一四常の道を蹈んで、〔その後〕道の道たるを知るべし（知るがよい）。一五これ、浅きより文をあらはす義なり。しかれば浅文風をもて、九位習道（を習うための入門）の初門となす。

下三位

強細風　一六金鎚、影動きて、宝剣、光寒じ。

金鎚の影動くは、強動風（強く働く芸態）なり。宝剣、光寒じきは、一七冷えたる曲風なり。一八細見にも叶へりと見えたり。

一九強麁風　二〇虎生れて三日、牛を食ふ気あり。

虎生れて三日、すなはち勢ひあるは強気なり。牛を食ふは麁き（荒）

一一　とりわけ見られる、の意。「満目青山の広景」は「山雲海月の心」の趣旨を敷衍したもの。

一二　広精風が、そこから正花風へ進むか、下三位へ下るかの分れ目になる、の意。広精風は九位の真中。

一三　『老子』第一の句。道とはっきり指さして言えるような道は、不変・根本の道ではない、の意。

一四　ここでは「常の道」を基本である二曲に当て、「道の道たる」を三体の物まねに当てているらしい。後者は、『老子』王弼の注に「事を指し、形を造す」とあるのに通じるものがある。

一五　これは、まず浅い所から入って、芸（二曲）のあやを見せるという趣旨である、の意。「浅き」はこの場合、自然で、なにげのない状態。

一六　「金鎚」は金属のつち。『碧巌録』十二則に見える句。禅家の機略が発動する際の、強く激しい勢いをいう。

働きの位

一七　『花鏡』で、「心の能」を「冷えたる曲」（一五〇頁注九）とよんでいるような高度の芸位ではないが、下三位としては最高、つまり強さの窮極を示す。

一八　こまやかな鑑賞・批評にも十分堪える。

一九　「麁」は右の「細」に対する語。粗雑または荒々しく激しいこと。

二〇　『石門文字禅』二七に見える句。元禄六年版『句双紙』には「虎生じて三日、牛を食ふの機あり」とあるが、訓は天草版『金句集』による。同書は句意を解いて、栴檀は二葉より芳ばしいとする。

なりといへり。

[一]麁鉛風　[二]五木鼠。

[三]孔子いはく、「木鼠は五つの能あり。木に登ること、水に入ること、穴を掘ること、飛ぶこと、走ること、[四]いづれもその分際にすぎず」云々。芸能の砕動ならぬは、麁くて、なまるなり。

[五]九位習道の次第

[六]中初・上中・下後と云ぱ、芸能の初門に入りて二曲の稽古の条々をなすは、浅文風なり。これをよくよく習道して、すでに浅風に文をなして、[七]次第連続に道に至る位は、はや広精風なり。ここにて[八]事を尽くして、広大に道を経て、すでに全果に至るは、正花風なり。これは二曲より三体に至る位なり。

一「鉛」は「なまる」のあて字。にぶい、おぼつかないこと。
二 五つの技能をもつ木鼠の意。「木鼠」は梧鼠の誤りで、むささび。
三 孔子ではなく、『荀子』勧学篇に、「梧鼠は五技にして窮す」とあるのに基づく。以下の文句は、その楊倞の注に、「五技とは、よく飛ぶも屋に上る能はず。よく縁るも木を窮むる能はず。よく游ぐも谷を渡る能はず。よく穴掘るも身を掩ふ能はず。よく走るも人に先んずる能はざるをいふ」とあるのによる。
四 そのどれをとっても分相応の力量でしかない。
五「九位注」と並ぶ標題で、『九位』の第二章。底本はこれを本文とみて、次行の冒頭につけている。
六 初め中三位から入り、中ほど上三花へ進み、最後に下三位に下るという修行の順序を標語化したもの。
七 その後順を追って、ひたすら三体を窮める段階は。
八 物数（謡・舞・物まねのすべて）を尽し、いよいよ芸域をひろげて。

中三位より上三位へ

九〔次は〕以上の諸段階が、安位（一〇四頁注三）に進み、その花によって観客の感（一三七頁一行）を獲得する段階であり、また能の花を悟得したかどうかが外にあらわれる、きびしい境目でもある、の意。「得法」は二一頁注九参照。
一〇 禅語。ただちに、の意。「ま下に」の意にとれば「ちょっか」と読む。

[九]各々、安位感花に至るところ、道花得法の見所の切堺なり。これは（中三位全体を）今までの芸位を[一〇]直下に見おろして、[一一]安得の上果に座段する位、閑花風なり。この上に、[一二]切位の幽姿をなして、[一三]有無中道の見風の曲体、寵深花風なり。この上は、言語を絶して、[一四]不二妙体の意景をあらはすところ、妙花風なり。これにて奥儀、[一五]之上の道は果てたり。

そもそもこの（以上の各段階）条々の出所は広精風なり。これ、芸能の地体（基本）にして、[一六]広く精やかなる、万得の花種をあらはすところなり。しかれば広精より前後[一七]分別の岐堺、これにあり。（つまり）ここにて得花に至るは（進む者は）、正花風に上り、至らざるは下三位に下るべし（落ちるほかはない）。

さて下三位は、[一八]遊楽の急流、次第に分れて（〔が〕三種に分流したもので）、さして習道の大事も（むずかしさ）なし。ただし、この中三位より上三花に至りて、安位妙花を得て、[一九]さて却来して、下三位の風にも遊通して（出入りし）、その態をなせば、[二〇]和風の曲体ともなるべし。しかれども古来、上三花に上る堪能の芸人どもの中に、[二一]下三位には下らざる為手どもありしなり。これは、「[二二]大象

一一 道を体得した最上級の境地にゆるぎなくすわっているという段階は、の意。「安得」「座段」はともに禅語であるが、後者はその転義。二三六頁注四。

一二 窮極の段階にある幽玄の姿をあらわして。

一三 仏語で、有無のいずれにも偏しない正見。ここは「無文音感」（二一六頁一行）を会得した芸態であろう。

一四 演者の意図（意）のあらわれである芸態（景）が絶対的な「妙」のあり方、いいかえれば「形なき姿」（一四六頁四行）であるような状態、それが、の意味で下に続く。

一五 「之上」は「至上」に同じ。

一六 広く細やかな芸の培われる段階であり、同時にやがてあらゆる福徳を備えた花（正花風以上の花風）を咲かせる種の芽生える段階でもある。

一七 一六七頁注一二。

一八 能の急流。すばやく激しいしぐさの系列の譬。

下三位の意義

一九 その後再び下位に下って、の意。「却来」は「きゃらい」とも読む。曹洞宗の所説で、向上をめざす向去の対語。一旦悟得した者が再び衆生の中に降りて来ることで、下根の衆生を導くための不可欠の手段。

二〇 下三位の麁さをやわらげた芸態となろう。

二一 たとえば近江猿楽日吉座の犬王。一七八頁五行。

二二 永嘉大師『証道歌』の句で、すぐれた者は瑣細なことにこだわらない意。「兎蹊」は兎の通る小道。

兎蹊に遊ばず」といふ本文のごとし。

ここに中初・上中・下後までを、ことごとくなししこと、亡父の芸風にならでは見えざりしなり。そのほか一座棟梁のともがら、至極、広精風までを習道して、正花風にも上らずして、下三位に下りて、つひに出世もなき芸人ども、あまたありしなり。結句、今ほどの当道、下三位を習道の初門として、芸能をいたすともがらあり。これ順路にあらず。しかれば九位不入の当道多し。

さるほどに下三位において、三数の道あり。中初より入門して、上中・下後と習道したる堪能の達風にては、下三位にても上類の見風をなすべし。中位、広精風より出でて、下三位に入りたるは、強細・強麁の分力なるべし。そのほか、いたづらに下三位より入門したる為手は、無道・無名の芸体として、九位のうちともいひがたかるべし。これらは、下三位を望みながら、下三位にも座段せぬ位なり。まして中三位等なんどに至らんこと、思ひもよらぬことなり。

一 典拠となった古書の文言。佳句・故事など。
二 この観阿評については一八一頁五行参照。
三 一座の統率者であり、演能の中心となるシテ役者を「棟梁の為手」といった。六九頁一一行。
四 浅文風からはいって、せいぜい広精風までを稽古して。
五 のみならず近ごろの能役者は、の意。「結句」については一三〇頁注五参照。
六 正しい稽古の道筋ではない。
七 九位の体系からはずれた役者が多い。
八 仏語。三種に同じ。
九 上三花に匹敵する芸を見せるであろう。
一〇 強細風・強麁風に相当した芸を身につけることになろう。
一一 道にそむき、また正しい理由のない芸態。
一二 下三位にも落着けない程度の芸位である。

世子六十以後申楽談儀

世子[一]六十以後申楽談儀[二]

秦元能[三]聞書

[四]遊楽の道は一切物まねなりといへども、[五]申楽とは神楽なれば、舞歌二曲をもつて[六]本風と申すべし。さて申楽の舞とは、いづれを取り立てて申すべきならば、この道の根本なるがゆゑに、[七]翁の舞と申すべきか。また謡の根本を申さば、[八]翁の神楽歌と申すべきか。[九]「志を述ぶるを歌といふ」と古くもいへり。[一〇]これ万曲の源なるべし。しかれば舞歌二曲をなさざらん者をば、うるはしき為手とは、いかが申すべき。

猿楽の根本

[一一]『三道』にいはく、「上果の位は、[一二]舞歌幽玄、本風として、三体相応たるべし。上代・末代に、芸人の得手得手さまざまなりといへども、[一三]至上長久の、天下に名を得る為手においては、幽玄の花風を離

一 父世阿に対する敬語。
二 猿楽講釈。「談儀（議）」は説教の意味にも用いるが、ここは和漢の古典、仏典の講釈をいう用法。
三 世阿の次男で通称七郎次郎。すでに応永三十年（一四二三）に後出の『三道』を相伝している。
四 遊楽は何であれ、物まねを離れては成り立たないが、の意。「遊楽」は、ここではしぐさを伴った舞歌の芸。
五 五六頁注一一以下参照。
六 基本の芸態。
七 式三番（翁）の、シテの翁の舞。これが「根本」であるいわれは、五八頁七行以下参照。
八 「翁」の謡。今は神歌という。
九 「志を述ぶるこゑは皆、歌なれば」（為家『古今序抄』）などによるか。
一〇 〔以上によって〕翁の舞と神楽歌は、あらゆるわざの根源といってよかろう。
一一 『能作書』ともいう。応永三十年、世阿六十一歳の著作。以下の引用はその巻末の文言による。
一二 舞歌すなわち幽玄の姿（一三九頁二行以下）が根本で、その上に三体（老・女・軍体）すなわちあらゆる物まねが完全にこなされていなければならない。
一三 最高かつ不滅の名声を都の芸壇で保つほどの役者となると、幽玄という優美花麗な芸態の所持者でない者はない。

るべからず。軍体・砕動の芸人は、一旦名を得るといへども、世上に堪へたる名聞なし」と云々。

また『花伝』にいはく、「和州・江州・田楽に、風体変はれり。しかれども真実の上手は、いづれの風なりとも、漏れたるところあるまじ。ただ、人、一向の風ばかりを得て、十体にわたるところを知らで、余をきらふ。風体・形木は面々各々なれども、面白しと見る花は、和州・江州・田楽に漏れぬところなり」と。「ことにこの芸とは、衆人愛敬をもつて、一座建立の寿福なれば、時にしたがひ、所によりて、おろかなる眼にも、げにもと思ふやうにせんこと、寿福なり」と云々。

まづ本風より次第次第に移るべし。総じて、鬼といふことをば、つひに習はず。二曲三体の劫入りて、戒臈を経て、その面影面影を今するなり。名を得しよりこのかたとても、狂ひ能をばせざりしとなり。

一 軍体・砕動を得意とする役者は、の意。「軍体」は三体の一つ。武人の物まねの基本型。「砕動」はその応用である鬼の物まねの一体。一二一頁注一〇。
二 いつまでも高い名声を維持することはむずかしい。
三 『風姿花伝』奥儀六一頁五行以下参照。
四 大和猿楽・近江猿楽・田楽、皆それぞれに芸態が違っている。
五 あらゆる芸態の意。六二頁注八。
六 『花伝』の本文では「かたぎ」（六二頁一四行）とあるが、ここでは音読している。型・基本の意。
七 六六頁一行以下参照。
八 広く観客に愛されることが、成功した演能のもたらすすぐれた効能と考えられるので。
九 鑑賞眼の低い観客。
一〇 二曲（舞歌）と三体の修行を積み、年数を重ねて、の意。「戒臈」は出家受戒後の修行の年数をいう。
一一 わずかにそのつど、それらしい感じに演じている現在である。
一二 狂い働く能で、力動風鬼（一二一頁注一〇）をさす。世阿晩年の禅竹宛書簡にも、「力動なんどは他流のことにて候。ただ親にて候ひし者（観阿）の、時々鬼をし候ひしに、音声の勢ひまでにて候ひし間、それをわれらもまなぶにて候。それも身が出家の後にこそ仕つて候へ」とある。

四祖の芸態——一忠評

一忠[一三]（田楽）・清次〈法名観阿〉・犬王[一四]〈法名道阿〉・亀阿[一五]、これ、当（能）道の先祖といふべし。

かの一忠を、観阿は、「わが風体の師なり[一六]」と申されけるなり。道阿、また一忠が弟子なり。一忠をば世子は見ず。京極[一七]の道与・海老名[一八]の南阿弥陀仏など、物語せられしにて推量す。しやくめいたる[一九]為手なり。田楽能のゆゑなり。

田楽の風体、はたらきははたらき、音曲は音曲とするなり[二〇]。並び居て、かくかくと（はっきりと力強く）謡ふなり。入り替はりては[二一]、鼓をも、や、ていていと打ちて、蜻蛉返り[二二]などにて、ちやくちやくとして（手早く演じて）、さと入る（退場する）なり。鹿苑院[二三]〈将軍家〉、「高法師（松夜叉[二四]）は下手なれども、田楽な（田楽らしい）り」と仰せられけるなり。

喜阿評

喜阿、音曲の先祖なり。日吉[二五]の牛熊が音曲を似すると申しけるな

一三 以下は前文を承けて、田楽・近江猿楽・大和猿楽の名人の芸態を詳細に説く。「一忠」は、京都白河にあった田楽、本座の名人。
一四 近江猿楽、日吉座の名人。応永二十年（一四一三）五月没。法名道阿の由来は二四八頁六行参照。
一五 喜阿。奈良にあった田楽、新座の名人。亀夜叉。
一六 六二頁七行にも同様の文言が見える。
一七 佐々木京極高氏。道誉（与）は法名。応安六年（一三七三）八月没。尊氏・義詮二代の権臣で、歌・連歌・立花・茶・香に通じた数寄者としても有名。
一八 当時著名な数寄者らしく、『猿源氏の草子』にもその名が見える。永徳元年（一三八一）三月没。
一九 「しやくと」は勢よく、無造作に、の意。
二〇 しぐさと謡が融合しないこと。「並び居て」は、舞台上に並んですわり、同吟（合唱）することとか。
二一 シテの役柄が転換すること。二二二頁注一五。
二二 早業の一つ。
二三 足利義満の院号。永徳三年義満が相国寺内に休息所として建てた一院の名による。
二四 高法師の別名。夜叉がつくのは新座の役者か。
二五 近江猿楽、日吉座の脇の為手。

り。音曲能ばかりせしなり。[一]しづや、入り替はり（〔が〕替って謡う）たる風体をす（やり方）。かの喜阿（〔は〕）、[二]『五位』の声風、[三]真中の位なり。『九位』には、[四]寵深花風に上りたる者なり。妙の位は、[五]総じてえいはぬ重なり。上果（最上級）に上りたらば、妙はあるべきか。

[六]世子十二の年、南都、[七]ほうをん院にて[八]装束給の能ありと聞きて、まかりて、いかなること（どういう能が）を聞かんずらん（聞けるかと）と思ひしに、喜阿、ぜう（老人）になりて、麻の[九]付髪に直面にて、「[一〇]昔は京洛の、花やかなりし身なれども」の[一一]一謡、やうもなく（さりげなく）、真直ぐに、かくかくと（はっきりと力強く）謡ひし（〔を〕）、よくよく案じほどけば（味わい返してみると）、後は（時がたてばたつほど）なほ面白かりしなり。

[一二]炭焼の能に、麻の付髪、頂に折り返して結ひて、今、増阿着るぜうの面を、[一三]一色に彩色き、[一四]練貫に水衣、玉だすき上げ（を掛け）、薪負ひ、杖ついて、[一五]橋中にてしはぶき一つし、「[一六]あれなる山人は荷が軽きか、家路に急ぐか、嵐の寒さに疾くゆくか。同じ山に住まば、同じ（〔仲よく〕）插頭の木を伐れとこそいふに、疾くゆくか。[一七]重なる山の梢より」と、一

一 シテに声を添える役名らしく、この場合ツレとして登場したのであろう。『習道書』にいう「下座」や後出（二三六頁注一）の「下」と関係ある語か。
二 芸風を五位（段階）に分類した世阿の著作。「声風」はその第五位で、音感を主とする位。
三 まさしく声風そのものというべき芸位であった。
四 『九位』（一六五頁）の第二位。
五 いずれも言葉では説明できない段階である、の意。以上の二書の第一位はそれぞれ「妙風」「妙花風」とよばれる。
六 永和元年（一三七五）の春日若宮の御祭をさすらしく、三月十七日（前年度の分）、九月十七日両度のうちのいずれかであろう。
七 法雲院か。興福寺の一乗院門跡所属の院家。
八 御祭の前日、興福寺から田楽頭に任ぜられた僧が、世話役の僧坊（頭屋）で田楽の装束を役者に給与する（装束給）。その際御礼に催された田楽能。
九 仮髪。今いう尉髪。「直面」は面をつけないこと。
一〇 曲不明。句は『和漢朗詠集』「老人」の「昔は京洛声華の客たり。今は江湖の潦倒の翁たり」による。
一一 一セイ、上歌など、一つづきの謡。
一二 曲不明。
一三 あっさりと彩色して。
一四 「練貫」は生糸と練糸で織った絹織物。ここは練貫の小袖の意。その上に「水衣」（薄絹の広袖の上衣）を着けたわけで、いまの能の前シテの化身尉が着ける

声(せい)に移りし曲者(くせもの)[一八]なり。胡銅(こどう)[一九]の物を見るやうなりしなり。

その南都の装束給のころより(以来)、声損じはじむると申すなり。〔[二〇]一謡と謡ひ届くることなかつし(謡い通すことはなかった)なり。声叶(かな)はずして(声が出ないので)、〕しづやに言はせて、そとそと(ごく控えめに)付けしなり。〔[二一]「吹く風の荒磯(あらいそ)に」と、しづやに謡はせて、「に」から付けしなり。〕[二二]天性奇特(てんせいきどく)のところは、昔の名人の中にも秀(ひい)でける者なり。

増阿評

[二三]今の増阿(ぞうあ)は、能も音曲も[二四]閑花風(かんくわふう)に入るべきか。[二五]能が持ちたる音曲、音曲が持ちたる能なり。

南都、[二六]東北院(とうぼくゐん)にて、[二七]立合(たちあひ)に、東(ひんがし)の方(かた)より西に立ち回りて、扇の先ばかりにて、そとあひしらひて(軽く応じて)止(とど)めしを、「感涙(かんるい)も流るるばかりに覚ゆる(思い出しても感激で涙がでる〔が今は〕)。かやうのところ(細かなわざは)、見る者なければ、道ももの憂く(やる張合いもない)」と語られしなり。しかれども上果のところは、諸人(しよにん)の目にも耳にも及ぶやらん(自然に観客に伝わるせいか)、「増阿が立合は、余(よ)のにも(他の役者と)変はりたる」など申す者あり。

厚板(あついた)に水衣の姿に似る。

一五 橋がかりの中途で立ち止まって。

一六 廃曲「阿古屋松(あこやのまつ)」の、シテ登場後のサシ謡の文句にほぼ同じ。あるいはこの田楽能から移したものか。

一七 「阿古屋松」では「重なる峰の梢より」から一セイの謡となり、「雲をも凌(しの)ぐ山路かな」と続く。

一八 一癖(くせ)ある者。「怪者」とも書く。

一九 青銅製の道具(香炉・花瓶など)。彫物(ほりもの)(堆朱(ついしゅ)など)・茶垸物(ちゃわんのもの)(青・白磁)と並んで、当時書院飾りに愛用された。ここは古色を帯びて強い感じの譬(たと)え。

二〇 以下〔 〕の部分二箇所は堀本で補う。

二一 曲不明。

二二 生れつきの不思議な才能。

二三 世阿と同時代の田楽新座の役者。喜阿の後継者らしく(二六二頁)、それでここに付記したのであろう。

二四 『九位』の第三位で、上三花(上果)の入口。一六六頁。

二五 しぐさと謡が融合していること。「持つ」は支える。

二六 興福寺の一乗院門跡(もんぜき)所属の院家で、明治維新まで存続した。

二七 田楽の演目の一つで、数人一緒に舞う。田楽の演目は、中門口(ちゅうもんぐち)、立合、刀玉(かたなだま)、能芸の順になる。

尺八[一]の能に、尺八一手吹き鳴らいて、かくかく（はっきりと力強く）と謡ひ、やうもな（何ごともなく）くさと入る（楽屋に入ったのは）、冷え[二]に冷えたり。

かの増阿は、うちむきたる[三]田楽にてはなし。何をもするなり。〔しかし〕並[四]び居て謡ふ体、炭焼に、薪負ひたる様は、田楽なり。

犬王評

犬王は上三花にて、つひに中上[五]にだに落ちず。中・下を知らざりし者なり。音曲は中上ばかりか。

葵上[六]の能に、〔シテ犬王は〕車に乗り、柳裏[七]の衣踏み含み、車副の女に岩松[八]、〔シテは〕車の轅にすがり、橋がかりにて、「三[九]つの車にのりの道、火宅の門をや出でぬらん、夕顔の宿の破れ車、やるかたな」と、一声にやり（車を進めつつ）かけて、たぷたぷ（たっぷりと）と言ひ流し、「うき世はうしの小車の、うき世はうしの小車の、めぐるや」などやうの次第[一〇]、「小車の」〔は〕、「まの」を張り[一一]にて言うて、言ひ納めに、とたと[一二]拍子踏みしなり。後[一三]の霊などにも、山伏に祈られて、山伏はとよ[一四]、それをばかへりみ[一五]づかひ、小

一 この曲名は文安三年（一四四六）の『田楽能記』にも見える。
二 さびきった深い味わいがあった、の意。「冷え」は一五〇頁注九。
三 正対すること。ここは本来の、の意。
四 一七五頁注二〇。「炭焼」は「炭焼の能」をさすか。
五 『九位』のうちの中三位の上で、「正花風」をさす。次の「中・下」は中三位と下三位。
六 『五音』によれば世阿の作曲であるが、この記事からもとは古曲であったことがわかる。シテが牛車に乗ったり、車副の侍女を伴う演出は今はない。
七 柳色（白みがかった青色）の裏のついた衣を、足が隠れるほど裾長に着て。
八 日吉座の脇の為手。一八一頁二行。
九 シテ登場後の一セイ謡で、「やるかたなきこそ悲しけれ」で終り、「うき世は」と移る。
一〇 次第謡。多く七五・七五・七四の三句から成る。
一一 節扱いの記号。上音で声を張りあげて謡う。
一二 トタンか。足拍子をあらわす記号。
一三 後シテである生霊の鬼に扮して出た場合も。
一四 脇の為手の名。後出一八一頁一行。
一五 顧みる身使い（身のこなし）の意か。

袖扱ひ、えもいはぬ風体なり。

天女[一六]などをも、さらりささと、飛鳥の風に従ふがごとくに舞ひしなり。金泥[一七]の経を脇の為手にやりて（わたし）、引く手より（返す手ですぐ）舞ひ出だししなり。

はじめ[一八]の段には、左[一九]へ扇取ることも、いたくはなかりしなり（むやみにはしなかった）。入端[二〇]に、「何の何して」とかかる時、左に取り（〔扇を〕）、大輪[二一]に押して回りなどせしなり。何と舞ひしやらんと覚えけるなり（なぜこんな舞い方をするのかと不審に思った）。かやうなれども、已[二二]上して道はあるを、皆（誰も）、面白しと見て、帯[二三]を解けるばかりを似せて、結び納むることを知らず。

念[二四]仏の申楽に、練貫[二五]を一襲、同[二六]じ前に着て、墨染の絹の衣に、長[二七]たる帽子を深々と引き入れて着し、面白かりしなり。幕屋より（楽屋からずっと）申して（唱えて）来たるやうに、人中[二八]より、常住に、一心不乱に、南無阿弥陀仏と申して、鉦鼓[二九]をたたきて、出でて（〔舞台へ〕）、りやうりやうと（さえざえと）、二三返、拍子にもかからず（合わせず）打ち出だして、左右の手を合はせ、古体に（古風に）拝みしなり。言葉のつま（端）に、南無阿弥陀仏と、一心不乱に、まことに常のや（口ぐせの）

一六 犬王が天女の舞を得意としたことは二六一頁注一二参照。「さらり」は敏速なさま。「ささ」は「さっさっ」に同じで、勢いよく舞うさまか。
一七「海士」にも後シテが経巻を子方に渡し、そのまま舞に移る型がある。
一八 舞のはじめの部分。後の禅鳳の『毛端私珍抄』では、天女の舞は五段からなるという。
一九 左手に扇を持ち直すこと。犬王の得意の型か。
二〇 曲の終末部。出端（二三三頁注一八）の対。
二一 身を折るようにして大きくぐるりと回ること。
二二 至上の芸位に達していたので、〔こうまで自由に演じても〕法に叶っていたのであるが。
二三「帯解けひろげ」「帯紐を解く」ともいう。放漫、不用意なさま。文意は、奔放な点だけをまねて、破綻なく締めくくることを心得ない。
二四 曲不明。
二五 練貫（一七六頁注一四）の小袖二枚の重ね着。
二六 左右の「おくみ」を重ねずに、前で揃える着方。右前、左前に対していう。
二七 花帽子よりも角帽子を思わせる。文意は、うしろを長く垂らした角帽子を目深くかぶっていたのは。
二八 念仏の同行者の中から絶えず、の意。「人中」は、立衆（ツレを数人伴う場合の総称）に当るか。
二九 仏具。直径一五センチほどの銅製のたたき鉦。

うに申して、あなたへゆらり、こなたへゆらりと立ちありきてし面影、今も見るやうなり、と云々。

[一]もりかたの申楽に、ものに腰かけ、経を読むところへ妻・母きたりて、二人「いかに」と申す時、母の方つくづくとしばし見て、[二]顔引く尻目にて、妻の方をそと見てうつぶきし、[三]面白き心根なりと、そのころ沙汰ありしなり。[四]こは子にてなきといふ中楽に、「あれ、疾くいね」と申すとて、目にて心根をせし、同じく沙汰ありしなり。

近江のかかりは、立ち止まりて、あつと言はするところをば、露ほども心にかけず、[五]たぶたぶと、かかりをのみ本にせしなり。[六]後の入端などには、[七]皆々立ちて謡ひて、さと入るなり。道阿こそ上果にて、かかるかかり、おのづから面白きを、[八]今の近江は、[九]至らずしてその体をする間、音曲も風体も延びくさりたるなり。近江の風体、かくのごとし。

一 曲不明。直面の現在能らしい。
二 顔をもとに戻しざま流し目で。
三 すぐれた心理表現であると。
四 これはわが子ではないと偽る筋の能。「檀風」の原曲かという。
五 音曲や舞やしぐさで、たっぷりと情趣を聞かせ、見せることだけを眼目とした。
六 後場の終末部。キリをさす。
七 ワキ・ツレ・立衆など。
八 『五音』に「江州は犬王が曲なり」とあるが、犬王以後、『談儀』の中で名が見える近江猿楽のシテ役者は専ら岩童である。岩童は、祖父の代に下坂座から日吉座に合流した（二四七頁注三〇）。
九 実力不足のくせに犬王の芸態をまねるので、謡もしぐさもしまりがない、の意。「延び鎖りたる」か。
一〇 以下は日吉座の主な脇の為手に関する付記。脇は、今のワキ・ツレ・子方等の総称で、前記「葵上」では「とよ」はワキ、「岩松」はシテヅレであった。
一一 〔しかし〕曲の眼目となる所はそれらしく的確に演じた。
一二 シテヅレとなり、シテとぴったり呼吸を合わせる

一〇脇はとよ、直ぐなる為手なり。一一規模なることをば規模規模とせしなり。一二ひたと添うたる脇は岩松。時々、牛熊、一三脇柱をせしなり。

観阿評

先祖観阿、「静が舞の能、嵯峨の大念仏の女物狂の能など、ことに名を得し、幽玄無上の風体なり」と、一四『花伝』にもあり。上果に上りても一五山を崩し、中上に上りても山を崩し、また下三位に下り、一六塵にも交はりしこと、ただ観阿一人のみなり。

一七住吉の遷宮の能などに、一八悪ぜう〔尉〕に立烏帽子着、鹿杖〔撞木杖〕にすがり、幕〔揚げ〕〔幕を〕うち上げ出でて、橋がかりにて、もの言はれし勢ひより〔に始まり〕、一九論議言ひかけ、また「紀有常が女とあらはす、ぜうがひがこと」など、〔緩急自在の演じ方は〕締めつ含めつせられし、さらに及びがたし。

〔観阿は〕大男にていられしが、女能などには細々となり、二〇自然居士などに、二一黒髪着、高座に直られし、十二三ばかりに見ゆ。「二二それ一代の教法」より、〔次々に謡い継がれたところ〕移り移り申されしを、鹿苑院、世子に御向かひありて、「児

点では。

一三 脇つまり今のワキ・ツレ等の中で、特にワキをさす語か。牛熊も岩松同様、ツレ役にすぐれていたが時にワキも演じた意か。ワキは今の地頭のように、合唱を統率する役を兼ねていたが、牛熊が音曲の名手であったらしいことは一七五頁一二行参照。

一四「第五奥儀」六一頁一四行以下。

一五 禅語「山崩れ石裂く」(『碧巌録』五七則)によるか。難問突破のさまであるが、ここは至難のわざを忽ち意のままにこなすこと。

一六 鑑賞眼の低い大衆を喜ばせた意。仏語の「和光同塵」に基づく。「山を崩し」と対照的で、「却来」(一六九頁注一九)に同じ。

一七 観阿作曲「葛袴」(『五音』)をさす。応安七年(一三七四)十二月二十九日の住吉社遷宮の折の作か。

一八 悪尉。強く恐ろしい表情の老人の面。

一九 声明(仏教の声楽)の「論議」からきた用語で、シテが地や他役と掛け合う小段をいう。当時は拍子に合う謡論議と、拍子に合わず、コトバを交えた詞論議に分れていたが、ここは後者。

二〇 観阿作。自然居士はシテの少年僧の名。

二一 喝食鬘を着け、説法の席に着かれた有様は。

二二 現行曲にはないが、『五音』によれば、シテ登場後のサシ謡冒頭の文句。

は[一]小股をかかうと思ふとも、ここは叶ふまじき」など、御感（感嘆）のあまり、御利口（軽口をたたかれた）ありしなり。何にもなれ（扮しても）、[二]音曲を為替へられしこと、神変なり。

また[三]怒れることには、[四]融の大臣の能に、〔つまり〕鬼になりて大臣を責むるといふ能に、[五]ゆらりききとし、大きになり、砕動風などには、ほろりと、ふりほどき（ずいぶんやわらげて）、ふりほどきせられしなり（演じられた）。

[六]草刈りの能に、「この馬は、ただいま飢ゑ死に候べきや」より（に続いて）、[七]譬引きし、「騅逝かず、騅逝かず」など言ひくだして、[八]「ここは忍ぶの草枕」と謡ひ出だし、[九]目づかひし、さと入りし体（すぐ中入りした）、この道においては、[一〇]天下りたる者なりとも、及びがたく見えしなり。

そのころの脇（当時の観世座の）は、[一一]十二三郎・助九郎。十二六郎は若くて、[一二]下にて付けしなり。狂言は[一三]大槌なり。

これ皆、先祖の風体、おほかた聞きしまま書き置くところなり。

[一四]かの先祖の風体を合はせて、世子[一五]一建立の十体に引き合はすれば、

一　相撲の手。相手の膝関節の内側に手をかけ、すくい上げて倒す。転じてすきをついて倒すこと。

二　謡に新味を出された点は人間業ではなかった。

三　鬼のしぐさをいう。文意は、鬼能の場合、例えば、の意で下に続く。

四　以下の筋は現行の「融」にはなく、別曲。

五　「ゆらり」はおおまかに動くさま。「きき」は強いはたらき。「大きになり」は堂々と演じること。「ほろり」が砕動風の柔らかな踏み方であることは一九三頁注一五参照。

六　廃曲「横山」の古名。以下の引用は、名告の後の問答中のシテの文句。

七　項羽とその名馬望雲騅の故事を謡うところが「譬引き」に当る。「騅逝かず云々」はその中の文句。

八　中入の前にある文句。

九　右の文句の末、中入の直前「都の方を思ふに」で、都の方に目をやるしぐさをするか。

一〇　芸能説話によく出てくる天上からの降り人のような神変不思議の芸力をもった者でも。

一一　大和の十二座の役者か。以下三人とも伝不明。

一二　シテ・ワキと同音（合唱）で謡うツレや助音の者。二三六頁注一・二。

一三　伝不明。名手であったことは二三七頁注一七参照。

一四　さて以上の先祖の芸態を総括して確立されたのが世子の全芸体系であるが、それと比較して気がつくことは、それらが観阿の確立した芸体系から一歩も出て

観阿一建立の上に、なほ漏れたることあるべからず。

世阿評

静かなりし夜、砧[一六]の能の節を聞きしに、かやうの能の味はひは、末の世に知る人あるまじければ、書き置くもものくさき由、物語せられしなり。しかれば無上無味[一七]のみなるところは、味はふべきことならず。また書き載せんとすれども、さらにその言葉なし。位上らば、自然に悟るべきことと承れば、聞書にも及ばず。ただ浮船[一八]・松風村雨[一九]などやうの能に相応[二〇]たらんを、無上の者と知るべし、と云々。

増阿、世子の能を批判していはく、「ありがたや[二一]、和光守護の日の光、豊かに照らす天が下」など、[二二]たぶやかに言ひ流すところは、犬王。蟻通のはじめより終はりまで、喜阿。[二三]かいつくろひ、かいつくろひ、曲舞ばたらきは、観阿なり、と云々。

[二四]「ありとほしとも思ふべきかはとは、あら面白の御歌や」など、[二五]「これ六道の巷に定め置いて、六つの色を見するなり」などやうな

いないことである、の意。

一五 募金でなく独力で堂塔を建てること。ここは独自の達成、の意。

一六 この記事によって世阿作とわかる。夫の帰国を待ちわびた女が、恋慕と嫉妬の思いを砧の音に託して打つ。後場は恨み死をした女の怨霊が、邪婬の罪に責められるという筋の妄執の能。

一七 最高の曲趣で、すでによしあしの批判を越えた域に達したものは。

一八 横尾元久作詞、世阿作曲。

一九 『三道』に「昔、塩汲なり」とあり、『五音』には「亡父（観阿）曲」、『談儀』には「世子作」とあって、成立の事情がわかる。両曲とも恋慕による狂乱を扱った女体能。

二〇 芸位が以上の曲と合致しているような役者を最高と考えてよい。

二一 「放生川」の後シテ登場の際のサシ謡。「和光」（わくわう）は「百王」（はくわう）の誤り。

二二 たっぷりと情趣をこめて運ぶ謡い方は犬王風。

二三 要所要所を引き締める曲舞風のしぐさは。

二四 「蟻通」の、ワキの詠歌に続く掛け合い中のシテ謡。

二五 右の掛け合いに続く地の下歌。

るところ、「何[一]となく宮寺なんどは、深夜の鐘の声、御燈の光などにこそ」、「燈火もなく、すずしめの声も聞えず」、かやうのところ、皆喜阿がかり〔喜阿風の謡いぶり〕なり。「神は宜禰がならはし」など、かくと〔きっぱりと〕言ひしなり。「宮守一人も」のやうなる「ひ」文字、詰まりて「ひつ」と言ひしなり。「松[二]の木柱に竹の垣、夜寒さこそと思へども」、皆かのかかりなり。

鵜[三]飼のはじめの音曲は、ことに観阿の音曲を写す〔謡をまねている〕。脣にて軽々と言ふこと、かのかかりなり。この能、はじめより終はりまで、皆闌[四]けたる音曲なり。「面[五]白の有様や」より、この[六]一謡ばかり、同音なり。後の鬼〔後場〕も、観阿、融[七]の大臣の能の後の鬼を写すなり。かの鬼のむきは〔その融の鬼の演じ方は〕、昔の馬[八]の四郎の鬼なり。観阿も、かれ〔あの鬼〕をまなぶと申されけるなり。さらり〔敏活に〕、ききと〔強く〕、おほやう[九]おほやうと、ゆらめいたる体なり。[一〇]光太郎の鬼はつひに見ず。古き人の物語の様、失せ[一一]ては出来、細かに〔砕動風に〕はたらきけるなり。たうらう[一二]の能を書きて、観

一 同じく「蟻通」の前シテ登場後のサシ謡。以下三箇所の引用も同曲。

二 「松風」の中ほど、問答中のシテの謡。

三 榎並の左衛門五郎の作を世阿が改作したもの。二二七頁一〇行。

四 五音（一九七頁注二一）のうちで窮極の曲位とされる「闌曲」のこと。

五 同曲「鵜の段」のうち、地が同音で謡う部分。

六 闌曲は、他の四音を窮めた後、格に入って格を出る曲位で、「真実は独音曲なり」（『五音』）といわれ、他人と同音（合唱）で謡うことは不可能とされているが、この小段だけは例外というのである。

七 観阿が演じた「融」（一八二頁注四）の後シテの鬼をまねたものである。

八 榎並座の名手。その名の由来は二四八頁四行参照。

九 また一面どこまでも大きく、ゆらりゆらりと身を使う芸態であった。

一〇 金春の第二十七代で、金春権守の長兄。

一一 死んだ体で中入となり、やがて後シテの鬼となってあらわれ。

一二 曲は伝わらないが、観阿の自作らしい。

阿脇(わき)になりて、世子(ぜし)[一三]せられしに、失せて出できたる風情(ふぜい)をせしを、「光太郎が面影(おもかげ)あり」と〔観阿が〕語られけるなり。かのたうらう、世子の狂[一四]ひ能まねかたのはじめなり。

能のきまり

[一五]一、定まれることを知るべし。立合(たちあひ)[一六]は、幾人(いくたり)もあれ、一手(ひとて)[一七]なるべし。さてこそ(それで)立合にてあるべけれ。さて為手(して)の一人(ひとり)[一八]もむところあり。「都良香(とらうきやう)[一九]もろともに」などいふところは、為手の一人もむところなり。三度(さんど)もむところあり。三度目などには、扇をひろげて右に持ちて、手をひろげて、前(さき)へ「やや」と言ひて踏み寄りて、両の袖を打[二〇]ちこみて、左右(さう)へさつさつと捨つる(袖を払う)なり。これ一つの手なり。昔ありしなり。曲舞(くせまひ)[二一]の序にも、もむところあり。長めて言ひ[二二]くだす時、えいえい(気合を入れて)ともむなり。

序をば序と(序らしく)舞ひ、せめ[二三]をばせめと、せめつ含(くく)め[二四]つすること、定ま

一三 世阿がシテの鬼を演じた時、その「失せて出で」来るしぐさをしたところ。
一四 世子が狂い能を形ばかり（力動風の鬼をその物まねではなく、わずかにその感じを与える程度に）演じられた最初である、の意。「狂ひ能」は一七四頁注一二参照。「まねかた」は模型。
一五 以下二五五頁まで、一つ書きになって三十一条に及ぶ。これが『談儀』の本文で、以上はいわば序に当る。
一六 田楽の「立合」（一七七頁注二七）に準じて、この場合は相舞(あいまい)形式の共演をさす。
一七 同じ型で、そろわなければならない。

種々のきまり

一八 一人だけが激しくからだを動かす箇所がある。
一九 「都良香(とろうきょう)の立合」（二〇〇頁注七）の文句か。
二〇 左右の袖を手の外側から内側へ巻きつけ、その後。
二一 この「曲舞」は、能にとり入れられたクセマイのことで、普通クリ・サシ・クセ（狭義のクセマイ）の三部から成る。したがって「序」はクリをさす。
二二 クリの末、下音(げおん)で長く引くユリ（揺り）節のところで。
二三 クセマイの後半、急迫した囃子(はやし)に合わせて舞う部分。文意は、「せめ」はせめらしく。
二四 その緩急を誤らないように舞うことが、クセマイのきまりである。

れるなり。「剣樹ともに解すとかや、石割地獄の」[一]といふところをば、きつと低くなりて、小足に拾ふところなり。さやうにせめては延べ、せめては延べ、「火燥足裏を焼く」[二]などいふところにては、はや手も尽き、いかんともせられぬところにては、うしろへ[三]などへりもなく踏んで退り、きりりきりりと回り手などして、「飢ゑては[四]鉄丸を呑み」などいふところを待ち受けて、喜うで、扇を左へ取りて、うつ開きて[五]、押して回りなどする。かやうに[六]道を守り得て、すべき時節時節あるを、ただ面白しとばかり見て、いまだ手も尽きぬに、くるりと回り回りなどする、あさましきことなり。

内にて舞を舞ふにも、相構へて序破急を知るべし。序より[七]謡ひ出だしたらば、序より舞ふべし。急より[八]舞へとあらば、急の手を舞ふべし。その時、序の手を舞はばわろかるべし。乱酒[九]の時、にはかに能などのあらん時の能、貴人の機嫌を伺ふべきこと、またかくのごとし[一〇]。また二人[一一]出ることに、児など舞ひたる上に舞ふこと、二重な

一 「歌占」のクセのうち、前後二箇所のアゲハ（シテの謡）に插まれた文句。「歌占」のクセマイは「地獄の曲舞」とよばれた独立の曲舞を移したもの。

二 後のアゲハの直前にある文句。

三 平気で、ずかずかと後ずさりなどして、の意。「へり」は「へる」の名詞形。ひるむこと。（『三河物語』下「敵にへりたることなし」。）

四 右の注二の文句に続く後のアゲハの冒頭の句。以下の文意は、〔後のアゲハまでどうやらもちこたえ〕ここに来ると待ってましたとばかり。

五 〔扇を〕ぱっと開いて舞台を勢いよく回る。

六 このように緩急のきまりを守った上で、その時々にどうしても打たねばならない手があるが、それを。

七 座敷の気分が序の時謡い始めたら、舞も序の手から始めなければならない。

八 座敷が急の気分の時、舞えと命じられたら。

九 宴たけなわとなって順位を乱して飲み合うこと。若干の作法はあるが、それまでのように定式に従って盃を回すことはない。

一〇 右に準じて考えればよい、の意。同様な心得については一三一頁二行以下参照。

一一 また二人がそろって召された場合、の意。「二人出る、殊に」とも読める。

ること(点を)、心得(え)べし。一二むげに大人(おとな)げなく見ゆ。はじめの舞を序にして(見立て)、
破一三の末をちと心根(こころね)に見せて、急をそと舞ひて入るべし。
また扇落しの手とて、増阿せしは、扇を落して、左右(さう)の狩衣(かりぎぬ)の袖の露一四を取りて、手に結びて取りしなり。道阿(犬王)もその時、見物(けんぶつ)す。世(ぜ)一五子(し)一流はかくはなし。定まるまじきなり(一定しなくてよい)。〈口伝(くでん)一六あるべし。〉
膝返(ひざがへ)り一七〔で〕、くるりと回ること、法のうちにはすべし(理に叶えば許される)。法のほかにはすべからず。丹後物狂(たんごものぐるひ)一八の羯鼓(かんこ)一九取るに、地にあるものなれば、膝(ひざ)をつきて取りて、返る。ここにては(この場合〔膝返りは〕)似合ふべし。

一、万事かかりなり二〇。〔しかし〕かかりもなきやうの風情(ふぜい)も、二一またそのかかりにて面白し。かかりだによければ、わろきことは(しぐさの欠点は)、さして見えず(あまり目立たない)。美しければ、手の足らぬも(たいして型がなくても)苦しからぬなり。〔かかりが〕わろくて手の細かなるは、なかなか(かえってその手も)わろく見ゆるなり。

一二〔単なるくり返しになると、児(ちご)と張り合う形になって〕ひどく大人げなく見える。〔その場合〕。
一三 いくらか破の末気味の心づかいを見せつつ、急の舞を控えめに舞い、〔かく序破急をあしらって〕退出するがよい。
一四 袖のくくり緒の端の垂れ下がった部分。文意は、〔露で舞台を掃かないために〕まず左右の袖の露を左右の手で受け、その後両手で扇をすくい取った。
一五 世阿の観世座ではこうはしない。
一六 二六〇頁注四参照。
一七『二曲三体人形図』で禁止されている早業(はやわざ)の一つ。今の「合膝返(がっしがえ)し」（片膝をついた姿勢で、きりりと回る）の類か。
一八 廃曲。昔の「笛物狂」を井阿(せいあ)が改作したもの。
一九 舞楽に用いる鼓(つづみ)で、長さ一尺、台上に横たえて両手の撥(ばち)で打つ（かっこに同じ）。能の小道具の場合も羯鼓台に載せるものがあるが、多くは胸に着けて撥で打つ。
二〇 **情趣表現のこと** 個々の風情（しぐさ）や節ではなく、それらの流れの上に認められる全体としての表現の姿のことであるが、ここはむしろその姿のもつ味わい、情趣をさしている。
二一 またそれが一種のかかりの効果をあらわして味わいがある。

舞に、目そとゆがむ（流し目をするのは）、面白きところあり。左へはさのみはゆがむまじ。右へは、目そとゆがむべし。[一]五七・五七の句毎に、見はたらきをすべし。

[二]松風村雨の能に、「わが跡弔ひてたび給へ」のところより寄らば、[三]風情延ぶべし。「わが跡弔ひて」までは、かかへて（じっととらえて）持ちて、「暇申して」といふところより寄りて、「帰る」といふ時帰れば、面白きなり。[四]「松風ばかりや残るらん」に、「残る」から帰るほどに、面白〔は〕くもなきなり。「らん」から帰るべし。ことにかやうのところ、[五]心根・風情相応なくは、面白くもあるべからず。

[六]婕捨の能に、「月に見ゆるも（見られるのも）恥づかしや」、この時、[七]路中に金を拾ふ姿あり。申楽は、[八]遠見を本にして、ゆくやかに（ゆったりと）、たぶたぶとあるべし。しかるを「月に見ゆるも恥づかしや」とて、[九]向かへる人に扇をかざして、月をば少しも目にかけで、かい屈みたる体にあるゆゑに、見苦しきなり。「月に見ゆるも」とて、扇を高く上げて、月[一〇]

一　五七を一句と数える。文意は、句の切れ目ごとに目を使うがよい。

二　一八三頁注一九。次の引用は、キリの地の謡で、「わが跡弔ひてたび給へ。暇申して帰る波の音の」と続く。

三　ワキの僧の方に歩み寄ると、間がもたず、しぐさがだれてしまう。

四　キリの結びの句。

五　謡の文句が示す登場人物の心持と、その文句に添うたしぐさが一致しなければ、の意。「相応」は仏語。

六　世阿作と伝えるが確証はない。老女能で、次の引用はクセマイの前にある地の上歌。

七　二条良基の『愚問賢注』にも、「金を道のほとりにて求め得たるがごとしと、故人申し侍るか（鴨長明の『無名抄』の文言をさす）」とある。労せずに成功する譬。

八　遠くを眺めること。転じて全体像の意味になって、「かかり」に近くなる。

九　ワキに対して扇をあげてわが顔を隠し。

一〇　〔文句のとおり〕対象を月に置き、ワキには軽く目をやるだけで。

一一　縹渺とした情趣を見せて舞い納めると。

を本にし、人をば少し目にかけて、一一おぼおぼとし、為納めたらば、面白き風なるべし。

一二高野の能に、「いつかさて尋ぬる人を」など、軽々、早々と謡ふべし。ことにかやうのところ、遅くては、かかり延ぶべし。

一三丹後物狂、「思ふこと、思ふこと、なくてや見まし与謝の海の」、かやうのところ、音曲（謡）がゆうゆう（ゆったりと）とありて、音曲にて（それに合わせ）風情をするところなり。それを早く言ふによりて、為手の風情もなし（しぐさがしにくい）。いかにも一四かかりたる音曲なるべし。

一五右近の馬場の能、「待つことあれや有明の」、かやうのところ、次第次第に寄すべし（早めて謡うがよい）。一六（しかし）押しかけたるまでは（押しかけになると）、またなし（ゆき過ぎる）。

一七恋重荷の能に、「思ひの煙の立ち別れ」は、静かに、一八渡り拍子のかかりなるべし。この能は、一九色ある桜に柳の乱れたるやうにすべし。

二〇船橋などは、二一せめてふるまうたる松の、風になびきたるやうにすべし。鬼は、二二まことの、冥途の鬼を見る人なければ、ただ面白きが肝

一二「高野物狂」のこと。世阿作という（二二七頁注一八）が、少なくともクセマイは元雅の作曲らしい（『五音』）。男物狂の能。「かうや」を「かやう」と書くことは『談儀』のほか世阿自筆能本にも例がある。次の引用は、後場の地の上歌の文句。

一三 一八七頁注一八。男物狂の能。次の引用は、クセマイの前、クルイの段の地の文句。

一四 拍子にかかる、つまり拍子に乗せてたっぷり謡うべきところである、の意。

一五「右近」の古名。女体の脇能。次の引用は、中入前の地の上歌。

一六「押しかけ」は、特に早いテンポらしい。

一七 昔の「綾の太鼓」を世阿が改作した砕動風の能。老人の執心物。次の引用は、キリの地謡の文句。

一八 太鼓入りで囃す場合の謡の拍子は、大ノリ（二二三頁注二九）が普通であるが、特に平ノリで謡うところをいう。

一九 濃艶な桜を恋慕の情に、乱れる柳を老人の妄執に譬えたか。

二〇「佐野船橋」ともいう。田楽能を世阿が改作した砕動風の能。男の執心物。二二七頁注二〇。

二一〔いかついものではあるが〕少なくとも、枝ぶりの面白い松が風になびいている風情に演じたい。

二二 真実の鬼である冥途の鬼（力動風鬼）は、〔「恋重荷」や「船橋」のような怨霊の鬼（砕動風鬼）とちがって〕見た人はなく、物まねはできないので。

要(えう)なり。現在[一]のこと、いと大事なり。

性根をつかむこと

一、よろづの物まねは心根(こころね)[二]なるべし。まづその心根心根を思ひ分(それぞれの心持を判別した)かちて(上での)の上の風情(ふぜい)・かかりなり。

人(観客)の心も、気を詰めて(息をこらして)見る時もあるべし。ただ、あら面白やと見る時もあるべし。気を詰めて、あは止(と)むるよ、止むるよと満座思ふけしきあらば、そと止むべし。おほかた(一とおりに)、面白しと、ゆうゆうと覚(のんびりと見ている)ゆるけしきあらば、きつと気を持ちて(しっかり気合を入れて)、きつと止むべし。当座の人(観客)の気[三]に違(たが)へて止むれば、面白し。これ、人の心を化かすなり。されば、これ[四]をばことに秘して、見ん人には知らすまじきなり。

また今ほど(近ごろ)、化かすといふこと、「やうやう化けあらはれて(やっと化けの皮がはがれて)」となど言ふ。それは、こなた[五]が、目が利(き)かぬなり。児(ちご)[六]の名残にて、ひ若き時を見分けぬなり。化かすとは、上手の、わろき(悪い手)とは心得なが

一 「冥途の鬼」に対し、右の二曲のような現世の人間の怨霊の鬼が非常にむずかしい。

二 性根、つまり気持の核心をつかむことが根本である、の意。観客の気持、曲の気持にわたっていう。

三 気の入れ方の裏をかいてわざを止めると。

四 裏をかくという秘策のこと。これについては、「秘する花」(九二頁以下)参照。

五 自分の鑑識眼の低さを証明している。

六 「たとえば「ひ若き時」つまり十七・八歳の過渡期の芸の荒れを見て、よくそういう不満をもらす者がいるが、それは」児時分の魅力にまだとらわれていて、現在の変化が理解できないのである。一七頁「十七・八より」参照。

ら、年などの寄りて[七]、世子出家以後、内にての舞をそそと化かすこそ、[八]化かすにてあれ。下手の、化けのあらはるるといふこと、ただ目が利かぬなり。

[九]浮船の能、「この浮船ぞよるべ知られぬ」といふところ、肝要なり。そこをば、[一〇]一日二日にも為果つるやうに、ねぢ詰めて納むべし。

[一一]経盛の能に、この女、思ひ入れてすべきを、皆浅くするなり。人の謡ふまでうつぶき入りて、そのうちより口説き[一二]出だすべし。総じて女の能がかり、うつこみて、時々そそと顔など見上げたるべし。

[一三]隅田川の能に、『内にて』[一四]、子もなくて[一五]、ことさら面白かるべし。この能は、あらはれたる子にてはなし。亡者なり。ことさら[一六]その本意をたよりにてすべし」と世子申されけるに、元雅[一七]は、えすまじき由を申さる。かやうのことは、してみてよきにつくべし。せずは[一八]善悪定めがたし。

[一九]四位少将の能、事多き能なり。犬王は、「えすまじきなり」と申

七 世阿は、六十歳の応永二十九年（一四二二）四月以前に出家している。

八 真実の「化かす」については一〇五頁一〇行参照。

九 一八三頁注一八。女物狂の能。以下の引用は、カケリの後、キリ直前のシテ謡。ここで一段落になる。

一〇 一日・二日がかりで仕上げるほどの気持で、念入りに舞い納めるがよい。

一一 廃曲「経盛（形見送）」。平経盛（ワキ）と北の方（ツレ）のもとに、その子敦盛の形見を熊谷直実の使者（シテ）が届けるという筋で、宮増作という。

一二 クドキにかかるがよい、の意。「クドキ」は愁嘆の情を述べる小段。

一三 元雅作曲の女物狂の能。

一四 最後の問答中のシテのコトバ、「この塚の内にてありげに候よ」をさす。

一五 ここは子方を使わない方が、の意。普通は今のように、塚（作り物）の内に子方（梅若丸の幽霊）を入れて声を聞かせ、後に舞台に出しもしたのであろう。

一六 特にこの根本の作意に基づいて演じるがよい。

一七 十郎。法名善春。世阿の長男で、永享四年（一四三二）八月、伊勢の安濃津（津市）で急死した。

一八 よかれあしかれ、やってみなければわからない。

一九 「通小町」の古名。古作の能を観阿が改作したもので、世阿の手もはいっているらしい。砕動風の能で、男の執心物。

しけるなり。「一むきになりともせば、大和の囃子にてすべき」と申しけるとかや。「月は待つらん、月をば待つらん、われをば」のところ、一建立成就のところなり。

高野の能に、「文こそ君のかたみなれ、あらおぼつかなの御行方やな、呼子鳥」と狂ひ出だして、あまりに久しく狂ひて、〔後〕「誘はれし」と一声になす、（移るのは）わろし。「呼子鳥」といふ心根を、いまだ見物衆に持たせて、その匂ひを少し風情にこめて、「誘はれし」と一声に移るべし。

丹後物狂に、「花のもの言ふは」のほろほの拍子〔を〕、ちやうど踏む、拍子を色どりて踏むなり。「花のもの言ふは」と、言ひ続くる心根にて続くるうちに、いづくよりも知らず（どこで踏んだともなく）、ちやうど踏むを、今ほど（近ごろ）、若者、拍子を本に、言ひ切りて踏むなり。をかしきことなり（変なものである）。四位少将に、「涙の雨か」〔で〕、ちやうど踏む、同じことなり（同じ呼吸である）。早くてもわろく、遅くてもわろし。佐野船橋に、「宵々に」、ちやうど踏む、同じ。

一 どこか一面だけを、単純化して演じるにしても、伴奏は大和猿楽の囃子にかぎる、の意。「大和の囃子」は曲舞がかりの、拍子によく乗った「大和音曲」（二〇三頁注一八）の特色を生かした囃子。
二 後半、百夜通いのノリ地のはじめのシテ謡。
三 役者・囃子方の演技が融合して見事な成功をおさめるべき眼目の箇所である。
四 一八九頁注一二。男物狂の能。以下の引用は、後場、カケリに移る直前のサシ謡。
五 カケリの後の一セイ謡。
六 その印象の消えないうちに、次のしぐさに移るようにして。
七 一八七頁注一八。男物狂の能。以下の引用は、後場、カケリに移る直前のサシ謡。
八 「モロイリ」という足拍子をさす（『人形図』）。「ちやう」は擬音語、その場合「と」は「ど」と濁る。
九 〔ここは〕謡の心持を生かし、拍子にあやをつけて踏むところである。〔つまり〕、の意で下に続く。
一〇 拍子を主にして、杓子定規に「言ふは」の「は」で一旦謡い止めて足拍子を踏む。
一一 立回り（またはカケリ、イロエ）直前のシテ謡。
一二 一八九頁注二〇。引用は、立回り（またはカケリ）直後のシテ謡。

一三 「山姥」のクセの中ごろの文句。

一四 不明。

一五 「はらり」より「ほろり」、「どうど」より「とうど」は柔らかな踏み方を示す。

一六 軍体の応用で、「形は鬼、心は人」といわれた怨霊・憑き物の鬼をいう。

一七 貞和五年（一三四九）六月、四条河原で催された四条橋架設のための勧進田楽。本座・新座の合同で、老若に分けての競演であったが、桟敷が倒壊して大惨事となった。

一八 「新座」は、京都白河にあった「本座」に対し奈良にあった田楽座。「花夜叉」は伝不明。

一九 立合の曲名であるが不明。「立合」は数人による相舞で、能芸に先立って演じられた田楽の演目。

二〇 田楽「石河女郎の能」にも見える文句。二一九頁注三四。『千載集』十四「思ひかねなほ恋路にぞ帰りぬる恨みは末も通らざりけり」を引く。

二一 摂津、榎並座の大夫であろうが、不明。

二二 「翁」で二翁が連れて舞う形は、「翁」の歌章の一つ「十二月往来」に残っている。「そよや」は、翁の舞直前の謡の文句。

いと大事（むずかしい）の拍子なり。「柳はみどり、花はくれなゐ」[一三]の拍子、本は（基本は）「花は」の時、二つ踏むべし。「みどり」（その上）の「り」の時、一つ踏み加ふれば面白きかかりなり（になる）。[一四]これはわうくなり。

鬼の能、ことさら当流に変はれり（観世流では）。拍子も、同じものを、よそに（他流では）は[一五]はらりと踏むを、ほろりと踏み、よそにはどうど踏むを、とうど踏む。[一六]砕動風鬼、これなり。拍子につきて味はふべきことあり。

また[一七]河原の勧進桟敷崩れの時、本座の一忠、[一八]新座の花夜叉、かれこれ（互いに）四人づつ、八人にて[一九]恋の立合をせしに、「[二〇]恨みは末も通らねば」と上げて（謡いあげて）、言ひ納むる（謡い止める）声、詰まりければ、一忠、しはぶきをして、扇のかなめ取り直し（持ち替え）、汗をのごひけるに、花夜叉、「末も通らねば」と、ふと切りに（急にしり切れに）言ひ納めて、笑はれけり。「一忠、花夜叉に恥を与へけり」と当座申しき（観客は評判した）。また[二一]榎並と世子、鹿苑院の御前にて立合せし時、[二二]翁に、「そよや」と言ひて、そと止めけるに、榎並いまだ舞ひければ、笑ひけるなり（笑い物になった）。その時、「観世、榎並に恥を与へんとて、かくのごとくする」と当座申しき。[一]上手の意地、かくのごとし。さらに人をわろしめんがためにあらず。

また橋がかり、かかへて持つて、あは舞ふよ、舞ふよと衆人に見すべし。舞ふべからず。[二]後に手も詰まりてわろし。増阿がするも、[三]さして受けず。

能に、成就せぬ為手あり。泣くといふことに、袖を目に当てて、やがて引く。[四]あるいは片目など、のごふ様なり。

[五]そり返りは、腰と膝とにて返るなり。[六]張りたる弓のそり深きを外すやうなるべし。時の間にちらりと返るべし。返る時、うしろに露ほども身がありては、わろかるべし。高く返りて低く納むべし。

舞ひ止むる時の扇は、ひろげたる端にて、袖の口を受けて、じつと止むるなり。

[七]また舞を見ぬ舞あり。舞を見るとは、わが舞ふ時の指の先などを、目をやるなり。頸筋などをも、ねそますやうに持ちて、肩と頸との

一〔しかしこの評判は不当で〕名人の臨機応変の心構えは、まさしくこういうものである。

二〔橋がかりで舞うと〕舞台に入ってから手詰りになって間がぬける。

三 あまり評判はよくなかった、の意。「増阿」は世阿と同時代の田楽新座の名人。一七七頁七行以下。

四〔それは〕どうかすると片目を拭くように見える、そういうしぐさをする役者のことである。

五 今の「そりかえり」は、右足を左足の膝頭辺にかけ、からだを幾分そらしながら左へクルリと回る。

六 弦を張って深くそり返った弓の、弦をはずす意。はずした瞬間に弓は裏返しになり、そりを戻す。

七 舞う時に手先を注視しない、「舞を見ぬ」という舞い方がある。

間、遠くなすやうにして、手先を上ぐべし。

手を早く開く時は、[八]ねぢつけて納む。手をねぢてやる時は、納むる手を早く納むべし。身を常よりも早く動かさば、ねぢつけて止むべし。身を常よりも遅く、しづしづと動かさば、ちやつと早く止むべし。〈[九]ここの段は、幼くて聞きし間、よくも覚えず。〉

また似せたる能とは、[一〇]せうとする能なり。人の能を似せうとするばかりにてはなし。

舞の長く見ゆるは、面白くもなきゆゑなり。あはれ面白からんずるよと見るところに、面白くもなくて通るゆゑに、長きなり。

内の舞の時、[一一]上下引きつくろふことは、会釈にて、[一二]つつと立たんことのこはく、すげなきを色どる体なるを、これを似するほどに、あまりにて、目につくなり。

八〔逆に〕ねじるように、じっくりと納める。

九「ここの段」は何をさすか不明。「また舞を見ぬ舞あり」以下の部分か。「幼くて聞きし」とあるのは、世阿の六十以前の話が交っているわけである。

一〇 その能になりきらず、物まねの意図の見える能である。

一一〔舞の前に〕上衣と袴を整える、つまり衣文をつくろうしぐさをするのは、一種のあいさつで。

一二 直ぐに立っては情味がなく、ぶあいそうなのを和らげる気持であるが。

一、どつと[一]いふ位、初入門(しよにふもん)にも入るべからず。たとへば京へ上る者、東寺(とうじ)[二]を見て、あつと言ひたるほど（程度）なり。また面白き位[三]は、上なり。ものをことごとくしたる（習得した位）は、為手(して)なり。為手の上に、よくする（うまくできる）は（位）、はや上手なり。上手の上に、面白きところなり（という位がある）。しかれば面白き位、似すべき（まねのできる）ことにあらず。名筆(めいひつ)[四]の草(さう)に書き捨てたるもの、似せ（まねて）ばなるべからず（はうまくゆかない）。真(しん)[五]より劫(こふ)を経て、後、自在なるところなり。

能に、むくやぎ[六]といふは用(ゆう)[七]なり。花だにあらば、むくやぎまでもいるまじき（必要としない）なり。むくやぎなきといふは、まづは（いわば）毛[八]を吹きて疵(きず)を求めたるなり。

一、声(こゑ)の事。時々(ときどき)、やといふ声のあるを（が出るのを）、人、似せて言ふなり。似すべきことならば、や声(ごゑ)にてはあるまじきなり。近ごろ、八幡放生会(やはたはうじやうゑ)[九]の能に、「秋来ぬと、や」と言ひしを、ことに、皆、時の興にも（時宜を得て面白いと）

芸の諸段階

一 観客がどっと嘆声をあげる程度の芸位は、まだ入門までもゆかない素朴な段階である。

二 教王護国寺の通称。京都市南区九条町。いわゆる東寺口に当り、当時西・南より京へ入る者は壮麗な南大門の前から堂舎をうかがい、五重塔を仰いだ。

三 面白き位というのは〔似ているようであるが〕より上位である。〔詳しくいえば〕、の意で下に続く。この「面白き位」と「あつと言ふ」位との関係は、一三六頁一四行以下の場合と逆になる。

四 書の名手が草書で一気に書き流した筆蹟は、の意。「草」は真（楷）・行・草といわれる書体の一つ。行をさらに崩して点画を略したもの。

五 〔これは〕楷書(かいしよ)からはいって年功を積み、やがて自在の域に達したものだからである。

六 ゆとりがあって、柔和な感じをいう。

七 体に対する用。応用、派生物、の意。

八 『韓非子(かんぴし)』「大体」篇の「毛を吹いて小さき疵(きず)を求めず」による。しいてあら探しをすること。

や声など

九 「放生川(ほうじようがわ)」の古名。脇能。一八三頁注二一。次の引用は、後場のロンギの中ほどのシテ謡。

一〇 ヨーヨーと引くか。「やらやら」の誤写ともいう。
一一 〔これは〕そういう声で人を欺こうとする魂胆から出たことである。
一二 五音（宮・商・角・徴・羽）の音階や四声（平声・上声・去声・入声）のアクセントから、律呂に至るまでの諸法則を完全に会得した人である。
一三 この五音は五十音のこと（一五二頁注五）。「五音相通」は五十音の同行の音は通用し合う（あま、あめ等）という音韻説で、歌・連歌の制作にも適用された。しかしここでは音階の五音との混同があるらしい。
一四 実地での会得が必要で、頭で理解できることばかりではないが。

音曲の基本

一五 まず当然しなくてはならない範囲のことは。
一六『音曲声出口伝』では、音曲を祝言・望憶に二分し、これを呂・律、喜ぶ声・悲しき声に当てる。
一七 音曲道の根本を尋ねて会得しなければならない。
一八 正確な性質。自分の声が横・竪・相音（二〇一頁注一〇）のいずれに属するかということをさす。
一九 その後、正しい順序に従って稽古するがよい。
二〇 すなおで端正な姿の曲は、の意。
二一 五音の一つ。つまり幽玄（曲）・恋慕・哀傷・闌曲に対する祝言をさす。この五音は、前記音階の五音や五十音の意味の五音とは別で、音曲の曲位に関する五分類である。

てはやされし。時節によりて（時のはずみで）、覚えず（思わず出た）、やといふ声なり。
[一〇]やうやうといふ声を言ふ者あり。[一一]のせたる心より出づ。能下がらんとて（芸が落ちる前には）、かかる心得出来るなり。近ごろ、この声出で来て、下がりたる者どもあり。

一、音曲の事。音曲とは能の性根（根本）なり。されば肝要（大切なのは）、またこの道（音曲道）なり。音曲の上士（達人）と申さんは、[一二]五音・四声より律呂相応たるべし。[一三]五音相通のことは、[一四]ただ習ひ知るべきことのみならずといへども、[一五]まづあるべき分際は、修学して、[一六]祝言をばいづれの調子・声をもつて言ひ、悲しみをばいづれの声にて言ふと、[一七]道を分けて知らずはあるべからず。稽古の次第（順序）といふは、まづわが声の[一八]正体を分別して（見わける）の上のこと（ことが先決である）なり。さて[一九]正路に基づくべし。[二〇]直ぐなるかかりは[二一]祝言なり。これを地体（土台）として、幽玄のかかり、恋慕のかかり、哀傷・[一]無常音など、そのかかりかかり（それぞれの）、有文・[二]無文の心根尽きて、[三]闌けたる位にも上るべし。[四]一偏に心をやりて、余をきらふべからざること、[五]能の十体にわたることを知るべきがごとし。

ただ音曲は、美しく、[六]吟に叶へるが上果なり。

また[七]曲舞・小歌の差別あることを心得べし。中楽（〔元来〕）は小歌がかりのみにて、曲舞は各別（別種）なり。しかれども観阿、[八]白髭の曲舞を謡ひしより、いづれをも謡ふなり。しかれどもただ[九]上げ下げばかりにてうちなりたる曲舞道の音曲にてはなし。かれを和らげたるなり。されば[一〇]曲舞は曲舞と謡ひ、小歌にも品々の体（謡い方があるのを理解し）あることを分けて、また近江（近江猿楽）・田楽にもちちと（とも少しずつ）変はれることを心得、能をも書き、節をも付くべし。至り至りて（奥義を窮め）、[一一]能・音曲の一心に帰する（が一体化すれば）ところ、万徳の妙花を開く成就なるべし。

一 世の無常を感じさせる音。『五音曲条々』も哀傷について「無常音の曲聞なるべきなり」という。
二 有文音感・無文音感の本旨を窮め尽した時、の意。「有文音感」は普通の意味で美しいあやのある謡。「無文音感」はあやはなくて、何となく美しく感じられる謡。二一六頁一行。
三 闌曲をさす。五音のうちの最高の曲位。
四 五音のどれか一つに傾倒して、それ以外をきらってはならないことはちょうど、の意で下に続く。
五 あらゆる芸態。六二頁注八。
六 謡ってなだらかに聞えるのが最上である。
七 曲舞節と小歌節。前者は拍子を主とする白拍子系統の音曲で、観阿によって猿楽に取り入れられた。後者は民間の歌謡の旋律で、謡の節の根幹になるもの。
八 観阿の作曲で、独立した猿楽の曲舞として書かれた最初の作品。現行「白髭」のクセマイの部分に移されている。
九 音階の上げ下げだけから成り立っている単調な本職の曲舞とは違う。
一〇 クセマイ（クリ・サシ・クセの総称。一八五頁注二一）はクセマイらしく謡い。
一一 あらゆるすぐれた効果を備えた最高の花が開いて、能は完成するであろう。六七頁注一九。
一三 座敷謡のはじめに謡われる祝言謡の意味と、五音の一つである「祝言」の意味を含む。「祝言」が呂の声であることは二六一頁三行参照。

祝言謡など

一、祝言[12]は、呂[13]の声にて謡ひ出だすべし。深き習ひあるべし。まさしく、その座敷にての時[14]の調子はあるものなり。この座敷にてはいかほどなるべきがよかるべきと、考へみべし。まづ心をよくそれになせば、一日二日稽古したるほどに向かふなり。よくよく心をしづめ、調子[15]を音取りて、謡ひ出だすべし。

祝言は直ぐに正しくて、面白き曲はあるべからず。『九位』にとらば、正花風[16]なるべし。喜阿[17]が言ひ出だしけるなり。脇の能、祝言にあるまじき節なり。女がかりには似合ふべきか。音曲の風体[18]・品品、本書[19]あれば、聞書に及ばず。

内にての音曲に、ほつたて[20]は一声なり。定まれることなり。近ごろ、古体[21]とて、あまねくは申されず。「後の巌をか、さざれ石[22]」の一声なり。

上げてやるところをば、延ぶるといひ、言ひ流すところをば、長むるといふなり。待つ[23]と持つと、大半同じかるべし。ゆり[24]は十なり。

一三 十二律のうち断金から上無までの六律が呂（一一八頁注二）。気合をこめた、張りのある強い声という（『音曲声出口伝』）。
一四 時宜に叶った調子。
一五 前奏（笛または尺八による）の調子を聞き取り。
一六 中三位の上。一六六頁。
一七〔面白い祝言は〕喜阿が謡い出したものである、の意。喜阿は田楽新座の名人。一七五頁一二行以下。
一八「音曲の風体」は、『風曲集』によれば有文・無文音感のことであり、「音曲の品々」は、『曲付次第』によれば祝言謡・曲舞等の種別をさしている。
一九 拠り所となる本、の意。この場合、右のような世阿の音曲関係の著作をさす。
二〇「ほつたん（発端）」の誤写か。最初に謡う祝言謡は一セイである、の意。「ほつたん」「一セイ」ともに七六頁注一〇・七七頁注一一参照。
二一 古くさいというので、だいぶんすたれている。
二二 一セイ謡の実例であるが、曲不明。「ほを」は「ほ」の母音「O」を引く表記。
二三 拍子と拍子の間で間を持たせること。『曲付次第』によれば、「待つ」は文字の切れた後、「持つ」は字足らずの場合、拍子に合わせて引く節扱い。
二四 ユリは十度、それを六・四に分けて謡う、の意。「ユリ」は揺り返す意味の符号で、これはクリ（クセマイの序）の終りに来る本ユリをさす。

六・四なり。

甲のものなれども、乙とつくることあり（甲と表示すべきところを特に乙と表示することがある）。声[一]に四重ある時は、三重を乙とつくるなり。早歌[二]にあり（例がある）。なほなほかく[三]のごとくの法様、口伝あるべし。

安全音[四]といふこと、祝言のみとは思ふべからず。闌けたる位[五]に上りて後は、幽玄・恋慕・哀傷、何も自在なるは安全なるべし。このうち恋慕がかり、面白くもまた大事（むずかしい）なり。闌けたるかかりは、またなほ上なり。大勢並み居て謡ふこと（場合）、皆上手なりとも、大勢倶行[六]は悪かるべし。

また都良香[七]の立合、昔よりの立合なり。翁[八]の言葉のやうにて伝はりきたるものなれば、たやすく書き改むべきにあらず。

曲舞の特色

一、曲舞[九]と小歌の変はり目（差違）。曲舞は、立ちて舞ふゆゑに、拍子が

一 たとえば四重の声が用いられる時は、元来甲（高音）である三重を乙（低音）と名づけるのがそれである、の意。「重」はオクターブ。声明や平曲では初重・二重・三重の三段組織で、三重は最も高音である。
二 宴曲の通称。鎌倉時代から室町初期にかけて流行した謡い物で、その節は謡にも取り入れられている。
三 この種の細かなきまりは口伝になっている。
四 『五音』に、「祝言、安全音と名づく」とある。
五 闌曲を窮めて後、幽玄以下の三音のすべてを自在にこなすあぶなげのない境地は「安全」といってよい、の意。『五音』は闌曲について、「[他の]四音に離れて、また四音にわたる曲道あり」といい、別格に扱っている。
六 同音（合唱）で謡うこと。闌曲は当の名人一人に許された曲位で、他人との同音には適さないというのである。
七 田楽の「立合」の曲名であるが不明。一八五頁六行以下参照。平安前期の詩人、文章博士都良香に取材した曲らしい。
八 「翁」の詞章のように神聖視されて。

本なり。曲舞には、横・竪と分けて謡ふと、まづ心得べし。ただ謡は、節を本にす。相音と謡ふとまづ心得て、節をも付くべし。

重衡に、「ここぞ閻浮の奈良坂に」、この「ここぞ閻浮の奈良坂に」の節、曲舞にはあるまじき節なり。小歌節なり。曲舞ならば、送りて、ひん訛らするやうなるべし。西国下りの曲舞に、「蘆の葉分けの月の影、隠れてすめる昆陽の池」、「隠れて」と、句を持つ心根に謡ひしを、南阿、「曲舞節ならば、なほひん訛らかせ」と申されけるほどに、それより今の節なり。弱法師の曲舞、底性根は曲舞なり。

曲舞は、次第にて舞ひ初めて、次第にて止むるなり。二段あるべし。後の段は寄すべし。

甲のもの、「何の何してありければ、かんのことの、いかいかの」と、二つばかり乃至三つばかりも、同じかかりに言ひて、さて「かかんのことの」と繰るなり。ただ甲のもの一つにて、やがて繰るは

九 曲舞節・小歌節のことで、一九八頁注七参照。
一〇 太く強く男性的な声。その逆が「竪」。両者を融合した声が相音。
一一 普通の謡の意で、小歌節のこと。
一二 廃曲「笠卒都婆」の古名。軍体能で、後シテが平重衡の霊。次の引用は、クセの終りの文句。
一三 「送る」は字数と拍子の関係からくる節扱いで、次の「持つ」の反対らしいが不明。
一四 「ひん」は強め。文字のアクセントを変えること。
一五 琳阿（玉林）作詞・観阿作曲。次の引用は、クセの中ほどの文句。
一六 海老名南阿弥。一七五頁注一八。
一七 元雅作曲。クセマイの部分は世阿作曲。
一八 音曲の基調は本来の曲舞風である。
一九 謡の小段にも残る名称。次第に始まり次第で終る形式のクセマイは、現行曲では杜若・百万・東岸居士・歌占・山姥など。
二〇 今いう二段グセ。クセの中にアゲハ（上音のシテ謡）が二箇所あるもので、「東岸居士」を除く右の諸曲や「柏崎」などに見られる。
二一 二つのアゲハに挿まれた部分。
二二 最初のアゲハに続く部分を一般的に言いあらわした記載法。
二三 二句。だいたい七五を一句と数える。
二四 上音よりもさらに一・二音階、張り上げて謡うこと。クリ節。

わろきなり。

[一]後の段の末、甲(かふ)のものにならんとて前にある、上(のぼ)り節(ぶし)なり。「[二]疾(と)く疾(と)くと誘はれて、身を浮草(うきくさ)の根を絶えて」なんどいふところなり。「[三]ありがたくも、この寺に現じ給へり」、「[四]ある時は、焦熱(せうねつ)大焦熱の、焔(ほのほ)にむせび、ある時は」などいふところなり。〔曲舞道の〕真実の上り節にてはあるまじ。さりながら次第次第に上れば、上り節なり。これ皆、[五]曲(くせ)舞(まひ)を和らげたるなり。

[六]西国下(さいこくくだ)りの曲舞を、〔本職の曲舞が〕道の者、取りて舞ひしなり。その時は、「隠れてすめる」と送りけるなり。西国下り、面白き曲舞なり。「[七]梟(ふくろふ)松桂(しょうけい)の枝に鳴き」など、面白きところなり。

観阿、節の上手なり。[八]乙鶴(おとづる)がかりなり。南阿弥陀仏(なあみだぶつ)、節の上手なり。[九]喜阿は、曲舞は舞はざりしなり〔扱わなかった〕。小歌がかりのみなり。

[一〇]東国下(とうごくくだ)りの曲舞、「[一一]蓬莱宮(ほうらいきゅう)は名のみして、刑戮(けいりく)に近き」、この段、名誉のところなり〔評判の節である〕。「[一二]南無(なむ)や三島の明神(みやうじん)」より、〔以下も〕面白きところなり。

一 後の段の末、やがて上音の謡（第二のアゲハ）に移ろうとして、その前に置かれているのが、上り節である。

二 「由良湊(ゆらのみなと)の曲舞(くせまい)」の第二のアゲハの前にある句で、現行の曲舞「由良物狂」に残る。

三 「百万」のクセの、第二のアゲハの直前の句。

四 「地獄の曲舞」の、第二のアゲハの前にある句で、「歌占(うたうら)」のクセに残る。

五 本職の曲舞を猿楽の小歌がかりに整えたものである。

六 前頁注一五参照。引用の文句も前出。

七 第二のアゲハの冒頭の文句。

八 乙鶴風の曲舞節である、の意。「乙鶴」は百万という奈良の女曲舞の流れをくむ芸人（『五音』）。

九 田楽新座の名手。二六二頁三行にも同様の文言が見える。

一〇 旧名「海道下り」。琳阿(りんあ)作詞・南阿弥作曲。

一一 第二のアゲハの冒頭の句。

一二 「東国下り」の終り近くの文句。

節は南阿弥陀仏付く。西国下りは、観阿、節を付く。皆、作者は玉〔一三〕林なり。鹿苑院〔一四〕の御意に違して、東国に下りて、ほど経て、この曲舞を書きて、〔それを〕世子、藤若〔一五〕と申しける時、謡はせられけるに、将軍家、作者を御尋ねありて、召し出だされけるなり。西国下りは、後、書かれけるなり。由良湊の曲舞・山姥〔一六〕・百万、これらは皆、名誉の曲舞どもなり。

節のかかり

一、ただ〔一七〕、かかりなり。昔の大和音曲〔一八〕は、さしてかかりなければ、文字訛り〔一九〕よく聞ゆ。かかりだによければ、訛りは隠るるなり。「か〔二〇〕やうにあだなる夢の世に、われらもつひに残らじ。何一時をくねるらん」、いづれも訛りたれども、かかりありて、訛り隠るるなり。南阿弥仏、〔が〕日本一の音曲と言はれし謡なり。喜阿が節なり。道〔二一〕阿、「やらやら〔二二〕はかなや、などさらば、釈尊の出世には、生ぜ

一三 琳の字を二つに分けたもので、琳阿のこと。当時著名な花の下（民間）の連歌師。
一四 義満公の御不興をこうむり。
一五 世阿の童名。十三歳の時、前関白二条良基から賜った名。解説二六八頁参照。
一六 鬼女能。作詞・作曲者とも不明。
一七 音曲の命はかかりの美しさにある、の意。「かかり」は、箇々の言葉・節ではなく、それらの流れの上に認められる、全体としての表現の姿であるが、ここではむしろその姿のもつ効果、美しさをさす。
一八 田楽や近江猿楽の謡に対して、大和猿楽のそれをいう。「昔」とは観阿以前をさす。
一九 単語のアクセントの誤り。二〇五頁三行以下。
二〇 喜阿作曲「女郎花」（『五音』）の一節か。
二一 犬王。近江猿楽日吉座の名人。一七五頁注一四。
二二 曲不明。「やらやら」は感嘆詞。

ざるらん（かったのか）。つたなきわれらが、果報かなや」。[一]これを、いづれもきたなき（全体に訛りの多い謡であるが）音曲なれども、かかり面白くあれば、[二]道誉も、日本一と褒められしなり。道阿謡とつけしものなり（名づけられた節）。

闌けたるかかりのあるは（闌曲は）、音曲、[三]たけありて聞ゆるなり。[四]「老人答へ申すやう、われは手名椎・足名椎、女を稲田姫といふ者にて候なり」、「父の老翁手名椎は、源太夫の神とあらはれ、東海道の旅人を、守らんと誓ひ給へり」、〔これを〕ちとも怖ぢず、くわつくわつ（勢い激しく）と言ひたる、たけありて覚ゆとなり。

「何の何」と繰つて（クリ節で謡い）、ほろりと落す（下げる）、南阿弥陀仏の節なり。[五]「河竹の流れの女となる、前の世の報いまで、思ひやるこそ悲しけれ」、[六]平家節なり。[七]「念彼観音力、刀刃段々」のところ、節も言葉も拍子も[八]相応たり。音曲は[九]恋慕がかり、[一〇]花香あるなり。

節といふは、竹などにもあるやうに、まづ（普通）わろきことをもいふ。かかりが本なり。[一一]づんど切つて引き、延べうとて詰むる、皆かかり

一 「褒められし」にかかる。
二 佐々木京極高氏。一七五頁注一七。
三 『五音曲条々』では闌曲を歌の十体中の鬼拉体に当て、「強き位」ともいう。自在にふるまって、しかもあぶなげのない極位の芸のもつ一種の強さをいう。なお「たけ」については四七頁注一二参照。
四 『五音』で闌曲として例示されている喜阿作曲「熱田」のクセの冒頭の文句（現行曲「源太夫」も同じ）。「父の老翁」以下の文句は、その終りの文句。
五 観阿作曲「江口」のクセマイのうち、サシの終りの文句。
六 平曲、つまり平家琵琶の節。
七 「六代の謡」のクセのアゲハの前にある文句。現行の曲舞「初瀬六代」も同じ。
八 この三者が緊密に結ばれている。
九 五音のうちの「恋慕」のかかり。「柔和なるうちに、節訛りを埋みて、あはれにすごき音聞のひびき、これ恋慕の姿かかりなるべし」（『五音曲条々』）。
一〇 艶麗な情趣が漂っている。
一一 ぷっつり謡い切った後で引き、延べる前に詰めて謡うなどのことは、いずれも言葉つづきの問題で、その効果を出すためである。

なり。さてかかりは何ぞと、立ち返りてみれば、熊[一二]・虎・豹のごときのことなり。

一、文字[一三]訛り・節訛り。「何の」といふてにはの字の訛りたるが、節訛りなり。文字の訛りたる、文字訛り。文字も、てにはの字も同じことなれども〔類似しているが〕、心得分くべし。

「松[一四]には風の音羽山」、この「松には風」の節、訛りたる由申せど、「秋[一五]の野風に誘はれて」、この「野風」、同[一六]じやうなり。よき節訛りは面白し。させる感なきに〔たいした効果もないのに〕、節訛りを置くべからず。歌にも、病[一七]に犯されぬ歌は苦しからずともいへり。

「小[一八]野の小町は」の「は」、こはき〔耳ざわりな〕文字なり。言ひ捨つ〔軽く謡う〕べし。

「人[一九]の宿をば貸さばこそ」、言[二〇]ひかけて落す、わろし。さやうのこ〔謡い方〕ともあれども、ここにてはわろし。「貸さば」の「ば」より下ぐべ

一二 たとえば大射（諸侯が祭祀の時行う射礼）に用いる的は、虎・豹・熊の順に言うのが正しいが、時に順序を変えて熊・虎・豹と言うようなもので、言葉つづきのよさに従ったものである、の意。一五四頁注八。

文字と節の訛り

一三「文字」は「てにはの字」に対して、漢字で書かれることの多い自立語をさす。一五三頁参照。

一四「由良湊の曲舞」の、はじめのアゲハの後にくる文句。以下二行は二六二頁に重出。「申せど」は喜阿が言ったこと。

一五 曲不明であるが、喜阿作曲のものらしい。

一六「秋の野風」と続く「てには」の訛りをさすか。

一七 歌病が問題にならないほどの秀歌なら、歌病もゆるされる、の意。歌論書『毎月抄』に、「天性病に犯されぬほどの歌になりぬれば、いづれの病もいたづらごとにて候べし」とある。「病」は修辞上の禁止事項。

一八 廃曲「実方」のクセのアゲハの前にある文句をさすか。

一九 曲不明。

二〇「そ」の母音「O」だけを下げて謡うことか。

し。

一 夏の祝言に、「受け継ぐ国」、「継ぐ」と二あたる、わろし。直ぐに（高低なしに）言ふべし。

三「三笠の森」の「の」文字、直ぐなるべし。「一念弥陀仏」の「念」、直ぐに言へばこはし（曲がない）。かやうの時は、「ねん」と、拍子やう（に乗った）のかかりなるべし。四これは節なり。

五「とりわき神風や、はじめたてまつり」、「たて」とあたる、わろし。直ぐに言ふべし。六「恵み久し」、「久」と訛ればわろし。七「春ごとに君をいはひて」、八「はひて」と張るべからず。九「ゆふべの風に誘はれ」、「ゆふべ」の「べ」を下ぐべし。一〇「老翁いまだ」、「いまだ」を直ぐに言ふべし。一一「げにや皆人は、六塵の境に迷ひ」、「皆人は六塵」と、急に「わ」を言ひ捨てて、直ぐに移るべし。「六塵」、下より言ふ（下音から謡うのは）、わろきなり。一二「光源氏と名をよばる」、この「と」文字、一三律にて一四つぐべし。一五同じ声にてはつぐべからず。南阿弥陀仏、面白しと言はれし

一「四季祝言」の謡のうち。引用はサシの句。

二 今の「アタル」か。つまり突き当るような謡い方。その字の前で少し上げ、直後で必ず下げる。

三 廃曲「笠卒都婆（重衡）」のクセの終りの句。前出（二〇一頁三行）の文句に続く。「一念弥陀仏」も同じクセのアゲハの冒頭。

四「念」は文字であるが、ここは特に微妙な節の関係で訛るので節訛りといってよい、の意。

五 曲不明。

六 廃曲「鵜羽」のロンギの前の地の上歌。

七『五音』に見える「雪山」の上歌。

八 上音に張り上げて謡うこと。

九「江口」のクセのはじめ。

一〇「白髭の曲舞」の終り方。現行曲「白髭」のクセに残る。

一一「江口」のクセの終り方。

一二「須磨源氏」のクセの中ほどの文句。観世流本文では前場の地の上歌。

一三「律」は竪に当り、細く澄み上る女性的な声（二〇一頁注一〇）。

一四 謡い継ぐ意か。「突く」（突き上げるように謡う）とする説もある。

一五「と」の前までは呂で謡ったわけである。

節なり。「款冬(くわんどう)あやまつて」[一六]、訛(なま)らかすことあるまじ。喜阿、音曲(おんぎよく)の上手にて、時々(ときどき)申す。まねをばすべからず。「公光(きんみつ)と申す者なり」[一七]、「者なり」と言ひ放つ[一八]べし。

一、拍子(ひやうし)の詰めひらきは、たとへば（建物でいえば）一間(けん)・二間・三間と、その間(ま)[一九]その間、定まれるがごとし。そのうちに、文字の足らぬをば延べ、文字の余るをば寄する（詰める）なり。なほなほ（このほか）深き口伝(くでん)あるべし。

「旅人(たびびと)[二〇]の、道さまたげに摘むものは、生田(いくた)の小野(をの)の若菜なり。よしなや、何を問ひ給ふ」、「よしなや何を、問ひ給ふ」と続くるがわろきなり。「よしなや」と言ひ切りて、「何を」と言ふべし。「よしなや」をば寄すべし。

「げに[二一]心なき海士(あま)なれども、所からとて面白(おもしろ)さよ」、「面(おも)」を持ちて（延ばし）、「白(しろ)」を拾ふ（詰める）べし。「時知らぬ[二二]山と詠みしも」、かやうの「山」とい

一六 「雲雀山(ひばりやま)」のクセマイのサシの冒頭。

一七 世阿自筆本「雲林院(うんりんいん)」（現行曲とは後場(ごば)が著しく異なる）の、ワキの名告(なのり)の句。

一八 訛(なま)らずに、はっきりと謡うがよい。二六二頁にも重出する。

拍子の詰めひらき

一九 「間」は柱と柱の間隔。拍子のきまりは、いわゆる地拍子(じびようし)で、八拍子(はち)に七五（一句）の十二字を当てる「平(ひら)ノリ」が基本となる。それで文字が足らねば節を延ばし（開き）、字余りならば詰めて謡う。

二〇 「求塚(もとめづか)」の前場の地の下歌(さげうた)。観阿が作曲した女体の執心物。

二一 「富士山」の前場のシテのサシ謡。後出の「富士の能」はその別名で、世阿が作曲した脇能。

二二 「富士山」のクリの前にある地の上歌(あげうた)。

ふところ、寄するなり。〔この心得は〕いづれにもわたるべし。かやうのところにて、音曲延ぶるなり。〈富士の能なり。〉

「恐ろしや」といふところ、りやうをかけて、ちうに言ふところを、今ほど長むる、わろし。これよりかかりを体にして、ひつたと音曲にかかるべし。「ともの物狂ひと」、ここは節にかかるまじ（こだわるまい）。「言はれさせ」、「させ」と急に切るべし。

「人間ふれひの花盛り、無常のあらし音添ひ」の、「無常の」と移るところ、ゆうゆうとしても（ゆったりした気分で）延ぶべし。〔その場合〕りやうかん大事なり。「無常の」、「じ」を盗みて、「じやうの」といふ文字の先を切るべし。

「寂寞たる深谷」、張るべし（上音で謡う）。八幡に、「七日七夜」のところ、「百王万歳」のところ、寄せられしなり（詰めて謡われた）。

言ひ下すてにはの字を、下の句の文字頭に置くこともあり。「かの昭君の黛は、緑の色に匂ひしも、春やくるらん糸柳の」、「の」文字、「柳」にて切りて、「の思ひ乱るる」と言ふべし。

一 「花筐」のクルイの冒頭の地の文句。世阿作曲の女物狂の能。

二 〔律から〕呂に移る中間の、中曲で急に謡うべきところを、近ごろのようにそのまま長く引くのはよくない、の意。「りやう」は呂。「ちう」は中曲。禅竹の『五音三曲集』には「中曲は細かにちぢみ曲がれる急曲」という。

三 節よりも節の流れを主とし、ぴったりと拍子に合わせて謡うがよい。

四 「花筐」の前記地謡の終りの句。次の「言はれさせ給ふな」のくり返しで結ぶ。

五 「隅田川」の、シテのクドキの後にくる地の上歌。元雅作曲の女物狂の能。「ふれひ」は「うれひ」の誤写か。

六 呂甲。甲は律に同じ。呂律の移りぐあい、の意。

七 「じ」を発音せず、そのため「じやうの」の頭の一字を切った風に謡うがよい。

八 「松崎」のサシ謡。元雅作曲。

九 「弓八幡」の古名。世阿作の脇能。引用はクセ。

一〇 廃曲「伏見」のクセの終り。世阿作曲の脇能。

一一 句の最初にくる文字。文意は、前句の末の助詞を次の句のはじめに付けて謡うこともある。

一二 「王昭君（昭君）」の最初の上歌。金春作曲と伝える鬼能。

一三 榎並の左衛門五郎の作を世阿が改作した鬼能。次の引用は、後場の一セイの末句。今はくり返さない。

[一三]鵜飼の能に、「真如の月や出でぬらん、真如の月や出でぬらん」、[一四]今の御所、馬場の能の時、[一五]下に早く言ひて、真中のつぼに入らざりしなり（演技がぴたりときまらなかった）。「月や」から、きつきつと（きびきびと）拍子にて持つて（乗せて謡い）、「出でぬらん」と言ひて、行く足を宙に持つて（出した足を宙に止めて）、[一六]とうど踏むところなり。かやうのところ、[一七]下の拍子なり。その能、[一八]入れ組みの座並にてせしゆゑなり。[一九]拍子大切のこと、大物の時見ゆ。えいといふ拍子にて、衆人の心、一力にて押してゆく。これ、拍子の大切なり。

謡い方の心得

一、[二〇]「心根を知るとは、[二一]出息・入息を地体として、声を助け、曲を色どりて、不増不減の曲道息地に安位するところなり」と、『[二二]風曲集』にもあり。

[二三]飯尾の善右衛門とて、[二四]けんの弟子にて、[二五]早歌うたひにてありしが、上手なりしかども、[二六]弟子選びの中へは、入らず。いかなる変はり目（どこで差がついたのかと）

一四　永享元年（一四二九）五月三日、将軍義教が室町御所の笠懸馬場で催した演能をさすか。
一五　下座（二三六頁注一）が早く謡いすぎて。
一六　「とうど」と読めば砕動風、「どうど」なら力動風をあらわす（一九三頁五行以下）。なお「鵜飼」の砕動・力動については二四五頁注二七参照。
一七　下座が担当すべき拍子どころである。
一八　混成の一座で演じたための失敗である、の意。右の永享元年の能は、元雅・音阿弥両観世座混成の一座と宝生大夫・十二五郎両座のそれとの競演であった。
一九　拍子の大きな効果は、大物をひっぱる時にあらわれる、の意。「大物」は巨材・巨石で、これを大勢で引く時には音頭をとる者がいた。
二〇　音曲の骨髄を会得するとは。
二一　まず息の扱いを基本として、声を出しやすくし、次にかかりの美しさを心がける、つまり「音曲は息扱いを地体とする」という不変の真理の上に立って迷ってはいけない、の意。「不増不減」は仏語で、諸法は不変・無尽であること。
二二　世阿の音曲関係の著作。成立年時は不明。
二三　「いのを」ともよむ。細川満元（二一七頁注一七）の配下に同名の武士がいるが未詳。応永十五年（一四〇八）ごろの早歌の名手飯尾善左衛門とは別人らしい。
二四　『大塔物語』に見える名手諏訪顕阿か。
二五　早歌の謡い手。「早歌」は二〇〇頁注二。
二六　弟子中から後継者などを選抜したことか。

やらんと尋ねければ、同じ弟子の物語とて、世子語られしは、「津[一]の国の」と言ひ納むるやうのところの曲なり。「津の」の「の」と、「国の」の[二]との間に、息を引くやうに言ふ。引くやうに聞えばわろかるべし。聞え[三]ぬうちを上手は聞くなり。「国の」、「に」と「の」との間にも息を引く。これにて心得べし。かやうのところ至らで（不十分で）、選びに漏る。

ただ一切、序破急を知るべし。文字一字に序破急あるべし。人のもの言ふ返事、「を」[四]とやがて言ふは（〔に〕すぐ応答しては）、序破急なし。声出ださぬ前、序なり。はや「よ」[五]といふところ、破なり。言ひ果つるところ、急なり。序破急なくは、とどくべからず（声は徹底しない）。

横[六]の声を竪に謡ふことは、せめてやすくやあらん（やればできもしよう）。竪の声を横に謡ふべきこと、いかがと尋ねければ、竪の声を横の声がかりに謡ひなすことは、調子を低々[七]として謡ふべし。横・竪の二つの変はり目も、わ[八]が声の変はる時を心得て、言ひわたす（〔自然に〕移行させるがよい）べし。たとへば鎌倉声[九]

一 『宴曲集』三の「袖余波」に見える句。

二 この「の」は不用で、誤写か。

三 聞えぬ程度の息扱いを上手は聞き分ける。

四 女の返事の声。「人を召すいらへ（返事）には、男は『よ』といらへ、女は『お』といらへ申すなり」（『三議一統大双紙』）、「親衆の返事は『を』、傍輩には『や』、召使には『ゑい』と答へ候」（『めのとの草子』）などとある。

五 「を」と発声する前に軽く口中で発する準備音か。

六 横・竪は二〇一頁注一〇。横は呂、竪は律にあたる。

七 ごく低めに謡うがよい、の意。呂は自然に調子が下がりがちという性質を利用するのである。

八 〔節付けばかりにたよらず〕自分の声が息扱いの加減で自然に横・竪と変る、その時を承知して。

九 関東弁が場合によっては、訛りのない発音になる時があるようなものである、の意。「鎌倉声」は坂東声に同じ。

の、ことによつて正直になる時のあるがごとし。

音曲をば、呂[10]・律、呂・律(交互に)と謡ふべし。「会ひ見ばやと思ひて、果てしところを尋ぬれども、泡沫の」[11]、「うたかた」をば律にて言ひ出だすべし。かやうのところを、同じ呂の声出しならば、わろかるべし。

また美しく謡ふばかりにて、止めにきつとなきなり(のきっぱりしないのがある)。きつと機[12]にて止むれば、急[13]ありてよし。しからずは破・破にて止まるなり。拍子[14]を越し、たぶたぶと言ふを、人、面白しとばかり思ひて言ふ(まねる)ほどに(ので)、拍子延びてゆくなり。水鳥[15]のやうに、下をばかせぎて、拍子を持つて、上を美しく言ふを、至らずして似するなり。「とかや」と、「と」を引いて言ふを、羨ましがりて、「とうかや」[16]など引きずるなり。

経盛[17]の能に、物語[18]、弁慶[19]などのいふことには変はるべし。(つまり)泣き泣き、女(北の方が)問ふことなれば、ほろりと(情をこめて謡い)言ひて、さるから[20]けなげにあるべ

一〇 一一八頁注二。

一一 「丹後物狂」(一八七・一八九・一九二頁)のクセの文句。

一二 臍下丹田に力を入れて止める。「機」は一一七頁注三。

一三 そこが急になって面白い。そうでないと〔急がなくて〕破のくり返しで終る。

一四 いちいち拍子に当てずに、拍子の間合いよりも少し延ばして、たっぷりした感じに謡うのを。

一五 〔上手は〕水鳥が水面下では足をいそがしく動かしているように、胸の中では細かに拍子に合わせ、表面は「拍子を越して」たっぷりと美しく謡うのを。

一六 はっきり一字分「う」と引っぱったりする。

一七 廃曲「経盛」。軍体能。一九一頁注一一。

一八 熊谷の使者(シテ)が経盛夫婦に敦盛の最後を語るところをいう。

一九 〔例えば「摂待」のワキの〕弁慶が語るのとは、気分が違わなければならない。

二〇 それでいて〔合戦談であるから〕勇壮に語らなければならない点に留意して。

きところに眼（まなこ）を着けて、言ふべし。

一 布留（ふる）の能に、「布留野に立てる、三輪（みわ）の神杉（かみすぎ）と詠みしも、そのしるし」と言ふところ、「布留野に立てる、三輪の神」まで大事に言ひて（落着いて謡い）、「そのしるし見えて」と、やすやす軽々（かるがる）と謡ふべし。

二 班女（はんぢょ）に、「せめて閨（ねや）漏る月だにも、しばし枕に残らずして、また独寝（ひとりね）となりぬるぞや」、三 大事の底性根（そこしやうね）あり。「なりぬるぞや」、面白きかかりなり。何も同じことなれども、この曲舞（くせまひ）、いづくも底性根、（どれもクセマイはむずかしいが）ゆるかせなるべからず。（〔があり〕気がぬけない）四「そなたの空よと」の「よ」をば、五 幼く、ちやつとつぐべし。六「わが待つ人よりのおとづれ」の「お」文字、七 盗むべし。「よしや思へば」、「八 も」（〔の〕）を持つべし。九「班女が閨」と移るところ、深くても浅くても（念を入れすぎても）わろかるべし。

一〇 右近（うこん）の馬場（ばば）の能に、「花ぐるま」、「ま」（〔は〕）にて長むる（で引くのであるが）、「ま」、大事の字なり。

一一 松風（まつかぜ）に、「海士（あま）の家、里ばなれなる通ひ路（ぢ）」、「海士の家」を重く、

一 廃曲。女体の脇能。以下の引用は、前場の地（じ）の上歌（あげうた）の文句。

二 世阿作曲の女物狂の能。以下の引用は、クセマイのサシの終りの文句。

三 ここの謡には深い意図がこめられていて、簡単に会得することのできない点がある。

四 クセの中ほどの文句。

五 巧まずに、すぐに（声を）継ぐがよい。「突く」（突き上げるように謡う）とする説もある。

六 右の文句の後、アゲハ直前の文句。

七 発音しないでよい、の意。「の」の母音「O」が響いているからである。

八 延びめに謡って、そこに拍子を当てることとか。

九 クセの終りの文句。

一〇「右近」の古名。女体の脇能。次の引用は、シテ登場の際のサシ謡。

一一 世阿作の女体能。次の引用は、シテ・ツレ登場後のサシ謡。

「通ひ路の」を軽く言ふべし。

[一二]重衡の能に、「鬼ぞ撞くなる、恐ろしや」に、「撞くなる」と突い[一三]て言はば、「恐ろ」の「ろ」を納めて(下げて)言ふべし。「撞くなる」と直ぐに言はば、「おそ」の「そ」に心を入れて、突きて言ふべし。

[一四]錦木のはじめの謡、「くやしき頼み」の「き」、あたらぬなり(突くのではない)。直ぐに言ふべし。いたはりて(注意して謡う)言ふところを似する(形だけまねるので)ほどに、延ぶるなり。

[一五]土車の曲舞、[一六]こはき文字一つあり。念籠すべし。

[一七]六代に、「何をか種と思ひ子の」、ここには[一八]声枕を置くべし。今ほど(近ごろ)、心拍子といへり(よんでいる)。「おも」の下に声枕を一つ置きて、「思ひ子」の「い」を二つ突くべし。ここは、心をしづめて、露ほども心の塵(雑念をば)あらば(さむと)、わろかるべし。

[一九]「天、花に酔へりや」、「り」と切りて、「や」と謡ふべし。[二〇]「しるしの松なれや、ありがたの(口伝)」、名のある(評判の)文字移り[二一]なり。[二二]「風波の難を助けしは」、ここは横・竪・横とゆく(交互に謡う)ところなり。[二三]「いかなれば

一二 廃曲「笠卒都婆」の古名。軍体能。二〇一・二〇六頁。次の引用は、前場、掛合の後の地の上歌。

一三 「突く」は後の「あたる」と類似し、「直ぐ」や「納める」と対照的な謡い方らしい。突き上げるような謡い方か。

一四 世阿作曲。男体の遊楽・執心の能。次の引用は、シテ登場後の地の上歌。

一五 世阿作の男物狂の能。そのクセマイは「柏崎」(世阿改作)に移されたという(二二七頁注三〇)が、それをさすか。または現行曲「土車」のクセマイか。

一六 耳ざわりな文字が一つある。よくよく工夫して会得するがよい、の意。「念籠」は禅家の慣用する「拈弄」から出た語らしい。一一七頁注九。

一七 世阿作曲の謡物。今の曲舞「初瀬六代」のこと。

一八 次の文字を謡う前に置かれる間。

一九 廃曲「鼓滝」、今は同名の曲舞のクセの文句。

二〇 廃曲「箱崎」のロンギの末の句。世阿作の脇能。

二一 前句の末尾の字から、後句の頭の字への続きぐあい。ここは「や」から「あ」への接続をさす。

二二 「西国下り」(二〇一頁注一五)の前半のクセの終りの文句。

二三 廃曲「鵜羽」のロンギの前の地謡。次の「あしがりや」は、その後にくる文句。「鵜羽」は、世阿作の脇能。

陸奥(みちのく)には」の「は」、引きずる、きたなし。この「は」をば、息に〔息扱いで〕て引くなり。「あしがりや」、同事(どうじ)なり。高野(かやう)[一]の古き謡に、「春秋(はるあき)を、待つにかひなき別れかな」、この「はる」の「る」を入る[二]べし。「何(なに)[三]とか出でん円月(ゑんげつ)の、光の影惜しめ」、かやうのところ、曲(きよく)[四]なり。[五]ちうに言ふべし。この一謡(ひとうたひ)、かかりて〔拍子に合わせ〕、軽く謡ふべし。「きづなも」[六]などをも、幼な幼なと繰るべし〔巧まずにクリ節で謡うがよい〕。

松風に、「月[七]は一つ、影は二つ、みつ汐(しほ)の」、「みつ」と移るところに、声枕(こわまくら)[八]をちと持つべし〔少し置くがよい〕。声枕とあらはれたるは〔はっきりわかるのは〕わろし。心根(こころね)[九]に持つべし。

[一〇]桜川(さくらがは)に、「曇るといふらん」、これは、かいなめらかす〔なめらかに謡う〕ところなり。[一一]「もとの古根(ふるね)や残るらん」など、「平沙(へいさ)[一二]の落雁(らくがん)」、かやうのところ、同じ。舌の根にて申すところなり、と喜阿申しけるなり。

[一三]文字にて送る、きたなきことなり。機〔息扱いで〕にて送るなり。ことによるべし〔一概にはいえない〕。

一 「かやう」は「かうや」に同じ(一八九頁注一二)で、廃曲「高野巻(こうやのまき)」をさす。引用はサシの後の、下歌(さげうた)の末の句。現存写本では、末句「心かな」。

二 今の「イリ」か。気を強め、突き入れるように張り上げる節。

三 廃曲「経盛」(一九一頁注一一)のカタリの前にある上歌(あげうた)。

四 節よりもかかりを主として、微妙な味わいを見せるべき所。

五 中曲か。二〇八頁注二。

六 「経盛」の右の文句のすぐ前にある句。

七 「松風」のロンギの文句。

八 前頁注一八。間(ま)のこと。

九 謡い手の胸の中に置くがよい、の意。したがって「心拍子」(前頁九行参照)といわれたのである。

一〇 世阿作曲の女物狂の能。引用はクセの初め。

一一 喜阿作曲「竹取り歌」(『五音(ごおん)』)の文句。

一二 廃曲「近江八景(おうみはっけい)」のクセやロンギに見える句。

一三 文字を声に出して送る。「送る」は不明。

一四 藤寿という者が、の意。藤寿は永享八年(一四三六)、七十余歳でなお活躍していた連歌師(れんがし)で、尺八その他諸芸に通じていた。

一五 ここは白拍子(二一六頁注五)が謡う今様(いまよう)などの謡(うたい)物(もの)のこと。

また人の前にて、道の者、参会して音曲する、大事なり。

人の家にて、藤寿[一四]といふ、白拍子[一五]謡ひし時、長々と言ひ納むる匂[一六]ひより、「千代木[一七]の風も静かにて」と謡ひ出だしけるを、皆々褒美[一八]せられしなり。あなた[一九]を序になして、小謡[二〇]など言ひ納めたらば、は[二一]たと上げて謡ひなどし、かく違へて、その[二二]匂ひを心にかくべし。あなたの言ひ納めの字の韻を、よくよく心得べし。

ある貴所[二三]にて酒盛の時、世[二四]とあるに、幾度も言葉の下より謡ひ出だしけるに、「心隙[二五]なく謡を用意し持ちたる、かくてこそ動転あるまじけれ」とて、褒美せられしなり。

祇園[二六]の会の時、もし御所[二七]の御前にや参るべき、内々用意の時、喜阿きたりて談合せられしは、異役人[二八]もなからんには、祝言一謡[二九]過ぎて、さし事[三〇]の序より謡ふべし。曲舞[三一]ある上に余の中楽あらんには、祝言一謡過ぎて、やがて「人皇五十代[三二]」と、曲舞より謡ふべしと談ぜられしなり。

一六 声の響きが残っているうちに。
一七 世阿作曲の「足引山」（『五音』）の下歌の文句。「千代木」は松の異名。
一八 「足引山」では、右の文句の前に「足引の山下水も絶えず」以下のサシ謡があるが、それを臨機応変に省略した機転を賞賛したのであろう。
一九 〔こういう場合〕前の人の謡を序に見立てて。
二〇 一曲の一部を抜き出して謡うもの。上歌・クセ・キリなどの一節が多い。
二一 自分は謡い出しを上音で始め。
二二 前の謡の余韻を生かすように留意せよ。
二三 貴人、またはその邸宅。
二四 世（世阿の卑称）よ、謡えとお声がかかると。
二五 油断なくいつも謡を用意しているな。それでこそうろたえることもないわけだ。
二六 陰暦六月十四日の京都八坂神社の祭礼。その際車が出、車の上で本職の女曲舞が舞った。
二七 将軍義満をさす。桟敷で見物したのである。
二八 猿楽の役者が他に召されていなければ。
二九 はじめに必ず短い祝言謡が謡われるのが慣例。
三〇 「さし事」は今いうサシ。ここは能のクセマイのサシで、「序」はその前にあるクリをいう。
三一 本職の曲舞に加えて他の猿楽役者もいれば。
三二 廃曲「伏見」のクセの冒頭の文句。つまりクリ・サシを省略して、すぐクセから謡うわけで、この「曲舞」は今のクセをさす。「伏見」は世阿作曲の脇能。

音曲の位

一、位の事。『風曲集』[一]にいはく、「無文音感[二]は、有文[三]ともにこもるがゆゑに、これを第一とす。有文音感[四]は、無得[五]までには窮めぬ(まだ一工夫を)ところの残る(要するので)がゆゑに、第二とす」と云々。「その位(無文音感の位)とは、四声・呂律より句移り[六]・文字移り、ことごとく窮め尽くして、安き位になり(自在の位に達し)返りて、その色々[七]は意中の正根にこもりて、さて聞くところは(耳で聞く限りは)、声がかり[八]の無曲音感のみなるところ、これ無上(最上)なり」と云々。また不覚[九]の無文あり。それにてはなし。それは、「音曲聞きざめすべし(すぐに飽きられよう)」。されば、ただ美しく、吟[一〇]に叶ひたる音曲、上果なり。

曲[一一]はなきなり。〔曲は〕至り至りて、安き位になりて、節より自然に出できたるものなり。影[一二]のやうなるものなり。しかるを人の、曲を面白しと思ひて、曲を体[一三]にして稽古する、あさましきことなり。

松風に、「寄せては[一四]返る片男波、蘆辺の鶴こそは立ち騒げ、四方

一 世阿の音曲関係の著作。成立年代不明。

二 以下の説明記事参照。

三 「有無ともに」(『風曲集』)の誤写と見たい。

四 聴覚的にもっともすぐれた音曲の効果。

五 仏語の「無所得」に同じ。「形なき姿」(一四六頁四行)といってもよい。

六 句(七五)から句へ流れる言葉の続きぐあい。「文字移り」は主に前句の末の文字と後句の初めの文字の続きぐあい。

七 以上習得した音曲の基本はすべて心奥で統一される。

八 声がかりが心にしみるだけで、特に耳に立つ節の面白さのないこと。「声がかり」は箇々の節ではなく、節の流れの上に感じられる全体的な効果。

九 「不学」に同じ。稽古未熟の無文。つまり有文に対する単純な無文で、この有無両者を総合するのが「有無ともにこもる」といわれた真の無文音感である。

一〇 謡ってなだらかに聞える謡が。一九八頁注六。

一一 曲は、それだけとして存在するものではない、の意。つまり曲は、正しくいえば「無曲」である。存在するものは節にすぎない。

一二 たとえば、本体の月から自然に発する光のようなものである。

一三 「体用でいえば節が体で、曲は用、つまりその働

の嵐も音添へて、夜寒何と過ごさん」など、面白き節なれども、はや第二に落つ。この「四方の嵐も音添へて」〔は〕、寄すべし。声にはき位あり。上より言ひて落すなり。喜阿がかりなり。この節、喜阿がかり〔を〕謡ふ人は、なほ好むべきか。下より「夜寒何」と言ふは、細川右京兆直されしなり。稲荷の能のころなり。この論議、昔の藤栄の論議なり。音曲にかみふるやうなること、その癖々の面白きなり。

また、ただこと、〔は〕白声ともいふ。言ふ者なし。上の位なり。習ふべきことにあらず。喜阿も、「難波の蘆を御賞翫こそ、かへすがへすもやさしけれ」など、おほかたに申しけるなり。真実になり返り、一塵も心なく、実盛などに、「名もあらばこそ名告りもせめ」などやうなる、〔白声は〕昔もなかりけるなり。この「せめ」、沙汰ありしところなり。いづれと申しながら、ことにかかる位、世子一人のものなりと、右京兆も仰せけるなり。

きであるのに」曲を体と誤認してまねようとする、の意。この理は「体用事」（一〇九頁以下）に詳しい。

一四 前半、ロンギの前にある地の上歌。

一五 その面白さのために有文音感に止まっている。

一六〔ところが今、逆に〕低音から「夜寒何」と謡い上げるのは。

一七「右京兆」は右京大夫の唐名。細川満元のこと。法名道歓。応永十九年（一四一二）三月から同二十八年七月まで管領となり、三十三年没。歌道の数寄者としても有名。

一八 応永十九年ごろ。二四八頁一二行以下。

一九「藤栄」（現行曲か。男体の遊狂物）の原曲の意で、そのロンギが「松風」に移されたことをいう。

二〇 不明。「文字にもかからぬほどの節をば、顔の振りやうをもてあひしらふべし」（一一七頁）とある類で、「音曲に髪振る」か。

二一 節の付かないコトバの部分。「白声」は平曲用語。

二二「ただことばは闌曲なり」（『五音曲条々』）。

二三「蘆刈」（男体の遊狂物）の最初の問答中のシテのコトバ。この曲は『五音』では曲名「難波」、世阿の作曲らしいが、古曲の改作であろう。

二四 全く登場人物になりきり、少しの雑念もなく。

二五 世阿作の軍体能。以下の引用は、最初の問答中のシテのコトバ。

二六「実盛」の謡は全体として立派であるが、特にこうした味わいは。

一、「能書くやう、その筋目[1]をよくよく思ひ分くべし。その人体人体のほどを見分くべきこと、能を知らでは[2]叶ふべからず。これ一大事なり」と、『三道』[3]にもいへり。能の新作の本[4]は、『三道』に詳しくあり。

（能の書き方は〈まず〉）

作能の基準

まづ[5]祝言の、かかり直ぐなる道より書き習ふべし。直ぐなる体は弓八幡[6]なり。曲もなく（変化のない）、真直ぐなる能なり。当御代[7]のはじめのため（を祝って）に書きたる能なれば、秘事もなし。放生会[8]の能、魚[9]放つところ曲なれば、わたくし[10]あり。相生[11]も、なほし鰭[12]があるなり。

祝言のほかには、井筒[13]・通盛[14]など、直ぐなる能なり。実盛[15]・山姥[16]も、傍へゆきたる（脇道にそれた）ところあり。ことに神の御前・晴の中楽に、通盛したきなりと存ずれども、上の下知にて（御命令で）、実盛・山姥を当御前にてせられしなり。井筒、上果[17]なり。松風村雨、寵深花風の位か。蟻通[18]、

一　祝言とか三体（老・女・軍体）の種別等をさすのであろう。「人体人体のほど」は右の筋目に応じた登場人物の性質をいうか。引用は、文言も文意も原文のままではない。
二　三体等の区別がわかっていなければできない。
三　応永三十年（一四二三）二月に次男元能に相伝した世阿の著作。
四　手本とすべき代表曲。
五　作能の手はじめには祝言能（祝意のこもった脇能）という、かかりのすなおなものがよい、の意。
六　脇能。以下の記事で世阿作とわかる。
七　今の将軍の御代。本書の成立した永享二年から推せば将軍は義教であるが、義持説もある。
八　「放生川」の古名。脇能。
九　前場に水桶から魚を放つ型がある。
一〇　作者の好みが出すぎている。
一一　「高砂」の古名。世阿作の脇能。
一二　〔理想に近いが〕まだよけいな趣向がある。
一三　世阿作曲の女体能。
一四　井阿作に世阿が手を入れた軍体能。
一五　世阿作の軍体能。前頁参照。
一六　作者不明の鬼女能。二〇三頁五行。
一七　『九位』によれば上三花に相当するが、この場合は少なくとも寵深花風以上であろう。
一八　世阿作の老体能。

一九閑花風ばかりか。通盛・二〇忠度・二一義経、三番、修羅がかりには（修羅風の曲としては）よき能なり。このうち忠度、上果か。二二西行・二三阿古屋松、おほかた似たる（どちらも趣向の似た）能なり。後の世、かかる能書く者やあるまじきと覚えて、この二番は書き置くなり。（特に一言しておく）

二四石河女郎の能は、二五十番を一通りして、二六中年寄りて、元雅、すべき能なり。二七千方も、年寄りて、二八凍み出で来てすべし。石河のはじめの出立、（前シテの扮装は）身をやつしたる体なるべし。夏ならば、二九濃みて縫ひたらん帷子、三〇傍へつんがうてよかるべきか。三一水衣をちちと濃みたる（少し摺箔にするやり方も）体もよかるべきか。近江（近江猿楽）ならば三二白帽子なるべきや。こなたにても（当流で試みても）珍しかるべし。後、（後場が）ちと弱きか。女にものを言はせたきや。三三主のままに、問ふべきなり。三四「恨みは末も通らねば」より、（以下は）新座むきに、なほさらりと謡ひたきか。これにても（今のままでも）苦しからず。〈三五節聞く時なり。〉

三六西行の能、後はそとあり。昔の（古風な）かかりなり。三七砧の能、後の世には知る人あるまじ。もの憂きなり、と云々。


一九『九位』の第三位。以上いずれも上三花の曲。

二〇「薩摩守」ともいう。世阿作の軍体能。

二一「八島の能」（二二六頁注一）か。

二二「西行桜」（世阿作の老体能）の古名か。廃曲「実方」（二〇五頁注一八）ともいう。いずれもワキが西行。

二三廃曲。世阿による古曲の改作か。一七七頁注一六。

二四曲不明。石川女郎が大伴田主を恋い、身を卑しい老女にやつして訪れた『万葉集』巻二の話によるか。

二五後出のとおり観世座の基本曲らしいが未詳。

二六「なま年よる」の意か。四十歳台のこと。

二七曲不明。番外曲「現在千方」に対する原の「千方」か。『太平記』巻十六等の藤原千方の話によるか。

二八冷えさびた芸位に達してから。

二九「濃む」は彩色、または箔を摺ること。ここは摺箔に刺繍を交えた、いわゆる縫箔の帷子を、の意。

三〇「側へ番うて」か。今の能装束の腰巻のように、両袖をうしろ脇に垂らすことか。

三一薄絹で仕立てた広袖の上衣。

三二白の花帽子（顔を残して胸まで包んだ頭巾）か。

三三元雅の意向を尊重し、よく尋ねてするがよい、の意。堀本は、「ぬし」に「元雅」と注している。

三四田楽「恋の立合」の文句（一九三頁注二〇）の転用か。それで新座好みに謡うというのであろう。

三五以上は節を聞かせながら説明されたことである。

三六「西行」の後場は、簡素な感じのものである。

三七同種の記事は一八三頁一二行以下に詳しい。

かの十番、[一]遺物（ゆいもつ）のため書き給ふ能なれば、ことに本（ほん）なるべし。[二]能・音曲、わが一流の本風（ほんぷう）たるべき由申さる。

[三]小町（こまち）、昔は長き能なり。「[四]過ぎゆく人は誰やらん」と言ひて、なほなほ謡ひしなり（まだあとに文句が続いた）。後は（後半は）、そのあたりに[五]玉津島（たまつしま）の御座（ござ）あるとて、幣帛（へいはく）をささげければ、[六]みさきとなりて出現ある体なり（場面があった）。これをよくせしとて、[七]日吉（ひえ）の烏大夫（からすだいふ）といはれし（人もいた）なり。当世、これを略す。[八]通盛、〔は〕言葉多きを、切りのけ、切りのけして、能になす。

[九]丹後物狂（たんごものぐるひ）、夫婦（めうと）出でて、物に狂ふ能なりしなり。幕屋にて、にはかに（楽屋で出を待つ間に急に思いつき）、ふと今のやうにはせしより、名ある能（評判の能）となれり。

[一〇]しかれば能も当世当世を（時代に合うよう）心得て（[一一]笠間（かさま）の能、今ほど不相応か）、昔はかくなりとのみ心得（う）べからず。[一二]「応永年中（ねんぢゆう）の所作（しよさく）、末代（まつだい）にもさのみ甲乙あらじ」と、『三道』にもいへり。しかればこの新作の能どもを、[一三]本意（ほんい）に失はずして、当世をちちと色どり替ふべし。

一 贈り物の意。世阿が元雅に書き贈ったか。
二 詞章・節付けともに世阿方の基本曲である。
三 「卒都婆小町（そとばこまち）」の古名。観阿作の老体の女物狂能。
四 シテ登場後の上歌（あげうた）の末句。現行曲は「こぎゆく人」。
五 玉津島明神の社があるといって。
六 先駆となって神の出現を啓示するもの。烏や狐がよく知られているが、ここはみさき烏。
七 近江猿楽、日吉座の狂言役者であろう。
八 次の「丹後物狂」と同様、作者は井阿（せいあ）という（二二七頁六行）が、以下の記事によって、いずれも世阿の改作を経ていることがわかる。なお「丹後物狂」は、『五音』に「橋立（はしだて）」の曲名でクリの部分が引かれている。少なくともクセマイは世阿弥の作曲か。
九 現行曲はシテ一人の男物狂であるが、詞章には夫婦が子を尋ねて廻国することになっている。
一〇 以上三曲の改作の例が示すように。
一一 廃曲「安犬（やすいぬ）」の古名か。鎌倉公方（くぼう）足利氏満（うじみつ）にそむいた者の孫安犬丸（子方（こかた））が鎌倉勢と戦い、親の敵笠間十郎（ワキ）を討ったが捕えられる筋で、足利氏との関係で当時遠慮されたか。
一二 応永年間に作られた諸曲は、将来もあまり評価を落すことはあるまい、の意。「甲乙」は是非の批判を受けること。『三道』は二一八頁注三参照。
一三 根本の作意は変えないで、時代の好みを少しずつ取り入れて、仕替（しか）えるがよい。

一、能を書くに、序破急[14]を書くとて、筆ばかりに書く[15]はわろきなり。風情の序破急を書くべし。さてこそ[16]序を破りたるにてあるべけれ。筆のみの序破急は、聞くところは面白けれども（謡の面白さはあっても）、風情なし（しぐさのそれが伴わない）。筆[17]と風情と相叶ひたらんは、是非なし。「玉水[18]に立ち向かへば」など書き、「東[19]に向かひ、また西に」など、風情になる体を心得て書くべし。

書きてゆくに、言葉[20]に花を咲かせんと思ふ心に繋縛せられて、句長になるなり（そこはあまりこだわらずに）。さやうの心を思ひ切りて書くべし。素盞鳥[21]の謡をよく書けるなり（は上出来である）。「神代には天照太神のせうとの神とあらはれ、人の代には日本武尊、異国を攻め」など書きて、それより東のこと（東国征伐）を書くべきを、うち捨てて（省略し）、曲舞[22]の末にて、「八剣[23]の宮と申す」なんど、前後前後して、曲舞のうちに一建立[24]を書けるなり。順路順路（順序どおり）を追ひ

能の構成法

一四 序破急の法則に従って書くわけであるが、その場合、の意。「序破急」は四〇頁注一・二参照。
一五 詞章の上だけの序破急ではよくない。しぐさの序破急を考慮して書かなければならない。
一六 それでこそ真実に序から破（破から急）への変化が生じる。
一七 詞章としぐさの序破急が一致すれば申し分がない。
一八 廃曲「玉水」（井手玉水ともいう）のキリの文句。次の引用は下懸（金春・金剛・喜多）系といわれる本文に一致する。妄執物。
一九 曲不明。
二〇 修辞を飾ることにとらわれて句数が増し、冗長になりやすい。
二一 曲不明。
二二 クセマイの末の意。つまりクセをさす。
二三 熱田神宮の南、下宮のこと。祭神素盞鳥尊。
二四 見事なまとまりを見せている。

て書かば、句長になりて遥なるべし。この分け目を心得べし。

布留の能に、僧・女、布を洗ふ問答より、順路ならば、布留の剣のいはれを謡ふべきを、「初み雪、ふるの高橋」と謡ふこと、遠見を本にするゆゑなり。もとぎに名所のほしきは、かやうの遠見のたよりのためなり。またそのままいはれより謡ふとも、風情になるべきもとぎならば、いはれをも謡ひ出だすべし。曲舞の序に、「そもそも布留とは」と言ひ、「御剣」などいはれを謡へば強きなり。「初み雪」と謡ひぬれば、やがて「布留」が出で来て、能になるなり。

実盛に、鬚洗ふより、順序ならば、合戦場になる体を書くべきを、「また実盛が」など言ひて、入端に戦うたる体を書く、かやうの心得なり。

また二切れにて入り替はる能は、書きやすきなり。そのままする能には、目に離れたるところを書くべし。これ大事なり。それがなければ、ぬなりとしてわろし。松風村雨などぞ、そのままにて入り

一 底本「遙成」。誤写か。冗漫の意らしい。
二 観阿作。女体の脇能。
三 シテ（女）登場後、ワキ（山伏）との問答になる。
四 石上神宮の神剣が「布留の剣」とよばれたいわれ。それは次の地の上歌の後のクセマイで謡われる。
五 地の上歌の冒頭の文句。
六 〔能では〕遠くを眺望するような舞台効果を出すことが基本となるからである、の意。この場合の「遠見」は文字どおりの意味。一八八頁注八参照。
七 主題として名所にちなんだものが喜ばれるのは、の意。「本木」はもと立花の用語（七〇頁注三）。
八 クリをさす。その冒頭の文言は、世阿自筆本によれば、「そもそもこの御剣と申し奉るは」。
九 クセマイの謡の効果で強い印象を与える。
一〇 こうして「初深雪」と謡うことは遠見のためばかりでなく、掛詞の関係で「初深雪降る」からすぐ「布留」の語が導き出され、曲の主題が明瞭になる。
一一 世阿作の軍体能。
一二 クセの前の地の上歌で、「鬚を洗ひて見れば」。
一三 クセの冒頭。以下錦の直垂を着たわけを語る。
一四 曲の終末部。キリのロンギの部分をさす。
一五 前後二場に分かれて役が入れ替わる、つまり中入を置いて前シテから後シテに移る能。
一六 「ぬなり」（底本ヌナリ）は「ヌメリ」の誤写。変化がなく、のっぺりとして。
一七 前半、ロンギの終りの文句。「憂しとも思はぬ潮

路かなや」で、潮をくみ終えたシテ（松風）とツレ（村雨）は塩屋に入って休息の体となり、囃子方も休息する。
一八 曲不明。
一九 遊覧とは違うから、ぐあいが悪いと申された。
二〇 廃曲。井阿作らしい。物部守屋は五七頁注二二。
二一 現存本文ではキリの終りに、「守屋が首を打ち落す」とある。
二二 節を基にして、の意。「節」は次の落節をさす。
二三 伝不明。その作品については二二七頁参照。
二四 守屋と詞論議を交わし、その終りを落節にするがよい、の意。「落節」は高音から急に低音に落す節のこと。「べし」は当時しばしば連用形に接続した。
二五 思うままに、の意。「むぐうじざいに申しなし」（幸若「信太」）。「自在無窮」（『入木抄』）ともいう。
二六 今のロンギのこと。主としてシテと地・他役の掛け合い形式の謡で、拍子に合う点、詞論議（今の「掛合」）と区別された。クセの後は多くロンギになる。
二七 詞論議で運ぶ形式にするがよい。
二八 富士山は「時知らぬ山」（二〇七頁一二行）といわれ、特に雪の見える真夏をその特色とした。
二九 キリ（終末部）に多い大ノリ拍子。「大ノリ」は原則として一字に一拍子を当てる謡で、普通の「平ノリ」（三字二拍子）や「中ノリ」（二字一拍子）にくらべ、たっぷりと拍子に乗った謡い方になる。
三〇 キリの謡や囃子につれた舞や激しいしぐさ。

替はりたる能なる。「憂しとも思はぬ」[一七]、言ひ捨てて、ひそとしてあるところなり。かやうのところを、よくよく伺ふべし。

また源氏[一八]、屋島に下るといふことに、遠見を本に書きしを、軍陣に出で立つ者、逍遙[一九]の儀に変はるべし、と云々。

守屋[二〇]の能に、「守屋の首を斬る」[二一]といふところ、ここをば節[二二]にて首を斬るべきところなり。井阿弥[二三]、生まれ変はりても知るまじきなり。守屋と論議[二四]に言ひて、落しべし。無窮自在[二五]に言ひ言ひて、「首を斬る」と言ひて、さつとして入るべきところなり。

また曲舞果てて、謡論議[二六]にかかるところ、繁ければ、ひつ替へて、ことば[二七]よりかかる風体を書くべし。神など化したることには、ことばにてかかるがよきなり。

吉野のことをば春のことに書き、立田のことをば秋の体に、富士[二八]をば夏の体に書くべしとなり。

また切拍子[二九]は、舞[三〇]とはたらきを見せんためなり。書き手も為手も心得べきことなり。今ほどの（近ごろの）書き手、あるまじきことを（〔は切拍子に〕）書き入るるなり。

一 開口に、「また君は武運めでたくましますにより」、この「また君は」と言ふによりて長きなり（冗漫になる）。「一天太平の御代」にて、君のことなり。ただ長きが（無意味に長い）わろきなり。さりながらことによるべし（一概にもいえない）。

松風村雨、事多き能（詞章の入りくんだ曲）なれども、これはよし。何事をも心分けて（よく考えた上で）、さて中[二]を心得べし。前後[三]し前後し書くにも、あまりにふつきりに（唐突の変化で）、継いだる（木に竹を継いだ）やうにはあるまじきところを心得べし。ただ、言葉の匂ひ[四]を知るべし。文章の法は、言葉[五]を約めて、理のあらはるるを本とす。

作詞の心得

一、音曲に（節づけの際に）、一句一句の体を違へんとて、そればかり知りて（だけにこだわり）、総体を知らず書かば、また音曲こし地はむべし[六]。二句ばかり同じむきに言ひて（は同じ節で謡い〔次に〕）、ぎくりと[七]節を変ゆべきところもあるべし（急に節を変える節づけの仕方もあろう）。ぎくと変ゆべ

一 その日の演能の最初に開口人（脇能のワキが勤める）が謡う祝言謡で、サシ謡。二三二頁九行以下。

二 中庸を得るようにしたい。

三 〔前述のように〕事の順序を変えて書くがよいといっても。

四 言葉のもつ余韻を大切にするがよい。

五 できるだけ言葉を少なくして、しかも文意の明瞭にあらわれること、つまり簡単明瞭が根本である。

六 黒川本「こし（腰）ちゞむ（縮）」によれば、中途で腰くだけになることか。

七 ぐらっと揺れるさま。「ぎっくり」ともいう。

きために、二句ばかり同じかかりに言ふは、また面白し。

またその人体人体を分けて（に応じて書き分ける）書くべき言葉あり。[八]初瀬の女中楽に、「そもそも和州[九]長国山と申すは」と書けるを、鹿苑院〈将軍家〉、女の能に長国山と書ける、[一〇]言葉こはき由仰せけるなり。されば女の能などをば、「やまとはつせの寺」など、幽玄に書くべし。

また同じことを書くべからず。「年をふる（経・布留）野の」と書きて、「雨のふる（降・布留）野」など書くべからず。[一一]業平の能に、「昔になりひら（成・業平）の」など書きて、〔また〕「何になりひらの」など、同じかるべし。その能の肝要の[一二]開聞のところに一つ書くべし。「かひ（櫂・甲斐）もなみ（波・無）ま」、「その心さらになつ（無・夏）川」、「助くる人もなみ（波・無）の底」、[一三]三所まで同じ言葉あり。せめて[一四]「かひもなき身の鵜舟こぐ」など言ふべし。

[一五]松が崎の能に、「松がさき（崎・咲）けり」といふ言葉、この松が崎の能に規模（眼目）なれば、人の耳によく入れんために、[一六]「そもや常盤の花ぞとは」など、[一七]まづ論議に匂ひをあらせて、よき言葉を書けばよきなり。匂

八 初瀬（次項）の女をシテとする女能。曲未詳。
九 長谷山のあて字。長谷寺に同じ。奈良県桜井市初瀬町にあり、長谷の観音で名高い。
一〇〔字音を並べて〕耳ざわりである。
一一 業平に関した能をさす。井筒・雲林院（二四〇頁五行）・小塩・杜若などに同種の技巧が見える。
一二 詞章と音曲が融合して、聞く人に深い感銘を与える箇所。『三道』では、破か急に置くとする。
一三 以上の三箇所は「鵜飼」の現行本文にも見える。
一四「かひもなみまに鵜舟こぐ」とあったのに対する世阿の修正案。「鵜飼」は榎並の左衛門五郎の作を世阿が修正した曲という（二二七頁）が、これらの箇所は修正されない形で伝わったことになる。
一五 元雅作曲（『五音』）の能であるが、曲不明。
一六 ロンギの中の文句であろう。「常盤」から「松」、「花」から「咲きけり」が、縁語として導かれてくることになる。
一七 あらかじめロンギの中で示唆を与えておいて、そのあとで、の意。そのあとといえば、ロンギの終りか、ロンギの後のキリなどである。それが「開聞」でもあろう。

ひもなくて、ことのついで（言葉のはずみで）に、その能の規模の言葉をちやつと（にわかに）書けば、人も聞きとがめず（観客も聞き流し）、わろきなり。

一八島の能にも、二「よしつねのうき世の」（義経・常）といふ言葉は規模なれば、三「その名を語り給へや」、「わが名を何」とまづ聞かせて、さて（即座に）「よし常の」と書けば、誰が耳にも入りて、当座面白きなり。

ただ能には、耳近（周知の）なる古文・古歌、四和歌言葉もよきなり。五あまりに深きは、当座には聞えず。六草子にては面白し。

〔を〕「は」、「わ」の字にてすること（書く）あるべからず。能を作書せん時、心得べし。七「は」と「わ」とにて叶はざらん時は、心得て、八口を少しすぼめて言ふべきなり。

九かかるところ、文字の声を心得て、節を付くべし。〔また〕前の句を一〇商の声にて言ひ立てば、後の句を角の声にて言ひなどする、かくのごとく心得て作り書くべし。

一 現行曲「八島」。作者不明の軍体能。
二 ロンギの終り、中入前の地の文句。
三 同じロンギのはじめ、地とシテ・ツレの掛け合いの部分。現行本文では「その名を名のり給へや」。
四 歌語。散文の用語と区別される和歌特有の用語。「ただのことば」に対して「うたことば」ともいう。
五 あまり凝った文句は、その場では理解されない。
六 書物なら〔考えて味わう余裕もあって〕。
七 「は」と「わ」の区別のできない時は。
八 口を少しすぼめて発音してみればよい、の意。すぼまれば「わ」であり、ひろがるのは「は」である。
九 サシ謡から拍子に合った下歌、クセなどに謡いかかる所では、アクセントに注意して節を付けるがよい。
一〇 五音（宮・商・角・徴・羽）の一つ。日本の旋法を洋楽にあてはめると、長音階の場合、商は角より一音程、短音階の場合は一音半低い。二六二頁注一。
一一 「弓八幡」。老体の脇能。「八幡放生会の能」（「放生川」の古名。脇能）とする説もある。
一二 「高砂」の古名。老体の脇能。
一三 「融」の一名。老体の早舞物。
一四 次の「鵜羽」とともに廃曲。ともに女体能。
一五 『五音』によれば観阿の作曲であるが、曲不明。また『三道』によれば女体の能。
一六 「檜垣」の一名。女体の序の舞物。
一七 「忠度」の一名。

八幡[一一] 相生[一二] 養老 老松 塩釜[一三] 蟻通 箱崎[一四] 鵜羽 盲打[一五] 松風村雨 百万 檜垣女[一六] 薩摩守[一七] 実盛 頼政 清経 敦盛 高野[一八] 逢坂[一九] 恋重荷 佐野船橋[二〇] 泰山府君[二一]

是、以上、世子作。

小町[二二] 自然居士 四位少将[二三] 以上、観阿作。

静[二四] 通盛[二五] 丹後物狂 以上、井阿[二六]作。

浮船〈これは素人横尾元久[二七]といふ人の作。節は世子付く〉。これ、新作の本（手本として示された）に出だされたる能なり。『三道』[二八]にありといへども、作者を付く。

また鵜飼・柏崎などは、榎並[二九]の左衛門五郎作なり。さりながらいづれも、わろきところをば除き、よきことを入れられければ、皆世子の作なるべし（といってよい）。今の柏崎[三〇]には、土車の能〈世子作〉の曲舞を入れらる。四位少将は、根本、大和に唱導[三一]のありしが書きて、今春権守[三二]、多武峰[三三]にてせしを、後、書き直されしなり。佐野船橋は、根本（大要は）、田

一八「高野物狂」か。男物狂の能。『三道』では「遊狂」に分類している。
一九 廃曲「逢坂物狂」か。『三道』では同じく遊狂。
二〇「船橋」の一名。砕動風。
二一「泰山府君」に同じ。砕動風。
二二「卒都婆小町」の古名。女体の狂乱物。
二三「通小町」の一名。砕動風。
二四 現行曲「吉野静」の原曲か。女体能。
二五 次の「丹後物狂」と同様、後に世阿が改作した曲。
二六 伝不明。
二七『慶安手鑑』に見え、細川満元の被官。
二八『三道』では、以上の二九曲を老体・女体・軍体・遊狂・砕動風に分類しているが、本書では作者別に分類し直したのである。
二九 摂津の榎並座に属した役者であろう。
三〇 現行「土車」のクセマイは「柏崎」のそれとは別物なので、後に作り直されたことになる。この「土車」は男物狂、「柏崎」は女物狂であるが、善光寺で親子が再会する趣向は同じである。
三一 説経師。巷説・伝説に取材した卑近な説法で民衆の教化に当った一派の僧。その話材は説話・語り物と密接な関係にあった。特に天台系安居院流は有名。
三二 金春禅竹の祖父。二三八頁一〇行以下。
三三 奈良県桜井市の南、多武峰寺（今の談山神社）で、十月の八講猿楽には畿内の猿楽が参勤した。二五六頁注九。

楽の能なり。しかるを書き直さる。[一]昔能なりしを、田楽もしければ、久しき能なり。詳しくは『[二]三道』にあり。この『三道』は、応永三十年に書かれしほどに、それより後、本になるべき能、幾らもあるべし。

桟敷・舞台・翁

一、[三]勧進の[四]桟敷数、およそ[五]六十二・三間なり。間の広きこと、五尺なり。しかれども近代、七十間余にこれを打つ。これは、見聞の人数をあまねく寄せんためなり。田楽喜阿は、五十四間よりほかは打たせざりしなり。これは、[六]声叶はぬ者なれば、音曲をよく聞かせんがためなり。[七]紀河原・[八]冷泉河原など、本あれば、よくよく伺ふべし〈これは幼くて聞書なる間、委細ならず。よくよく尋ねべし〉。

桟敷をもかたがたと打ち回して、つまやかなれば、声もこもり、[九]能もしむなり。橋は、[一〇]幕屋口を高く、[一一]末低く直ぐにかくべし。[一二]中高

一 元来古作の能であったのを田楽の踏襲したものなので、由来の古い曲である。

二 『三道』は「百万」「静」「丹後物狂」「松風」「恋重荷」「自然居士」「佐野船橋」等がそれぞれ古作を少し書き直したものであることをしるす。

三 勧進能のこと。寺社の造営・修理、架橋等の費用調達のため、勧進聖のあっせんで催される能。一九三頁注一七に例がある。

四 桟敷（観覧席）の間数。間は柱と柱との間をいう。

五 永享五年（一四三三）四月の紀河原勧進猿楽では六十二間、寛正五年（一四六四）四月の折は六十三間で、管領の差配で構築された。

六 田楽新座の喜阿が声を損じたことは一七七頁二行参照。

七 鴨川・高野川の合流点より上流の鴨川東岸をいう。

八 冷泉通（二条の北）の末の鴨川の河原。大炊御門河原というのも同じ辺である。勧進猿楽や田楽がしばしば催された。

九 演能もしっとりと運ばれてゆく。

一〇 橋がかりに接した幕屋（楽屋）の出入口で、揚幕が垂れている。

一一 舞台に接する端。

に反るはわろきなり。橋の詰（末）は、舞台の日隠[一三]の柱の中てより（中間よりも）は傍へ寄せて（片側に寄せ）、片面[一四]の柱、半間ばかり置きてかくべし。舞台は、前後左右へも寄らず、桟敷[一五]の中ほどなるべし。何とするも、声は正面（桟敷正面）へよく聞ゆるものなり。大寄[一六]りには、声うしろへは聞えず。心得て音曲（謡う）すべし。能以前、舞台・橋をよくよく見したため、釘など、そのほか危ふからん所を直すべし。大勢[一七]の座は、舞台よりはいささか切り（低く）下げて、脇[一八]の為手など謡ふ所には、よき氈などを用ひられしなり。

[一九]翁の装束、真実の晴（正式の装束）のなりは、定めて別に口伝あるべし。さのみてばてばしく（けばけばしく）はなかりしなり。しとやかに（落着いたものがよい）出で立つべし。[二〇]金襴などは、さして見及ばず。色は[二一]正色なるべし。[二二]翁面の箱持つこと、[二三]賞翫の職なり。おほかた見様（容姿端麗の者）のよきを選ぶべし。若（少年）に似合ひたる職なり。[二四]烏帽子・直垂の衣文、いかにも正しくて出仕すべし。翁の礼は、[二五]橋の詰にて、扇取り直し、礼をなして、着座せられしなり。

一二 中央が高く湾曲する。
一三 舞台の後方の間、今の後座の両端を支える柱。
一四 その寄せた方の柱との間、半間ばかりあけて、の意。当時橋がかりは、楽屋から舞台後方へ直角にかけられていた。
一五 桟敷は舞台をとりまき、円形に構築されていた。
一六 桟敷正面に寄りすぎると、の意か。
一七 今の地謡座に当る。「畳」はうすべり。
一八 「棟梁の為手」の対。ワキヅレや子方を含む場合もあるが、主としては今のワキで、「謡ふ所」は今の脇座に当る。当時毛氈など敷いていたことがわかる。その周囲に、「大勢の座」と隣り合って、ワキヅレその他、ワキと同音で謡う助音の者がいたのであろう。
一九 式三番。五八頁注八。
二〇 錦地に金糸入りの模様を織り出した織物。
二一 青・黄・赤・白・黒の五色。これらの混合された「間色」に対していう。
二二 面箱持は、の意。いま上懸（観世・宝生）二流では別に狂言方が勤め、下懸（金春・金剛・喜多）三流では千歳役の狂言方が兼任する。
二三 特に尊重される役である、の意。いま舞台に出る時は、翁の前、一同の先頭に立つ。
二四 この装束は今も同じ。
二五 橋がかりの末、舞台の入口で、の意。今は舞台の正先（中央より前寄り）で下に居て（片膝を立てて坐り）、拝礼する。

露払[一]は、そのころ、槌大夫[二]舞ひしなり。上手なれば、脇の為手のうちにも舞ふとやらん、承りしなり。二番[三]続けて舞ふことあり。あさましき田舎ごとなり。

翁をば、昔は宿老次第[四]に舞ひけるを、今熊野[五]の中楽の時、将軍家（鹿苑院）、はじめて御成なれば、一番[六]に出づべき者を御尋ねあるべきに、大夫にてなくてはとて、南阿弥陀仏[七]一言によりて、清次[八]出仕し、せられしより、これをはじめとす。よつて大和申楽、これを本[九]とす。当世、京中、御前などにては、式三番[一〇]ことごとくはなし。今は神事のほかは、ことごとくなし。

「尋ばかりや」[一一]のところをば、京にても下より言ふべきことなり。舞過ぎて面をぬぐをも、役人[一二]にあらざる者、取りわたして、箱に納むべし。鼓打など取りわたすこと、かへすがへすあるまじきなり。箱持の受け取るべきことなり。翁の入り[一三]にも、面箱[一四]の役の連れて入るべきか（重ねて問ふべし）。箱をば[一五]、式三番過ぎて入るべし。翁は、

一 今の千歳。翁の前に舞う意味の称呼。上懸ではシテ翁のツレ役、下懸では面箱持の狂言方が兼任する。

二 観世座の狂言方の名手大槌か。一八二頁注一三。

狂言方が勤めるのは、下懸風の先蹤であり、次の「脇の為手のうちにも舞ふ」というのは上懸風である。

三 千歳の舞を二番続けて舞ったのであろう。

四 入座の順で最年長の役者が舞った。

五 後白河上皇が熊野神社を都に勧請された社で、いま東山区今熊野椥森町にある。ここは地名ともいう。応安七年（一三七四）義満はここではじめて猿楽能を見、観世父子を見出した。二四三頁注二二。

六 最初に出演する役者について御下問になるだろうから、一座の棟梁の役者でなくてはまずい、といって、の意。「大夫」については二五六頁注七参照。

七 南阿弥（一七五頁注一八）の推薦で。

八 観阿が参勤して演能されてから。

九 大夫が舞うことを原則としている。

一〇 演能ごとに翁を付けるとは限らなかった。

一一 千歳の舞の後、翁の一句に継いで謡われる冒頭の文句。「下」はツレや地謡以外の助音の者。今は地謡が謡う。

一二 翁の後見などをさすか。

一三 「翁帰り」のこと。翁の退場。

一四 面箱持が一緒について、の意。今は上懸の場合千歳は続いて退場するが、面箱持は後に残り、次の「揉

舞果てて、面ぬぎ、[一六]つましやく取り、正面へ礼して入るなり。〈なほなほよくよく尋ねべし。ここらはおほかた見しままを記録す。〉

〔[一七]三番申楽、[一八]をかしにはすまじきことなり。近年人を笑はする、あるまじきことなり。〕

就中、[一九]連座のともがら、声をも一同に合はせ、為手の衣文のわろき（装束の乱れ）をも、心にかけて直すべし。もとより他衆[二〇]交じふべからざる上に、なほ[二一]鼻の先をまもり、一大事と心に持つべし（役目に専念するがよい）。声合はする所々は、定まりたる（それぞれ決まっている）ごとし〔が〕。知らざらんところをば、為手に尋ぬべし。おほかたは、[二二]謡ひ出ださん時と、言ひ納めて後となり。ばらばらなるはわろし。よくよく故実を巡らし（工夫をこらし）、[二三]番をまもるべし。[二四]出役人等のことは、なほなほよくよく尋ねて記し置かるべし。これはただ見及びばかりなり（以上は自分の見聞したことだけである）。

御前の能には、鼓・太鼓など、かねては庭に（あらかじめ舞台に）出だすまじ。[二五]役人、さらぬ体にて持ちて出づべし、と申されしなり。[二六]大略は若衆のする

之段」の舞の後、黒色尉の面を着けた三番叟と問答し、鈴を渡してから退場する。
一五 この作法は今も同じ。
一六「爪尺取り」か。「尺取る」は物差で測ること。物差の代りに、指を尺取虫のように衣服の上にはわせることをいうか。衣文を引きつくろうしぐさである。今は左右の袖を払う型をする。
一七 以下次頁一行までの〔 〕の部分は、堀本で補う。「三番申楽」は三番叟の古称。五八頁注六。
一八〔これは狂言方の役ではあるが〕滑稽に演じてはならない。
一九 地謡として座に連なっている者たちは。
二〇 地謡だけが整然と並んでいなければならないし、〔さらに〕の意で下に続く。
二一 鼻の先をみつめる。転じて細かに心をくばる、の意。
二二 謡う直前と謡い終ったあとの用意や態度が大切である。
二三 時期を見はからうがよい。
二四 式三番を勤める諸役のこと。面箱持、翁、千歳、三番叟、囃子方、後見、地謡等。
二五 囃子方が各自さりげなく持って登場するがよい。
二六 普通は、かねて庭に出すのは少年の役であるが、の意。次の「面箱の役」の注記が混入したものとする説も注意される。

なり。」

面箱の役、幼きには斟酌せさすべし。重き物は、見所危ふきゆゑなり。出入に後を顧みることなどあるべからず。よくよく執すべし。（留意せよ）

執すべし。

諸役の心得

一、能の役人等、そのほか禄物等の定めなどは、記せられたるものあれば、聞書に及ばず。

そのほか、色どり色どりは、脇〔の〕能、大臣（ワキ大臣）には、まづは上下、水干なるべし。つれ大臣は大口なり。

牛大夫は、開口言はんとては、鼓打の方へ向き、つくばひて鼻かみて、置鼓打ち止めさせ、声合はせて言ひ出だしけるなり。（その音に合わせて謡い出した）ことば言ひ、次第取りて、またことばを言ふこと、二重になるところを知るべし。次第の後、やがて謡ふべし。

一 十二・三歳にも達しない童は遠慮させるがよい。

二 重い面箱を運ぶのは、見た目にはらはらさせられるからである、の意。前出「若に似合ひたる職なり」（二二九頁一二行）の補説。

三 謝礼の金銭や品物。

四 後出「定　魚崎御座之事」（二五六頁）をさす。

五 役人の色どりになることをいえば。

六 衣・袴とも水干装束がよい、の意。衣は水干（狩衣の一種）、袴は小袴（短い指貫）、のち長袴。

七 〔上は水干〕、下は大口袴の意。「大口袴」は、もだちの張り出した裾の広い袴。公家は束帯（正装）の際、表袴の下に着け、武家では直垂や水干の際に用いた。いま能装束では、ワキ・ツレの大臣ともに上は狩衣、下は大口。

装束・小道具・作り物

八 観世座の脇の為手。牛入道とよばれた。

九 脇能（初番の能）に先立ってそのワキの為手が謡う祝言謡でサシ謡。二二四頁三行。

一〇 今の「下に居る」（片膝を立てて坐る）に当る。

一一 開口の前に打つ鼓の手。

一二 まずサシで開口の文句を言い、の意。サシ謡は拍子に合わない単純な節で、「言う」といい、コトバに含める。

一三 謡の小段の名称で、それを謡うことを「取る」という。能は普通、次第・名告・道行の順で始まるが、脇能で、はじめに開口が付く場合、順序が替る。

一四「名告」をさす。名告は今はコトバであるが、当時はコトバまたはサシ謡。
一五「次第」の次は「名告」をぬいて、すぐ道行を謡うがよい、の意。江戸時代の開口の定式は、開口・名告・次第・道行の順であった。
一六 曲中の狂言、つまり間狂言。
一七 本道をはずれた異様なわざ。一九頁注一八。
一八 後場に後シテが登場し、橋がかりでサシ声・一セイと謡った後、地謡との掛け合いになる箇所は、ワキの責任である、の意。ワキは今の地頭の役も兼ねていたからである。「出端」は役者の登場。
一九 足が隠れるように裾長に着け。
二〇 鬘（女の扮装に用いる仮髪）の上に締める帯で、うしろで結び、両端をそろえて長く垂らす。
二一〔両端が〕ふぞろいにならないように。
二二 室町時代の武家の礼服の一種。「下になる」は、帯が衣の下に隠れること。狩衣は前後の身ごろを縫いつけずに帯で結び、前は特にからげる。
二三 世阿作の老体能。
二四 今も前シテ登場の際、松明・傘を持つ。
二五 世阿作曲の女物狂の能。シテは前後を通じて花筐（花を入れる手籠）の小道具を持つ。
二六 十分念入りに扱うがよい。
二七 廃曲。一九一頁注一一。船はシテ（熊谷の使者）の乗物。

ただ、脇の為手も狂言[一六]も、能の本のまま、何事をも言ふべし。文盲にして輪説[一七]まじるゆゑにわろし。後の出端[一八]の橋がかり、さし声・一声より移るところは、脇の為手のものなり。受け取りどころわろきは（謡の受け渡しがうまくゆかないのは）、脇の為手の難なるべし。

脇の能過ぎ、二番目などは、僧二人（ワキ僧）もよし。三番になりぬれば、僧などは一人に過ぐべからず。

女能には、小袖をも長々と踏み含み[一九]、肌着の練（練絹）などをも深々と引き回し（身にまとい）、閉ぢて（〔襟元を〕）、頸筋より下、肌を見すべからず。肌着をわが肌にしなすべし（と考えるがよい）。鬘帯[二〇]の広きだに見苦しきに、赤き帯などする、かへすがへす俗なり。また帯（鬘帯）などの先、かたちぐ[二一]なるところ心得べし。狩[二二]衣の時は、下になるとて、ゆるかせなるべからず（粗雑に扱ってはならない）。

能に、色どりにて風情になること、心得べし。蟻通[二三]など、松明[二四]振り、傘さして出づる、肝要ここばかりなり（ここに急所がある）。扇などにてしてはわろかるべし。花筐[二五]の能には、花筐をいかにも執[二六]すべし。経盛[二七]の能、船を青練貫(ねりぬき)などにて、ちと〔少し〕飾るべし。隅田川(すみだがは)[一]の能、あまりにはじめ〔前場〕は色〔色どりのない〕なき能なれば、この旅人(たびびと)[二]などには、大口(おほくち)を着てもよろしかるべし。鵜飼(うかひ)[三]のはじめ〔前シテが〕、直面(ひためん)に竹笠(たけがさ)[四]着る、かやうのことは、田舎(ゐなか)などにての〔での演能〕ことなり〔にふさわしい〕。時によるべし。

また能に、あまりに目慣れたる姿〔扮装〕を変へんとて姿を変ふるを、見つけぬとて、押して〔強いて〕いつものやうにすること、一偏(いつぺん)〔偏狭〕なり。黒髪(くろかみ)[五]、今[六]ほど、あまりに多くて目につくなり。能によりて、風情(ふぜい)[七]をちちと〔少しずつ〕色どり変ゆべし。背(せい)などの低(ひき)き者、脇の大臣などに、風折(かざをり)[八]を折り屈(くぐ)めとして着るほどに、いよいよ見苦し。高からん為手(して)は、また心得(う)べし。

近ごろ、近江[九]に（岩童(いはとう)なり）、京中(きやうぢゆう)に勧進(くわんじん)の時、船の櫂(かい)に、絹やらん布やらんにて包みて、上を帯にてからみしを〔巻きつけたのを〕見て、桟敷(さじき)[一〇]に見物衆(けんぶつしゆ)のありしが、そのまま帰られしなり。かやうのこと、心得べし。犬[一一]王、柴船(しばぶね)[一二]の能に、二す[一三]（ろ敷(か)）をたぶたぶと〔太く大ぶりに〕削りて、船差(ふなさし)[一四]になりて

一 元雅作曲。一九一頁九行。
二 旅人はワキヅレで、今は上懸(かみがかり)が掛素袍(かけすおう)（上のみ素袍）に大口、下懸(しもがかり)は素袍上下(かみしも)を着ける。
三 世阿の改修した曲。二二七頁一〇行。
四 竹で編んだ笠。今は着けない。
五 前出（一八一頁注二一）の場合は喝食鬘(かつしきかずら)、ここは黒頭(くろがしら)（黒色の仮髪(かはつ)で、顔・両肩に覆(おお)いかかる）や、それよりやや毛の少ない黒垂(くろたれ)の類をさすか。
六 最近はあまり毛が多すぎてわずらわしい。
七 この「風情」は風趣の意で、髪の趣。
八 風折烏帽子(えぼし)。立(たて)烏帽子の頂を平たく折り伏せたもの。「くぐむ」はかがませること。
九 近江猿楽の者であったが、の意。「岩童」は日吉(ひえ)座の代表的役者。以下しばしば名が見える。
一〇 桟敷で、ある方が見ていられたが、「あきれて」の意で下に続く。
一一 日吉座の名人。一七五頁注一四。
一二 不明。現行の「兼平(かねひら)」（軍体能）ともいう。
一三 二寸(す)。つまり方(ほう)二寸の角材であろう。「ろ敷(か)」は「二寸」を疑った書写者の付注。二挺艪(ちょうろ)の意味にとろうとしたのであろうが、当らない。
一四 舟人(ふなびと)。船頭。

漕ぎし、面白かりしなり。

近ごろ、将軍家[一五]御前にて、人（三郎[一六]なり）の、鐘[一七]の能をせしに、南[一八]向きなるに、鐘を右の方に置く。左鐘[一九]に撞きしなり。[二〇]いくたびも、左に置きて右鐘に撞くべし。

また逆髪[二一]の能に、宮（姉宮が）の物に狂はんこと、姿大事なりしほどに（姿つきのむずかしいところなので）、水[二二]衣を濃みて着し時、世[二三]に褒美せしなり。それよりことのほかにはやりて、塩汲[二四]などいふ能に着る、はなはだをかしきこと（こっけいである）なり。能によりて着べし。空也[二五]上人の能などに、金紗[二六]を帽子に着る、これも何とやらんわろし。ただ角帽子[二七]の縫物（刺繡）を略して、年寄りしく濁らかして（老人らしくくすませて）着べし。衣なども薄墨なんどに染めて着べし。犬王、念仏[二八]の申楽に、絹の衣に長々たる帽子深々とせし、面白かりしなり。

また児なんどをば端[二九]に出だすべからず。ことに鹿苑院御きらひありしなり。しかれども声[三〇]につき、出でずして叶はずは、大口を着せて、役人連れて（シテやワキに伴われて）出づべし。

一五 義教か。永享元年（一四二九）将軍となり、嘉吉元年（一四四一）没。

一六 三郎元重。音阿弥。世阿の弟である四郎（九八頁注六）の子。元雅に次いで観世大夫となり、応仁元年（一四六七）没。解説二七四頁以下参照。

一七 不明。現行「三井寺」（女物狂の能）ともいう。

一八 この時舞台は南向き（普通北向き）であるのに、鐘はいつものとおり西側つまり自分の右手に置いた。

一九 左利きで鐘を撞いた。

二〇 撞く場合はいつも。

二一 「蟬丸」の古名。シテは姉宮である逆髪。

二二 摺箔の水衣を着て優美さを添えたので、の意。水衣は普通は無地。「濃む」は二一九頁注二九参照。

二三 当時賞賛を博した。

二四 「松風」の原曲で、喜阿作曲。シテは潮汲みの海女らしく、逆髪とは身分がちがうわけである。

二五 廃曲に「空也」がある。

二六 金糸を織りこんだ薄絹。

二七 ワキ僧が常用する帽子。先はとがり、うしろは頸・背を覆うて垂れ下がる。すんぼうし。

二八 曲不明。以下の二行は、一七九頁九行以下にほぼ同じ。

二九 中途半端に登場させてはならない、の意か。

三〇 どうしても子供の声が必要な時は。

下[一]にて謡ふ者は、烏帽子着べからず。大勢に紛るる（まぎらわしい）なり。詳しくは記したる草子[二]を見るべし。

また何[三]としても、思ひなしをよく、奥近う心得べし。幕屋などを（入口を）もよくよく塞ぎて、人に見せたくもなし。女などに美しくなりたれども、まさしく幕屋にて裸になりて、大汗だらけなれば、匂ひ（あと味が）少なく、思ひなし（悪く幻滅する）わろきなり。

（世阿は）内にての音曲（座敷謡で）には、座段[四]し、右に扇を持ちて、左には尺八[五]を番へられしが、尺八の口を衣の袖のうちに引き入れ、おゆび（指）にて衣の袖の口を押へられしなり。貴人の御前などにては、ひざまづきもせられしなり（平伏して謡ったりもされた）。かやうのことは、なほなほよくよく尋ぬべし。火燧袋[六]は金襴[七]なり。かやうのもの、舞の色（色どり）になるなり。

面の額を切ること

一、面の額、長きことあるまじきなり。今ほど（近ごろ）、惜しきとて切ら

一 下座に同じ。次の「大勢」が今の地謡に当るのに対し、シテやワキと同音（合唱）で謡うツレ、その他助音の者をさす。二二九頁注一七・一八参照。

二 『習道書』（次頁注一二）をさすか。同書も、近年「脇の人数」（ワキ以外のツレ・助音の者等のことで、ほぼここにいう「下」に当る）が日常の烏帽子・素袍姿で並ぶことを戒めているが、従来それは「大勢」の人々の装束であったことがわかる。両者はともに複数、席も隣り合っていたので、つとめて混同を避けたいというのがこの文意であろう。

三 どんな場合でも好感をもたれるようにし、いつも貴人の側近くいる気持で慎み深くありたい。

四 禅語「坐断」は、坐禅によって妄念を断ち切ることであるが、世阿は転用して正しく坐ること、端坐の意味に用いる。

五 一節切の尺八で、長さ一尺一寸一分。今の尺八より短い。尺八は調子を音取るためで、右に扇、左に尺八を対にして持たれた意。

六 火打ち道具を入れる袋で、腰につける。

七 錦地に金糸入りの模様を織り出した織物。

ざること、をかしきことなり。上にものを着るに、烏帽子・冠なれば、額中に着るものなれば、のきたるは巴になりてわろし。頭をかけたれば見えず。〔しかし〕乱れたる髪の中より見ゆるにつけて、〔場合があり〕額高きはわろし。長からん面をば、上を切るべし。

脇・狂言の名手

一、『習道書』に、種々の定〔規定〕あれば、委細書き置かず。笛のことにつき、年寄り・童とあるは、観阿・世阿両人のことなり。〔曲は〕少将の能とて、丹波の少将帰洛ありて、「思ひしほどは」の歌詠みたるところの能なり。

また狂言には、大槌・新座の菊、上果に入りし者なり。（菊）初若の能に、この能は、子を勘当しけるが、親の合戦すと聞きて、由比の浜にて合戦して、重手〔重傷〕負ひたる能なり。「あの囚人はいかなる者ぞ」と言はれて、〔菊が〕「恐ろしく候」と言ひ、寄りて見れば、初若な

八　頭に何かかぶる場合。
九　額の中ほどまで、目深くかぶるので。
一〇　〔面の額がじゃまになって後頭部にずれると〕巴形、つまりあみだかぶりになってみぐるしい。
一一　赤頭・黒頭・白頭などの仮髪。これは額を覆うので面の額は見えなくなる。
一二　永享二年（一四三〇）三月、世阿六十八歳の時、一座の役者に与えた伝書。棟梁・脇の為手をはじめ、鼓・笛・狂言の役人の心得についてしるす。
一三　棟梁の為手と童がロンギを謡った際、両者の声の高さの違いを名人名生が巧みに吹きさばいた逸話。
一四　不明であるが、次の丹波少将をシテとする曲とわかる。
一五　成経。俊寛・康頼らと鬼界が島に流されたが、康頼と成経は許され、治承三年（一一七九）帰洛した。
一六　京都、東山双林寺の山荘に帰って康頼の詠んだ歌、「古里の軒の板間に苔むして思ひしほどは漏らぬ月かな」（『平家物語』巻三）をさす。
一七　観世座の狂言役者で、「昔の槌大夫」ともよばれ、「幽玄の上類のをかし」（『習道書』）といわれた名手。
一八　二八二頁一二行。
一九　曲不明。
二〇　鎌倉市の海岸。

り。それより湿りかへりて、親にこの由を告げしを、思ひ入れ、そのころ褒美ありしなり。狂言も、かやうのところを心得べし。

後の槌大夫は、鹿苑院、御覧じ出だされたる者なり。狂言すべき者は、常住にそれになるべし。きつとして、にはかに狂言にならば、思ひなし大事なるべし。後の槌、北山にて、公方人、高橋にて行き合ひたるに、槌なりとて、扇かざして通られしを、傍へ寄りて、そと見て、また扇かざして、われも通りし。かやうなる心根、上手の心なり。

右、以上、出世上果之風儀也。

大和諸座の芸風

勧進能

一、田舎の風体。金春権守・金剛権守、つひに出世なし。京中の勧進にも、将軍家御成なし。金春、京の勧進、二日して下る。金剛、南都にては、立合の時も、二番にてさて置かる。これもそのころ、

一 〔その時の菊の〕感情をこめた演技は。
二 先代の槌大夫（前頁の大槌）に対していう。
三 日常狂言になりきっていなければならない。
四 急に舞台であらたまって。
五 京の北郊。うしろに大文字・衣笠山が続き、北野・柏野・紫野に接する地。応永四年（一三九七）、義満はここに北山第（後の鹿苑寺）を建てた。
六 政所や侍所に仕えた下人。「公方人と」の意。
七 北山第の総門の東、紙屋川にかかる橋。地名でもある。橋は今も京都市北区荒見町の辺にかかる。
八 槌大夫が来た、の意か。
九 扇で顔を隠して通られたところ、の意。身分関係と、主君のひいき役者であることの配慮がからんで、避ける態にしたのであろう。
一〇 今も狂言で二人がすれ違う時にするしぐさ。
一一 最高の芸位に達して、世間からも認められた役者のやり方である。次の「田舎の風体」に対する注記。
一二 田舎猿楽の芸態。
一三 毘沙王権守の三男。禅竹の祖父。
一四 金剛座の棟梁であろうが、伝不明。
一五 不評のため二日で切り上げて帰国した。
一六 二番だけで、あとはおかまいがなかった、の意。将軍の奈良下向の際に催された立合能か。

一七道の盛んなる時の上の手柄(じやうてがら)、一つのことなり。今の世は道なくて(無秩序で)、日ごろよく能せぬ者も、ことによりて押し出だして(晴れの舞台に立つ)する、(これを)出世には(と混同)変はるべし(してはいけない)。

金剛は、一八かさありし為手(して)なり。あまりにかさ過ぎて、一九過張(くわちやう)なるところありし者なり。

金春は、舞をばえ舞はざりし(ろくに舞えない)者なり。(それで)二〇曲事(くせごと)をせし為手なり。「扇二一たたかせ、鳴るは滝の水」と言ひて、二二舞ひさうにて、二三「わが子、小二郎か」と言ひて、(舞わずに)さと入りなどせし(すぐ退場したのは)、何とも心得ぬ由、そのころ沙汰(評判された)す。二四「桐の花咲く井の上の」とて、笠、前に(胸)あて、きつと見し、さやうのところを心にかけてせし為手なり。二五金剛が方(かた)より、あまりのことと(ひどすぎる)て難ぜしなり。内の舞(座敷舞)などをも、ちらちら、きりきりと返二六りなどして止(とど)めし、二七「そも、かやうに曲(きよく)すべき座敷か」と、二八赤松方(はう)など申されしなり。二九「あらなつかしのあま人(びと)やと、御涙(おんなみだ)を流し給へば」、この「御涙」の節、金春が節なり(独特の節)。あまりにくだしきこ(繁雑な)

一七 猿楽道の盛時において〔二番を勤めたのは〕すぐれた腕前で、たいしたことである。

一八 勢いがあること。四七頁一一行以下。

一九 「誇張」(くわちやう)に同じ。思いあがる意であるが、ここはやり過ぎることとか。

二〇 奇態なわざ。けれん。

二一 「柏崎(かしわざき)」(女物狂の能)のクリの前の文句か。世阿自筆本・現行曲とも「扇おつとり鳴るは滝の水」。

二二 きまりどおり舞うかと見せて、の意。世阿自筆本には、「滝の水」の次に「舞あるべし」と注記する。

二三 自筆本・現行曲ともにこの文句はないが、場面はキリのロンギに相当するようである。舞も、その次のクセマイもぬいて、すぐロンギにかかったことになる。

二四 「柏崎」のカケリの後の地(じ)の下歌(さげうた)。

二五 金剛との立合の際のことか。

二六 次頁の膝返りなどであろう。

二七 いったいこんな曲事(くせごと)をやってよい座敷か。

二八 赤松方(がた)というに同じ。応永・永享年間、幕府の侍所頭人(さむらいどころとうにん)を勤めた赤松義則(よしのり)・満祐(みつすけ)の一族であろう。

二九 「海士(あま)」(竜女の早舞物)のクセの前、地の上歌(あげうた)。

とをば、長々書き載せず。同じ能に、「乳[一]の下を掻い切り、玉を押しこめ」などのかかりは、黒頭[二]にて、軽々と出で立ちて、小ばたらき[三]の風体なり。女[四]などに似合はず。

金剛は、何をもせし者なり。ぜう[五]のかかりなり。論議そぞろと謡ひしところなり。雲林院[六]の能に、「基経[七]の、常なき姿になりひらの」とて、松明振り上げ、きつと[八]いなりし様、南大門[九]にもうてざりしなり。近江[一〇]の別当が舞を似せけるなり。舞、きりきり、たぶたぶとねぢつけて舞ひしなり。

かの両人のこと、ひそかに聞きしことなれども、京[一一]・田舎、善悪をわきまへんために書き置くところなり。これさへ詳しきことをば書き載せず。〔両人は〕内の舞にも、膝拍子[一二]・膝返りなど、京にてせし者なり。

〔[一三]また狂言には、よしひとうゐ[一四]といふ、あさしなりとなり。京へ連れて上らず。槌[一五]がうつべきほどに、同道なきかなど、京知らぬ[一六]者はかけるなり。されば、かつて[一七]みやうたいこにて、つひに[一八]よくもなし。

一 玉の段の文句。
二 黒色の仮髪。二三四頁注五。
三 小さく敏活に動き回るしぐさをした。
四 しかし「海士」のような女能には似合わない。
五 以下「ところなり」までは、次の「雲林院の能」に関する注記の混入か。「ぜうのかかりなり」は、同曲の前シテ（業平の化身）が老人姿であること。「論議そぞろと謡ひし」は、後場の後半、謡論議（今のロンギ）で悲痛な物語が謡われることをさすか。
六 古曲「雲林院」（世阿自筆本が現存）をさす。現行曲とは後場が全く異なる。
七 後シテのコトバから一セイにかけての文句。世阿自筆本では「基経が」。後シテの基経の霊が悪鬼姿をあらわしているのである。
八 きびしく見こむ形らしいが、「いなり」は不明。「居なり」はじっと坐りこむことで、当らない。
九 「その勢いは」南大門にも圧倒されなかった、の意。興福寺薪能の際か。
一〇 近江猿楽の役者であろうが、伝不明。
一一 京の観世座に比べ、田舎猿楽のどこが悪いかを。
一二 いずれも早わざで、観世座では禁じられていた（『人形図』）。「膝返り」は一八七頁注一七参照。
一三 以下六行は堀本で補う。底本は片かな書き。
一四 狂言役者の名であるが不明。誤写もあるか。「あさし」（底本アサシ）は「アリシ」の誤写らしい。
一五 槌大夫。二人（二三八頁注二）のどちらかは不明。

傍輩を笑はせしし者なり。かやうなることにて、京・田舎の変はり目を存知せば、またこの[一九]一段、大切なるべし。[二〇]与二郎・よつ、[二一]たけありし者なり。[二二]ろ阿は上手にせし為手なり。」

また[二三]十二権守、[二四]下三位なりしかども、自然に[二五]中上にも上りし時ありし者なり。世子一言によりて（世阿の助言で）、鬼を得て（鬼を専門に）（砕動を）せし者なり。[二六]正長元年に、御前に召し出だされて、能よかりし時、世子の方へ状（手紙）あり。その状の文章、

久しく見参に入らず候。御ゆかしく存じ候。このたび、長々御目にかかり、詳しく申したきこと候ひて、両度（二度）参りて候。御出の時分（御外出の時）、参り候ひて、御見参に入らず（お目にかかれませず）、所存のほかに候（残念に存じます）。このたび[二七]召し上せられ候。当年のことは（今年は）、いよいよ[二八]老耄仕り候。[二九]かたがた斟酌にて候。その由をも申し候へども、[三〇]上意にて候間、力及ばず参り、[三一]度々能仕り候。[三二]上意、そのほかの御沙汰、仔細なく候こと、老いの面目にて候。兼てはまた、かやうのこ

一六 京の芸壇の実力を知らない者は、つまらない臆測をしたものである、の意。「かける」（底本カケル）は「申ケル」の誤写らしい。
一七 誤写があるらしいが、夜郎自大（自分の実力を知らず、仲間の中で幅をきかせている者）の意か。
一八 結局出世しなかった。
一九 この一条（田舎の風体）の話の効果も大きいわけである。
二〇 以下二名は狂言役者であろうが、伝不明。
二一 風格の大きいこと。四七頁注一二。
二二 音阿弥時代の名人という観世方の狂言役者路阿弥（『四座役者目録』）、またはその先代かという。
二三 大和猿楽、十二座の棟梁で、五郎康次のこと。永享六年（一四三四）三月、八十二歳で刃傷により没。
二四 『九位』の第三等。一六七頁。
二五 中三位の上で、正花風をさす。
二六 一四二八年。七月十七日、後の将軍義教に召されて、音阿弥の座と合同で演能し、賞賛を博した。
二七 召されて上洛いたしました。
二八 当時七十六歳。
二九 その点も考え、遠慮すべきでした。
三〇 将軍家のおぼしめしですから。
三一 何番も演能しました。
三二 将軍家のおぼしめしをはじめ、その他の方々の御評判も悪くなかったことは。

一 貴人がたの悪くないおぼしめしにあずかりましたことは、ひとえに御援助のたまものです。
二 私の能について御指導をお願いしましたところ、承ったことや、〔また〕、の意で下に続く。
三 〔義満の〕北山第に伺候していた時分に、の意。義満が北山第にいたのは、応永十五年（一四〇八）そこで没するまでの約十年間。
四 私のために、私の得意とする方面の能（鬼能のこと）を幾つも作ってくだされ、〔それを〕私も稽古しておきました。
五 他の方々も演じていられます。しかし〔元来私むきの能ですから〕他の方のなさる能としては似合わないでしょう。「しられ」は「せられ」に同じ。
六 会心の演技とはならないものです、の意。「得たるつぼへ入る」は、得意のわざにぴたりとおさまること。
七 気がかりに存じています。
八 きっと言葉も私らしくないことでしょう。
九 いつまでも在京できない事情がございまして。
一〇 たまたま大和にお下りのこともございましたら。
一一 いずれお目にかかる折を待っています。
一二 「謹言」は「つつしんでまうす」とも読む。書状

とにつけ候ひて、申したき仔細候。かやうに年寄り候までも、一仔細なき御意にあづかり候こと、一向御扶持にて候。

先年、二身の能のこと、御指南を頼み入り候ひしに、承り候ひし、三北山の時分、御懇に承り候ひしこと、今に忘れず候ひて、その心にて、今まで仕りて候（演能してきました）。さりながらたとひその心候とも、身に似合はぬ能を仕り候はんには、今ほどの御意に合ひ候まじく候。四身のため、得手むきの能、あまた御書き候ひて、仕りおきて候。さやうの能ども皆々、五人々もしられて候。人の御能にては合ふまじく候。似合ひたる能にて候はずは、六得たるつぼへは入るまじく候。これ、一向御扶持にて候。

心中に存じ候こと、申したく候ひて、両度参り候ひしに、御留守の時参り合ひ候こと、七御心もとなく候。身はもとより片仮名をもえ書かず候。状さらに（手紙はなおさら）なほなほ書きえず候ほどに、人に書かせ申し候。八さだめて言葉似たるまじく候。参り候ひて、申

したく候へども、御暇申して候。[九]長々逗留、しかるべからず候ひて、夜のうちに下り候ほどに（帰国しますから）、状をあづけ置き進レ之候。[一〇]ふと御下向も候はば、御目にかかり、詳しく申すべく候。[一一]見参の時を期し候。[一二]恐々謹言。

八月四日　　康次判

また[一三]袖書にいはく、

猶々かやうのこと、状は申し立てがたく候（手紙では意を尽しません）。御目にかかり申すべく候。[一四]身の一期の間の御扶持、孫子までも忘れ申すまじき御事にて候。[一五]かへすがへす畏れ入り候。

[一六]世阿弥陀仏へ[一七]進レ之（[一八]上書。腰文なり。）　十二

[一九]道を持てる者の意地、かくのごとし。

犬王は、[二〇]毎月十九日、観阿の日、出世の恩なりとて、[二一]僧を二人供養じけるなり。[二二]観阿、今熊野の能の時、申楽といふことをば、将軍家〈鹿苑院〉、御覧じはじめらるるなり。世子、十二の年なり。

の形式として、「恐々謹言」や実名の下に花押を書くのは等輩に対する場合である。

一三 書面のはじめの一定の場所から行間に書きこまれた端書。猶々書ともいう。

一四 私の生涯にわたる御庇護は。

一五 くれぐれも御礼申しあげます。

一六 阿弥号の正式な呼び方。なお「世」（二一五頁注二四）参照。

一七「進之」は、普通は直札（あて名人が直接開封する書状）の形式で、脇付としては敬意が低い。

一八 あて名は、上書つまり書状の上包に書かれ、書状は腰文形式である意味の傍注。「腰文」は、書状の上包の端を細く紐状に切り、それで書状の腰のあたりを巻いて封じたもの。

一九 芸道を体得している役者の性根。

二〇 観阿は至徳元年（一三八四）五月十九日没。「観阿の日」はその命日のこと。

二一 故人の菩提のために僧二人を招き、斎（食事）を設けて供養すること。

二二 以下は「出世の恩」の注釈。観阿の今熊野における演能（二三〇頁注五）は、義満が猿楽を観覧したはじめであり、犬王が義満に寵愛されたのも、もとはといえば観阿の恩に帰するからである、の意。犬王のことも恩義を忘れない達人の実例として語られている。世阿の生年を貞治二年（一三六三）とすれば十二歳は応安七年（一三七四）に当る。

面と面打

一、面の事。翁[一]は日光[二]打。弥勒、打ち手なり（〔も〕よい作者）。この座（観世座）の翁は弥勒打なり。伊賀小波多[三]にて、座を建て初められし時、伊賀にて尋ね出だし奉つし面なり。

近江[四]には、赤鶴（申楽なり）[五]、鬼の面の上手なり。近ごろ、愛智打[六]とて、坐禅院[七]の内の者なり。女の面、上手なり。

越前には、石王兵衛[八]、その後竜右衛門、その後夜叉、その後文蔵、その後小牛、その後徳若なり。石王兵衛、竜右衛門までは、たれも（誰がつけ）着るに仔細なし（ても不都合はない）。夜叉より後のは、着手をきらふなり[九]。金剛権守[一〇]が着し〔は〕、文蔵打の本打[一一]なり。この座に（で使う）、年寄りたるぜう〔は〕、竜右衛門。恋重荷[一二]の面とて名誉せし（評判の）笑ぜう[一三]は、夜叉が作なり。老松[一四]の後（後シテ）などに着るは、小牛なり。

愛智の打ち手〔が〕、面ども打ちて、近江申楽に遺物しける（贈ったが）が、大和名[一五]

一 翁面。式三番の翁が着ける。
二 日光の打った面がよい、の意。日光や弥勒はいずれも伝説的な面打（面の作者）の名。
三 三重県名張市小波田。「伊賀小波多にて」は、「座を建て初められし」にかかるのでなく、「伊賀にて」と重複はするが、「尋ね出だし」にかかるとする説もあって注目される。
四 近江の面打では赤鶴が。
五 赤鶴は猿楽の役者であったという意味の傍注。
六 愛智打といわれているのは。
七 坂本にあった延暦寺所属の一院で、日吉神社領愛智（下）庄の管理をしていた。「内の者」は召使。
八 以下徳若まで、いずれも伝不明。
九 着る人によってずいぶん合う、合わないがある。
一〇 金剛の棟梁。二三八頁注一四。
一一 本面。真作の面。
一二 世阿作の砕動風の能。一八九頁注一七。
一三 尉面の一種。ここは前シテの老人が着ける面。
一四 世阿作の脇能。後シテは老松の神。
一五 〔それを〕大和猿楽の名手ということで世阿のところへ。

人とて世子の方へ、岩童して（を介し）送りし遺物の面〔は〕、今、宝生大夫の方にある女面・顔細きぜうの面、これなり。時々源三位に、彩色きて着られしなり。男面〔で〕、近ごろよき面と沙汰ありし（評判されたのは）、千種打なり。若男面は竜右衛門なり。

出合の飛出、この座の天神の面・大癋見・小癋見、皆赤鶴なり。大癋見をば、他国よりは大和癋見といふ。この面なり。大癋見・天神の面、もつぱら（すべて）観阿よりの重代（相伝）の面なり。飛出は、菅丞相の、石榴くわつと吐き給へるところ（表情）を打つ。天神の面、天神の能に着しよりの名なり。人の借り召されしを（ある方の命でお貸ししたが）、不思議なる霊夢ありて、返されし面なり。家に納め奉れども（秘蔵していたが）、また霊夢ありて、今も着るなり。小癋見は、世子着出だされし（使い始められた）面なり。余の者（他に使いこなせる人は）着べきこと、今の世になし。かの面にて、鵜飼をば為出だされし面なり。異面にては、鵜飼をほろりとせられしなり。面も、位に相応たらんを着べし。

この座の、ちと年寄りしく（年寄った感じの）ある女面、愛智打なり。世子、女能に

一六 近江猿楽日吉座の役者。二四七頁注三〇。
一七 奈良県桜井市外山にあった座で、観阿の長兄が大夫を継いだ（次頁）が、ここはその後嗣か。
一八 世阿作「頼政」の一名。世阿の手もとにあったころは、その前シテの尉面に用いたというのである。
一九 当時は演者が、その時々に彩色し直した。一七六頁注一三。
二〇 大和の者で、代々鼓の胴を作っていたという。
二一 奈良県橿原市出合町にあった出合座。観阿の父がこの地で起した座で、次頁参照。
二二 飛出以下、天神・癋見はいずれも鬼系統の面。
二三 大和猿楽でよく使用したための称。「癋見」は、口をへの字に曲げておし黙っている形（「べし口」という）を写した面。
二四 菅原道真。その怨霊が法性坊尊意の前にあらわれ、怒って石榴をかんで吐くと、火焰になった話は『太平記』巻十二に見え、「雷電」にも作られている。
二五 廃曲「菅丞相」、または「雷電」とすれば、その前シテに天神、後シテに飛出の面を用いたのであろう。
二六 榎並座の左衛門五郎の原作を世阿が改作した曲。その初演の際、後シテの地獄の鬼にこの面を用いたというのであろう。今も小癋見を用いる。
二七 他の面を用いる時は「鵜飼」を砕動風に演じられた、の意。「ほろり」は一九三頁注一五。したがって小癋見の時はいくらか力動風であったことになる。
二八 役者の芸位につり合ったものを着けるがよい。

はこれを着られしなり。〈なほなほ名誉の面どももあるべし。〉

猿楽諸座の来歴

一、大和申楽は、河勝より直ぐに伝はる。近江は、紀の守とてありし人の末なり。さて紀氏なり。〈時代、よくよく尋ぬべし。〉

大和、竹田の座・出合の座・宝生の座と、うち入り、うち入りあり。

竹田は、根本の（河勝よりの）面など、重代あり。

出合の座は、先は山田申楽なり。伊賀の国（平氏なり）、服部の、杉の木といふ人の子息、おうたの中と申す人、養子にしてありしが、京にて落遺腹に子をまうく。その子を、山田に、美濃大夫といふ人、養子してありしが、三人の子をまうく。宝生大夫（嫡子）、生一（中）、観世（おとと）三人、この人の流れなり。かの山田の大夫は早世せられしなり。

一 秦河勝の直系である、の意。したがって金春をはじめ世阿も秦氏を称した。「河勝」は一三頁注四。
二 秦氏安の妹聟、紀権守のこと。五八頁注四。
三 大和猿楽は。
四 奈良県田原本町西竹田にあった円満井座のことで、金春をさす。「出合」「宝生」は前頁参照。
五 互いに婚姻関係がある。
六 聖徳太子作と伝える鬼面など。五八頁一二行。
七 前身は山田猿楽から出ている意。この座は観阿の父の起した座で、以下その系譜を伊賀時代から説き起して観阿に及ぶ。「山田」は奈良県桜井市山田。
八 「伊賀の国」の傍注。同国の多くの武士団が桓武平氏であったためか。または「服部」（名字としての）にかかるべきものか。「服部」は三重県上野市。服部氏もここに住した。
九 桜井市太田。あるいは「子息を、うだの」と読み、奈良県宇陀郡とする説もある。
一〇 「落胤腹」（らくいんばら）に同じ。妾腹のこと。
一一 宝生座を継いで大夫となったのが嫡子、の意。
一二 生一が次男、の意。父の出合座を継いだことを示唆するか。室町時代宝生座の脇方に「生一」があったが、出合座との関係は不明。
一三 観世というのが末子、の意。観阿をさす。
一四 美濃大夫の養子。「山田の大夫」は美濃大夫。

金剛は、松・竹とて二人、鎌倉より上りし者なり。名字なし。〈なほなほ尋ねて記し置くべし。〉

近江は、敏満寺の座、久しき座なり。山科は、山科といふ所の悴侍なりしが、敏満寺が女と嫁して、申楽に志して、山科の明神、春日にておはすか、こもりて進退を祈る。烏、社壇の上より物を落す。見れば翁面にてまします。この上はとて、申楽になる。嫡子をば山科に置き、おとどをば下坂に置き、三男をば日吉に置く。それより三座の流れとなる。しかれども山科、総領なれば、日吉の神事、今に正月朔日より七日に至るまで、山科独りして翁をす。かの面なり。この能は、昔の山科、夫婦連れて大晦日にこもりし時、三歳になる子頓死しければ、末代まで子々孫々におきて、正月朔、申楽を勤むべきと祈念しければ、蘇生せし、その願なり。今の岩童祖父、下坂といふ名字を除きて、日吉と号す。近ごろ、山よりの下知といへども、無念なることなり。敏満寺・大森・酒人〈下三座〉。

一五 普通は若死の意。急死をもいうか。二四八頁注一五。
一六 金剛座。古くは坂戸座という。五九頁注二四。
一七 所領や居住する地名をとって字の一部としたもので、領主や格別の勇士でもない一般庶民は持たない。
一八 滋賀県犬上郡多賀町敏満寺にあった座という。
一九 同県長浜市山階町にあった山階座。五九頁注二六。
二〇 従者などを勤める下級の侍。「悴」はやせた意。
二一 以下八字は「山科の明神」の注記。祭神は春日大明神であったか。〔それに〕、の意で下に続く。
二二 参籠して身のふり方を祈った。
二三 それではということで、志望どおり猿楽に入った。
二四 長浜市下坂付近。五九頁注二七参照。
二五 日吉神社所在地の坂本付近。五九頁注二八。
二六 山科（山階）・下坂・日吉（比叡）の上三座。
二七 日吉神社の神事猿楽。
二八 使用面は前記の翁面である。
二九 その願立てを実行しているのである。
三〇 今の岩童の祖父が、下坂という名字の座名を廃して、日吉座を称した。
三一 非常に、の意で、下の「無念なることなり」にかかる。
三二 「大森」は滋賀県蒲生郡蒲生町大森に、「酒人」は同県甲賀郡水口町酒人にあった座。
三三 注二六の「上三座」に対する称呼。

丹波のしゆく[一]は、亀山[二]の皇帝の御前にて中楽をせし時、長者になさる。新座[三]・本座・法成寺の三座の長者なり。道の面目、何事かこれにしかん。

河内[四]の榎並の馬の四郎は、梶井殿[五]やらん〈よくも覚えず。重ねて尋ぬべし〉、馬の紋を賜はる。

道阿[六]の道は、鹿苑院の道義[七]の道を下さる。世阿は、鹿苑院、「観[八]世の時は、世、濁りたる声あり。ここを規模[九]」とて、世阿と召さる。そのころ勘解由小路殿[一〇]武衛、兵庫[一一]にて御犬の検見に、将軍家、御着帳[一二]、自筆に、「先管領[一三]」とあそばされしより、今に先管領といふ。同[一四]じやうに御沙汰、世子、面目の至りなり。亀阿は、亀夜叉といひしによりて、喜阿となり。観阿は、還俗[一五]のうち、早世あり。

一、応永十九年[一六]（年よくも覚えず。重ねて尋ぬべし）の霜月、稲荷

一 本座の役者。後出の摂津の法成寺を宿の座とよぶのとは別。
二 亀山天皇。在位一二五九〜七四。
三 以下は榎並・矢田・宿座の別称。六〇頁注四以下参照。
四 榎並座は正しくは摂津。「馬の四郎」は伝不明。
五 京都市北区船岡山の東麓、東梶井の円融院に住した法親王。この場合尊胤または承胤法親王。
六 犬王の法名。はじめの法名は犬阿弥。
七 義満は応永二年（一三九五）六月出家して法名道有を用い、まもなく道義と改めた。
八 観世（観阿）という時、「世」は濁音でよむ。
九 これに倣って「ぜあ（ジェア）」と濁るがよい。
一〇 初代の管領斯波義将（一三五〇〜一四一〇）をいう。室町勘解由小路に住み、また代々武衛（兵衛府の唐名）の官に任じたのでこの名がある。
一一 摂津の兵庫の御馬場で義満が犬追物を催したことは『犬追物検見記』に見える。その時義将が検見に当ったか。「検見」は射手の成績を吟味する役。
一二 義満が参勤者の名簿に自筆で、の意。
一三 義将は三度管領に任じ、応永五年閏四月に退いた後は「前」でなく、「先管領」と呼ばれたいわれの説明。もっとも「前」と書いても、漢音は「せん」。
一四 同様に将軍直々の御裁定をいただいたのは。
一五 一度出家したが、俗人に戻ったままで亡くなった、の意。観阿は五十二歳で

没したので、この場合「早世」は若死の意味では当らない。単に死去（『天正本節用集』）、または急死（『パジェス日仏辞書』）の意か。

一六 一四二二年、陰暦十一月。

一七「法性寺」は藤原忠平の創建した大寺で、九条河原（今の東福寺の寺地）にあった。その大門前から稲荷の鳥居前に通じるのが法性寺大路で、京・奈良間の要路に当り、廃寺の後も名は残っていた。

一八 有名な土倉（金融機関）であろう。「亭」は亭主。

一九 明神が憑いたのは、召使の女性であるという注。

二〇 永徳二年（一三八二）義満創建の禅寺で、当時京都五山の第二位。義満の室町殿の東北に烏丸通を隔ててあった。いま上京区相国寺門前町。

二一 檜皮葺（檜の皮で神社・宮殿等の屋根をふく）職人の棟梁。瓦大工・畳大工などの類。これは相国寺の檜皮大工職であったか。

二二 天神（菅原道真）作「東風吹かば匂ひおこせよ梅の花あるじなしとて春を忘るな」（『拾遺集』十六）。

二三 右の歌の三十一字をそれぞれ第一字（冠）に置いて、新たに三十一首を詠むこと。

二四 結縁のために勧進して歌を詠んでもらうこと。

二五 合点してもらって、の意。「合点」は佳作の頭に点（＼など、一定の符号）を付けること。

二六 世阿は、この年四月以前に出家していたので、当時観世大夫は元雅であった。

の法性寺大路[17]の橘倉[18]の亭、あやまちより大事になりて、まかるべき時、稲荷の明神憑き給ひて〈女房[19]たちなり〉、観世に能をさせて見せば、平癒あるべき、と神託にて、稲荷にて申楽す。かの女性いはく、「十番すべし。三番をば伊勢に見せ奉り、三番をば春日に見せ奉り、三番をば八幡に見せ奉り、一番をばわが見べき」と神託ありて、十番せしなり。世子、かの家に礼にまかりしを、内にて、「観世きたりたり」とて召し入れ、赤き衣を下し賜はる。今にこの衣あり。

また応永二十九年霜月十九日、相国寺[20]のあたり、檜皮大工[21]の女、病重かりし時、北野聖廟より霊夢ありて、「東風吹かば[22]」の歌を冠[23]に置きて歌を詠みて〈勧[24]め歌なり〉、観世に点取り[25]て、神前にこむべきと、あらたに見しかば、歌を勧めて、縁を取りて、世子に点を取る。否みがたくて、行水し、合点せしなり。そのころは、はや[26]出家ありしほどに、夢心に、観世とはいづれやらんと思ひしを、世阿なりと仰せけると見てありける、と云々。

また藤若[一]と申しける時、大和[二]多武峰の衆徒の、重代の天神の御自筆の弥陀の名号を、天神より霊夢二度に及ぶとて、わたさる。今にこれあり。文字は泥[三]なり。

かやうのこと、ことごとしきやうなれども、道の、神[四]に通ずるところの支証のために書き載す。遠くは秦[五]の氏安、初瀬[六]の滝蔵権現の納受ありしと申し伝へし後、かやうのこと聞き及ばず。

田楽の由来

一、田楽は、坂上[七]のりやう阿法師、山[八]の力者なるが、東塔[九]に参りけるに、開き笠[一〇]着、赤きもの着たる者、棒の先に乗り、刀を巡らすと見て、青蓮院[一一]にて申しければ、さらば汝まなぶべしとて、十三人[一二]の力者、これをまなぶ。それよりこの道起こる。

ある説には、日吉[一三]御臨幸の御時御供せし〈尋ぬべし〉、何とやらん[一四]の流れなり。それによりて、今にかの神事[一五]に、田楽三人[一六]、黒き面を

一 世阿の童名で、二条良基から賜ったもの。
二 奈良県桜井市にあった多武峰寺（叡山の末寺。今の談山神社）の学僧が、の意。
三 金銀の粉末を膠水でねったもの。ここは金泥か。
四 神慮に叶うことの証拠として。
五 村上天皇時代の人。五八頁注三。
六 桜井市長谷寺の奥、滝蔵山に鎮座する地主の神。この神に祈って叶えられたと伝えるが、その後、の意。
七 伝不明。
八 延暦寺に仕えて籠かき・太刀持ちなどの雑用を勤めていた僧体の中間。
九 叡山の中央部。そこの根本中堂に参籠したか。
一〇 以下の記述は、田楽法師の綾藺笠（藺草を編み、裏に絹をはった笠）や緋緞子の装束、高足・刀玉などの曲芸を思わせる。
一一 叡山の門跡寺院で、天台座主の住房ともなった。はじめ東塔南谷にあったが、院政期に今の東山区粟田口三条坊町に移った。
一二 田楽は普通十三人で一組。
一三 大比叡明神が天智天皇の御代、大津与多崎にあらわれ、唐崎を経て、叡山東麓の大宮権現社の地に遷座したことをいう。
一四 田中恒世・宇志丸をいうか。その子孫は卯月祭礼（次項）には奉仕するが、田楽との関係は疑問（『耀天記』など）。
一五 卯月祭礼。四月の中の申の日（いまは四月十四

日)、前記縁起によって唐崎に神輿の臨幸がある。

一六 注一三の御遷座の際、八王子権現が田楽を奉仕した縁で、卯月祭礼には権現の御神体である八面を「本座田楽、頸にかけて渡す」という(『厳神鈔』)。

一七 「花夜叉」は一九三頁。「藤夜叉」は不明。

一八 当時の正月芸能で、唱聞師(門付けの芸人)をはじめ堂上・地下の諸衆も仮装を整えて諸邸に参入し、祝言の歌舞を演じた。

一九 今日では唱聞師にも専門の家筋が絶えた。

二〇 祇園会の行列に参加した囃子物が御所や権門の邸に参入する、その芸を手本とすべきであるが。

松囃子のこと

二一 室町御所(将軍家)の松囃子は当時一転機にあった。前年から赤松、一色等の大名主催の盛大なものが始まる一方、恒例の唱聞師の参入は停止され、翌三年には代って音阿弥が奉仕するようになる。

二二 以下世阿の言葉を写す。文意は、合唱の前に統率者が謡う独吟の謡は、祝意がこもり、しかもくせのないものでありたい。

二三 〔以上謡ってみせて〕たとえばこういう曲である。

二四 今度の松囃子の謡は少し長すぎたようだ。

二五 薪能。興福寺の修二会に付随する行事(五九頁注一九)なので、二月に催されるはずであるが、一揆や経済的事情等で鎌倉後期から修二会の延期されることが多く、薪能も延期された。

薪能の参勤

頸にかけて渡るなり。(列に加わる)

一忠以前、たうれん・かうれんとて名人ありけるなり。いづれも本座の者なり。花夜叉・藤夜叉は新座の者なり。

一、松囃子、今は家なし。祇園の会の時のこそ本になるべきを、永享二年正月、御所の御松囃子に、たれも家なしとて(一人も専門家がいない)、少々世子に問ふ。音頭の節、祝言に直ぐなるべし。「松は風、をさまりて雲もいなり山(居なり・稲荷)、をさまりて雲もいなり山、栄ゆく御代の花衣、春ぞめでたかりける」、かやうなるべし。しかれども今度はちと長かりしなり。

一、南都、薪の御神事は、昔は時節定まらず、夏などもありしなり。されば合ふ申楽なかりしほどに、清次[一]を召されて、御[二]糺明あるべき由ありし時、仔細を申す。その時より、げにも申楽、[三]堪忍不便とて、二月になさる。その時、二月ならば末代欠き申すまじき由、定申しし間、この座におきて、二月の神事ならば欠くべからず。

寺務の能

一、永享元年三月、薪の神事。五日、一乗院[四]にて、円満井[五]・魚崎、両座立合の時、脇はくじなり[六]。魚崎取り当りて、観世大夫〈元雅〉、八幡放生会[七]の能をす。それも先年[八]、寺務の能を引く。大乗院へは、一座一座参りしほどに、脇の沙汰なし。

役者のたしなみ

一、申楽、常住のありきに、今ほど[九]、小者に太刀を持たせてある、似合はぬことなり。道阿、小者に打刀[一〇]を「[一一]持たせけるを、珠阿弥陀[一二]

一 観阿の実名。
二 理由をただして処罰する。
三 大和猿楽四座の者が「地方興行にも出られず、在地で待機していては」生計がもつまい、の意。「堪忍」は経済的な耐久力。薪能参勤の期間については二五七頁注三〇参照。
四 大乗院と並ぶ興福寺の門跡。当時は両院交替で寺務別当となって寺務をみる慣例であった。薪能では、その期間中に、四座が二座ずつ寺務別当（次に見えるとおり大乗院の場合は別）の坊へ参上して、立合能を演じる行事が伴った。寺務の能。
五 金春座と観世座。
六 立合能の初番である脇能を演じるのは名誉なので、争いを避けてくじを引く。
七 「放生川」の古名。二一八頁七行。
八 そのくじを引いたのも前年の正長元年（一四二八）のことである、の意。同年十一月の春日若宮祭の後宴の時かという。
九 近ごろは、従者に。
一〇 腰につるさず、帯にさす太刀。
一一 以下巻末（二六四頁）まで底本になく、堀本で補

仏、折檻しられけるなり。さればただ、よき袋に着替入れて持たすべし。げにとさやうの者なくて叶はざらん時は、なんの短き打刀させて連れべきか。それも昔はなし。かやうなればとて、あまりに近江申楽は身を持ち下げて、近江なんどにては、山法師の若党のやうなり。それにてはなし。身の分際をはからふべし。ただは着のままなり。わが身の分際を顧みべし。

神事を本にして、貴人の御前などにては、御意のままたるべし。しかれども畏れたる心中あらはれずは、また尾籠なるべし。

細川武州の御前にて、当道の中に礼を申しける時、「かかる尾籠の者はなき」と仰せけるなり。人の挨拶大事なるべし。

自然他座の者、御賞翫などの儀あらん参会には、番をもつくろひて、ちやとはづれなどし、時分時分を伺ふべし。さやうのところ未断にては、ことにさてなり。増阿勧進の時、岩童、大勢連れて上の御桟敷の下へ参るとて、沙汰ありしことなり。〔しかるに〕観世一人参る。名人

う。ただし原文は片かな書き。いま平かなに直す。
一二 古山氏。物語の上手で、義満側近として有名。
一三 美麗な袋。上刺の袋のこと。
一四 「なん」（底本ナン）は「スン（寸）」の誤写か。

一五 叡山の衆徒が連れている従者。
一六 身のほどをわきまえるがよい。
一七 ふだんは着流しで、袴などは着けない。

一八 神事能に奉仕する時の心構えを基準として。
一九 無礼に当ろう。
二〇 細川武蔵守頼之（一三二九～九二）。貞治六年（一三六七）から約十二年間管領に任じ、幼主義満を補佐した。
二一 応対の作法には特に注意しなければならない。
二二 万一他座の役者の芸を御覧になるような集りでは。
二三 よい折を見計らい、すばやく席をはずしたりして。
二四 決断できなくては、全く困ったものである。
二五 田楽新座の名人。一七七頁注二三。応永二十年代は全盛期で、その勧進能には将軍や管領もしばしば参会した。解説二七二頁以下参照。
二六 犬王以後の日吉座の代表的な役者。二三四頁一一行。
二七 将軍の御座席のある正面桟敷。

なりと沙汰あり。

この道は、礼楽にとらば楽なり。人の中をにつことなすべし。しかれば色知りにてなくは、住する時節あるべし。鹿苑院の御思ひ人、高橋殿〈東洞院の傾城なり〉、これ万事の色知りにて、ことに御意よく、つひに落ち目なくて果て給ひしなり。上の御機嫌をまもらへ、酒をも強ひ申すべき時は強ひ、控ふべきところにては控へなど、さまざま心づかひして、立身せられし人なり。かやうのことは、世上に沙汰することを記す。世子〔も〕、かやうのところ、ことに名人なりとて、皆々褒美あり。

一、たとへ天性の名人なりとも、稽古の次第次第、道に立ち入りて沙汰せずは、末あるまじきなり。その一人は名人なるべし。されば名人の中に、多くは末なきこと多し。ただ中初・上中・下後と稽

一 儒教で尊重された礼と楽。社会秩序を維持するための礼儀と、人心を和らげるための音楽。
二 人情に通じていなければ。
三 北山第の総門に近い高橋（二三八頁注七）の地に住んでいたための称か。
四 五条の東洞院に傾城町があったが、その出身であるという意味の注記。
五 最後まで権勢を保って亡くなった、の意。臨終に近い永享元年（一四二九）十一月には将軍義教が見舞っている。

稽古法の確立

六 根本的に定めておかないと。
七 「「稽古の次第次第」とはほかでもない」ただ。
八 まず中三位から稽古しはじめ、中ほど上三位を窮

古してゆかば、始終[九]よろしかるべし。皆下[一〇]から入るゆゑに、道絶ゆるなり。よくよく慎むべし。

神事奉仕の心得

一、上下[一一]とて、神事を傍になして、あるいは遅く上り、あるいは春日[一二]の御神事にはづる。かかるゆゑに、いよいよ生死[一三]わろし。たとへ一旦よくとも、始終罰をあたるべし。神事[一四]を本にして、そのあひ間の身上助からんための上下なり。

また神事[一五]の願の翁など、聊爾にする。そと[一六]舞ひて百文づつ取る。〔また〕願少なければ、つらくさ[一七]などする。かかるせをばいかがすべき。かやうの心中持ちたらん人は、始終あるまじきなり。きたらん世には悪所[一八]におもむくべし、と云々。

め、最後に下三位に却来するという九位の稽古の手順をさす。一六八頁注六。

九 結局大成しよう。

一〇 下三位から稽古しはじめるために、芸道で立ちゆかなくなる。一七〇頁六行以下参照。

一一 地方巡業を理由に。

一二 春日神社の若宮の御祭や薪能など。

一三 生きるも死ぬも、ということであるが、死に重点があり、ろくな死に方はすまい、の意。

一四 神事能を本務として。

一五 祭の際、立願のために奉納する翁を引受けて。

一六 簡単に舞って、一人百文ずつ取る、の意。願主は複数である。

一七 「つらくさ」（底本ツラクサ）は「ツラクセ」の誤写で、不機嫌な顔つき。

一八 「五道六道の悪所」（『愛宕地蔵之物語』）の例に従えば、地獄・餓鬼・畜生・修羅・人間、それに天上も加わることになるが、普通は「善所」に対して前の四所をさす。

好色、博奕、大酒、鶯飼ふこと、これは清次の定なり。

定　魚崎御座之事

観世座規約

右、長酒、十貫文。権守酒、三貫文。大夫酒、下は二貫文なり。上は、たけだけに従つて盛らせ給ふべきなり。

一、多武峰の四がうの事。二日に一からづつ。また四がう肴、一がう、長殿取らせ給ふべし。また頭屋の菓、一がうづつ。高坏の坐物、染物なりとも布なりとも、三頭屋に（の中）一頭屋、長殿（〔分を〕）取らせ給ふべし。また四がうの飾り作り物あらば（下行物として洲浜台の類が出されたら）、よからんものを一つ、長殿取らせ給ふべし。また次の作り物をば、職事取るべし。三つともあらば（用意されていれば）、二座より六位まで、配きて分くべし（分配するがよい）。うち、馬あらば（馬が付けばそのうち千文を）、とかく千、長の殿取らせ給ふべし。大瓶、二日のうちに、よからんずるを一つ、長殿召さるべし。また一つをば職事分けて取るべし。

一、得分の事。三（三分が）、長殿。二、端居。三座（〔は〕）、一分半。また一を三

一　当時鶯合（祭礼などの折人を寄せ、鶯に美声を競わせて賭けた）が流行し、鶯飼という職人もいた。
二　観阿の定めた禁制である。一四頁注九。
三　規約。「魚崎」は結崎のあて字。「御」は神事に従うことの慎みと誇りをあらわす。
四　「定」を承け、その第一項の意。
五　棟梁になった時のふるまい酒の金額。一貫は千文。
六　長に次ぐ役者になった時の酒の金額。
七　棟梁の為手をいう用例もある（二三〇頁六行）が、ここは別で、上・下とも複数いたことになる。脇・狂言・囃子方も大夫を称した。
八　上位の大夫は〔二貫文以上〕分相応にふるまう。
九　多武峰寺（二五〇頁注二）で十月十日から一週間行われる維摩八講において、十三・四の両日、八講猿楽が催された。その際の下行物（下給品）の配分規定。「四がう」または「四かう」は「酒肴」（しゆがう）（しゆかう）のあて字で、下行物（酒肴・禄物）の総称としての用法。
一〇　酒「一榼（かふ）」、の意か。榼は角樽の類。
一一　下行物の肴は「一合（がふ）」、の意。この「合」は蓋のついた容器を数える単位。次の「一がう」も同じ。
一二　頭屋から下される菓。「頭屋」は八講の世話役に当った僧坊やその僧。三頭屋あったことがわかる。
一三　高坏に盛った供物の食物、その他染物・布でも。
一四　一座の世話をする役。
一五　長に次ぐ位。「六位」は上座の最下位に当る。「馬」

つに分けて、四座より六位[一九]まで、分けて取るべし。また中座の一臈[二〇]は二分、中座の端居は、三つ一つ、取らせ給ふべし。このほか、四がう[二一]も禄も座ふりに分くべし。

一、若宮[二二]の御祭、薪のくしようとうの事。薪[二三]は四百文。両御堂[二四]を欠きたらば、一瓶たるべし。御社[二五]へはづれたらば、何も当つべからず。中座の座衆は二百文。ただし現病[二六]は許すべし。忌の人も同じかるべし。

一、若宮会の事。馬場[二七]を渡らずは、百文の過怠なり。羯鼓[二八]打は五十文たるべし。

一、多武峰[二九]の役の事。国中は申すに及ばず、伊賀・伊勢・山城・近江・和泉・河内・紀の国・津の国、このうちにありながら上らずは、長く座を追ふべし。このほかの国々にあらば、許すべし。

一、座にゐる事。薪[三〇]はその間。奈良の御祭・多武峰は、前後四日の間。年兄[三一]は遅くとも、先に着くべし。同じ年はくじに取るべし。

は馬一匹。普通は馬代を銭で支給する。
一六 酒を入れた大瓶。瓶は榼や樽と並ぶ酒の容器。
一七 前項とは別に、一般的な収入の配分率。
一八 長に次ぐ位で、前記「二座」の通称か。
一九 以上がいわば上座で、次の「中座」に対す。
二〇 最長老は一分の二分の一の意で、四座より多い。
二一 この「四がう」は、前頁注九とは違い、狭義の酒肴（酒とさかな）。「禄」は報酬の品。
二二 春日大社の摂社若宮神社の祭で、当時は普通九月または十一月下旬行われた。「薪」は薪能（五九頁注一九）。「くしようとう」は未詳。参勤の報酬のことらしく、以下はその配分規定であるが、薪能の規定だけで、御祭の方は漏れている。
二三 薪能の場合、上座は均等に四百文配分される。
二四 〔薪能は興福寺西金堂・東金堂の行事に始まるが〕それに欠勤すれば、酒一瓶しか配分されない。
二五 薪能の期間中、若宮社頭で金春・金剛・観世・宝生の順に催されるいわゆる御社上がりの能のこと。
二六 現在病気中の者は出勤として扱われる。
二七 御祭の中心行事の馬場渡りに参加しなければ。
二八 羯鼓（一八七頁注一九）打は多く少年の役なので、半額の罰金にしたか。
二九 前記八講猿楽（注九）の参勤規定。
三〇 薪能の場合はその期間中、の意で、通常七日間。日延べとなっても十三日間限り。
三一 入座後の年数が上の者。

このほかは、先が先にてあるべし。
一、座の入銭。とかく千、長殿取らせ給ふべし。中座の入銭、とかく千、長殿と中座の一臈と、分けて取らせ給ふべし。
一、親上らずは、子は当たるべからず。また年の事、親上りたりとも、十にならば、当たるべからず。
一、寄合の酒は、むらさどの、役たるべし。奈良の御祭の見参酒は、同じく長殿の役たるべし。　以上。

あの定に、職事の受け取り渡しの年紀、座に入る料足など、詳しくなし。よくよく尋ねて記すべきものなり。

右、三十一ケ条、よも聞き違へたることあらじと存ずれども、もし聞き違へることもやあるべき。心中ばかりの、なほざりならざりしところを見すべきばかりに、これを記す。御一見の後、火に焼き

一 右以外の神事の場合、席次は先着順でよい。
二 入座料の配分規定。
三 中座の入座料の場合は、千文を長と中座の最長老が分け合うというので、中座がかなりの自立性をもっていたことを示している。
四 その場合年齢の制限は。
五 十歳に達すると、配分されない。
六 座衆の会合の時の酒代。
七 「むらさどの」(底本ムラサトノ)は、「千、ヲサドノ」の誤写とする説がよく、千文が長の負担である、の意。
八 寺務別当坊へ挨拶にうかがう時、持参する酒。
九 「あの」(底本アノ)を「コノ」の誤写と見る説もある。
一〇 交替の年限。「年紀」は契約の期限をいう。
一一 冒頭の序に当る文章と、巻末の「定」を除き、「定まれることを知るべし」(一八五頁)から「上下どて」(二五五頁)までの条数。
一二 実行はおぼつかないが、少なくとも心中は篤実に父の教えを守ってきたことをお見せしたくて。
一三 伝書の終りに書く一種のきまり文句。
一四 父上と猿楽の間には深い契りがあるので、七十に近いこの老齢まで、この道にからだをあずけていられるのであろうか、の意。「たらちね」は父親。
一五 母上の慈愛が身にしみてなお忘れられないので、

て給ふべきものなり。

[14]たらちねの道の契りや七十路の老まで身をも移すなりけん

[15]柞原かけおく露のあはれにもなほ残る世のかげぞ断ちうき

[16]棄恩入無為　真実報恩者

[17]たちかへり法のみ親の守りとも引くべき道ぞせきな止めそ

[18]永享二年十一月十一日　　[19]為レ残レ志　秦元能書レ之

[20]一、[21]獅子舞は、[22]河内の榎並に、徳寿とてあり。[23]神変獅子なり。増[24]阿、児にて、鹿苑院の御前にて舞ひし、面白かりしなり。

一、声の薬には、[25]正気散を用ゐられき。味噌気・油気、ことにきらはる。[26]当庭にては、ただ沸り湯（熱湯）を飲みて、咽を焼くがよきとて、

この世の恩愛の情を断ち切ることはまことにむずかしい、の意。柞（なら・くぬぎの類）と母とは掛詞。

一六『清信士度人経』にあるという偈の後半で、出家の際唱えた文句。大意は、恩愛を捨てて仏道に入ることこそ、まことに恩愛に報いることである。

一七 一度お別れするが、また立ち帰って両親をお守りできるのは仏道だけだ、と信じて芸道を去るのですから、留めないでください。古今集巻八「たらちねの親の守りと相添ふる心ばかりはせきなとどめそ」に拠る。

一八 一四三〇年。世阿六十八歳。元能三十余歳。

一九 道への思いをこの世に留めておきたくて、の意。

二〇 以下二条は後の追記か。

二一 伎楽や田楽にも獅子舞はあったが、能にも「石橋」「望月」など、それぞれ異なる芸態の獅子舞が見られる。

二二 正しくは摂津にあった猿楽座。六〇頁注四。「徳寿」は伝不明。

二三「神通神変」の意。人間業ではない見事な獅子舞を見せた。

二四 田楽新座の名手。二五三頁注二五。

二五 不換金正気散。鬱気を払い、また声をよくする薬として知られていた。

二六 舞台では、の意。物着（多くは中入のない能の場合に、中途で着替えたり、小道具をつけたりすること）などの場合であろう。

いづれも用ゐられしなり。幕屋（楽屋）にては、重湯（おもゆ）[一]殊勝（しゅしょう）のものなり。[二]

是（これ）[三]ヨリ末ハ、「聞書」ノ外題（げだい）ニテ、別本ニアレドモ、紙数（かみかず）少ナケレバ、同（おなじ）聞書ノ本ノ奥、任（まかセテ）ニ礼紙（らいし）ニ書キ加ヘ候也。

扇落し[四]の手は、定まるまじき（きまったやり方はない）なり。[五]やる手にて落したらば、やが（すぐ）てやる手にて取るべし。折る手にて落したらば、そのまま折る手にて、やがて取るべし。

音曲（おんぎょく）に、文字（もんじ）[六]のうちを寄せ、てにはの字を、長くも短くも、所に（場合場合で加減して謡うがよい）よりて言ふべし。

一 重湯（米の煮汁）はことにすぐれている。

二 底本は、次に「シキ三番ノヤウ」にはじまる一条があるが、これは底本校訂者の改竄（かいざん）で、それに続く永正十一年（一五一四）の演能の記録の追記と思われるので、両者ともに削除する。

三 以下の文言は、「聞書」と題して別冊になっているが、紙数も少ないので、以上の『申楽談儀』の奥に礼紙（らいし）を利用して書き加えておく、の意。「礼紙」は書状の上包み、または書状に添付した紙片で、追書きなどに利用されるが、この場合はそれではなく、本の奥に残された白紙のことらしい。

扇落しの口伝

四 一八七頁三行にも見える。同五行の本文注記「口伝あるべし」（注一六）とあるのが、この記事に当るか。

五 前に伸ばす手。その対が「折る手」で手もとに引く手。

節の基本

六 自立語は詰めて謡い。二〇五頁注一三。

七 五音（ごいん）（宮・商・角・徴（ち）・羽の五音階）のうち、基礎となるのが宮。宮・商で五音を代表させている。二六二頁注一。

宮[七]はつく息（出す）、商は引く息（入る）なり。つく声は地、引く息は天なり。律[八]は天、呂は地なり。さればこそ律呂[九]と文字をば番ふなり。しかれども、今、現在の人間、地なれば（に住むので）、呂の声にて祝言をば言ふべきなり。律[一〇]をば悲しみの声といふべきか（しかし）。根本、天が本なれば、律を喜びの声とは申すべし。この宮・商[一一]、上り下つて、諸体の曲風をなす。これ肝要なり。

観阿は天女[一二]をばせず。しかれども元清[一三]には舞ふべき由、遺言せられしによつて、世子、大和[一四]におきて舞ひ初めらる。

一忠・喜阿評

先祖[一五]・増阿[一六]など、わろきところどころ。

一忠、膝すぼりける（内またと聞いている）となり。

喜阿は、音曲上手なれども、不思議に、横[一七]に謡ひ出して、横にても止めしなり。清水寺[一八]の曲舞に小歌節[一九]あり。「嵐にたぐふ松が枝は、

八 日本音律の十二律（一一八頁注二）のうち、第一音階の壱越から一つおきに第十一神仙までが律、第二断金から第十二上無までが呂。

九 呂律といわずに律呂と熟語にしていうのである。

一〇『音曲声出口伝』に、「呂といふは喜ぶ声、出づる息の声なり」「律といふは悲しき声、入る息といへり」とある。

一一 五音の各音階の移動によって種々の美しい節かかりが生れる。一一七頁一一行。

一二『却来華』に、「天女の舞、舞の本曲なるべし」とあるが、これを猿楽にとり入れたのはそう古くないらしく、しかも「近江の犬王得手にてありしなり。さるほどに天女の舞は近江申楽が本なりと申す輩あり」という。

一三 世阿の実名。

一四 大和猿楽としてはじめて試みられた。

一五 一忠・観阿・犬王・喜阿をさす。一七五頁一行。

一六 世阿と同時代の田楽新座の名人で、喜阿以後の新座を代表する役者。一七七頁注二三。

一七「横に謡ひて竪に言ひ納めよ」（『風曲集』）が基本とされた。呂律に当てると、横は呂、竪は律。

一八 曲不明。喜阿の作か。以下二箇所の引用はいずれも同曲であろう。

一九 謡本来の節で、曲舞節に対立する。一九八頁注七。

おのれと琴(きん)を調べて」、「嵐にたぐふ」まではせめて[一]、角(かく)の声なれば、曲舞節なり。「松が枝」からは女節(をんなぶし)[二]なり。「行叡(ぎやうえい)[三]は東をさして」、こ こも女節なり。[四]曲舞節をば謡はざりし者なり。文盲(もんまう)の者なり。「御(み)[五]心(こころ)を得ては」とあるを、「御心においてはとは、何(なに)ぞ」と言ひて、「心においては」と疑ひし（の誤りかと思っていた）なり。「公光(きんみつ)[六]と申す者なり」、喜阿訛(なま)らかすを、道阿は、いや（面白くないと）と申しけるなり。「松には風の音羽山(おとはやま)[七]」、この「松には風」、訛(なま)りたる由、喜阿申しき。しかれども「秋の野風に誘[八]はれて」、この「風」、同様なり。[九]よき節訛りは面白きなり。昔は、[一〇]さして文字の声(しやう)を磨かざりしなり。

増阿評

増阿も、喜阿がわろきところをば直す由、申す。しかれども増阿、[一一]開口(かいこ)に、「長生不老(ちやうせいふらう)のまつりごとは、この御代(みよ)に治まり」、「治まり」をば落す[一二]なり。さらに祝言(しうげん)にあらず。増阿が音曲に、開口の面白きといふは、望憶(ばうおく)[一三]のかかりあるゆゑなり。祝言と申す音曲は、面白き

一 角の声で謡うから、少なくとも曲舞節である。〔しかし〕の意で下に続く。「角」は五音の一つ。宮を洋楽の音階のハにあてると、商はニ、角はホに当る。
二 小歌節に同じ。
三 修羅(しゆら)能(のう)の「田村」の語りにこれと似た文句がある。
四 喜阿が曲舞節を謡わなかったことは二〇二頁一二行にも見える。
五 曲不明。
六 世阿自筆本『雲林院』の名告(なのり)のサシ謡。前出(二〇七頁二行)。「訛る」はアクセントを変えて謡うこと。
七 「由良湊(ゆらのみなと)の曲舞」の中ほど、アゲハの後の文句。以下の文言は二〇五頁六行以下にほぼ同じ。
八 曲不明。
九 てにをはのアクセントの違いは、節扱いがよければ面白く聞かれる。
一〇 それほどアクセントをやかましくいわなかった。
一一 猿楽では、開口は脇能のワキの役であるが、田楽ではシテの増阿も謡ったわけである。
一二 上音から急に低音に謡い下げた。これでは少しも祝言にならない。
一三 祝言の対。五音でいえば幽曲・恋慕・哀傷を総括

曲あるべからず。舞に、[一四]うらふつた、うらふつたとあくる、きたなし。[一五]橋がかりにて舞ふも、さして受けず。かかへて（そこではじっとこらえて）持つて、あは舞ふよ、舞ふよと見せたき（見せかけるだけにしたい）ところなり。[一六]後に手も詰まるなり。

節のこと

[一七]東国下りの曲舞よ、悪き曲舞かと覚ゆるなり。同じかかり多し。[一八]南阿弥陀仏、節の上手なりしかども、あまりに繰る[一九]節多くて、[二〇]時世、女曲舞なりといひけるなり。

また[二一]弓矢の立合、をかしき立合なり。「[二二]桑の弓、蓬の矢」と謡ひ出だす。この声、まづ祝言にはづれたり。やうあり（わけがあって）、かくなり（こうなのだ）と申せど、[二三]なまじひに、立合節をなめたる者の書きたるなり。

[二四]平家に、心得ぬ（不審な）節の付けやうあり。「[二五]この馬、主の別れを惜しむと見えて」と言ふところを、[二六]三重に繰る。かやうのところをば、こ

した称呼。気合をこめない息扱いで謡うので、柔らかに弱い感じの声であり、自然調子が下がるくせがあるともいう（『音曲声出口伝』）。

一四 文意不明。誤写があろう。

一五 一九四頁三行以下にほぼ同じ趣旨の文言がある。

一六 〔舞えば〕舞台にはいってから手詰りになる。

一七 作詞琳阿、作曲海老名南阿弥。二〇二頁一三行以下の文言参照。

一八 南阿弥の正しい呼び名。当時著名の数寄者。一七五頁注一八。

一九 上音からさらに高く張り上げて謡う節。クリ節。

二〇 当時女曲舞と呼ばれたことである、の意。クリ節は高音で、女声にふさわしいからである。

二一 現存の立合舞の一つ。弓矢の徳を讃えて三人で同時に立ち舞う。

二二 「国君の世子生まるれば、（中略）射人桑弧・蓬矢六をもつて、天地四方を射る」（『礼記』内則）。

二三 中途半端に立合の音曲を学んだ者が作った、の意。「書く」は作詞・作曲を含めていう。

二四 平曲。当時はその全盛期であった。

二五 流布本『平家物語』巻九の「浜軍」に「この馬、主の別れを惜しみつつ」とある。

二六 平曲で最も高い声。「重」はオクターブに当り、初重・二重（中音）・三重の順で高くなる。

とばにて言ひて、譬[1]などを三重に言ふはよし。「ころは卯月二十日[2]あまりのことなれば」など、三重なる、わろし。かやうのことは、人[3]に詰められては言葉なし。知りたるどし[4]、うなづき合ふことなり。

調子に、上無調[5]・下無調といふは、用[6]の声なり、と云々。

観阿・世阿の優劣

世子の位、観阿に劣りたるところあり。誰も知らずと、世子申されしを、尋ねければ、「われは足利きたる[7]によつて、劣りたるなり」、と云々。」

一 譬の文句。
二 『平家物語』灌頂巻の「大原御幸」の文句。
三 わからない人から理由を問い詰められても説明できない。
四 よくわかった者同志が、以心伝心で確かめ合う性質のものである、の意。「三重」はゆったりと澄んで謡う節で、一曲の花といわれたが、その乱用を戒めたのであろう。
五 十二律のうち最高の第十二音階が上無、第五音階が下無で、洋楽でいえば、それぞれ長音階の変ニ音、変ト音に当る。それらを主音とする調子が上無調、下無調であるが、実際に用いられるのは壱越調以下、平調・双調・黄鐘調・盤渉調の五調子である。
六 五調子の応用である。
七 足が利くのは砕動風のためには利点であるが、それをあえて欠点と評した趣旨は、世阿にとって基本はあくまで幽玄であり、砕動と対極の方向にあったこと、及び世阿のわざの理想が「せぬ」(二三三頁二行)を目ざしていたこと等に関連しよう。

解説

世阿弥の生涯

世阿弥は幼名鬼夜叉。生年を貞治二年（一三六三）とすることは戦後紹介された崇光院の宸記『不知記』（仮称）の記事によっていっそう確実さを加えているが、それによれば父観阿弥の三十一歳の子である。観阿弥の祖父は伊賀の服部氏の出で、のち大和に移り、父に至ってその地の山田猿楽の芸統を継ぎ、磯城郡の出合の地に出合座を起したといわれる。その三男が観阿弥であるが、やがて自立して出合の西北方、結崎の地で座を建てた。結崎座あるいは観世座（童名観世に基づくという）とよばれたこの座は、宝生・金剛・金春と並ぶ大和四座のうちでは最後に出現したのであるが、鬼夜叉出生のころには結成されていたのであろう。

応安六年（一三七三）のころ、観阿弥父子は醍醐寺で七日間の勧進興行を催し、ようやく京洛にその名が聞えるようになる。次いで鬼夜叉の十二歳といえば（『申楽談儀』二四三頁）応安七年であるが、観阿弥は東山、今熊野における演能で将軍義満の目にとまり、以来父子ともにその眷顧をうけることになった。その時義満は十七歳、はじめての観能とあって、当時著名の数寄者海老名南阿弥が、特に結崎座の大夫観阿弥を推薦して「翁」を舞わせたという。同じく『申楽談儀』（二七六頁）の記事によれば、その年春日若宮会の装束給の能で田楽の名手喜阿の芸に接して、深い感銘をうけたというが、これは翌永和元年（一三七五）の誤りらしい。またそのころ東大寺尊勝院主（経弁か）の案内で、前関白二条良基に謁して芸を披露し、藤若の名を賜った。命名のいわれは、その後「松が枝の藤の若葉に（のように）千年までかかれ（懸かれ・かくあれ）とてこそ名づけそめしか」の一首を贈られていることによって明らかである。興味深いのは、良基が再度藤若を同道するよう、尊勝院主を促した消息文の残っていることで、それによれば、藤若は能はおろか、蹴鞠・連歌にも堪能であったことがわかるが、ことに風姿について、「顔だち、ふり風情ほけほけとして（蠱惑的で）、しかもけなりげ（かいがいしい）に候。かかる名童候べしとも覚えず候」とまで感嘆しているのが印象深い。芸についても擬古文調の美辞麗句の限りを尽して賞賛した挙句、「将軍様賞翫せられ候も理とこそ覚え候へ」と書いて、義満の目利きをたたえることも忘れないが、結局賞賛はよくこれに応えた藤若の上に帰ってくる。

　良基は当時五十六歳、やがて太政大臣に昇り、また前後四度にわたって関白に還補されるという北朝宮廷の大立者であったが、しかし彼の存在を重くしていたのは、より以上にその学問と教養で、古典研究、和文和歌・連歌・有職故実はもとより、管絃・蹴鞠・鷹にも詳しく、文字どおり公家文化の頂点に立っていたのである。彼が義満のために、こうした公家風の学問・芸能の指南役に任じたことは、『後愚昧記』の筆者三条公忠が、「大樹（将軍）を扶持する人なり」と評した言葉とともに知られているが、両者の交渉のようやく密になるのもこの永和のころである。

　その後藤若が良基の第に参候することは度重なったであろうが、永和四年（一三七八）四月には、そこでの連歌会に一座して次のような句を良基（准后）の前句に付け、その絶賛を博している。

　　功捨つるは捨てぬ後の世　准后

　罪を知る人は報のよもあらじ　児

またその年の六月には義満の桟敷に召されて祇園祭の鉾を見物したが、このことにふれて前記『後愚昧記』が、「乞食の所行」である散楽者でありながら、将軍に近仕するばかりか、「物をこの児に与ふる人は、大樹の所存に叶ふ」というので諸大名がこれを競い、「費、巨万に及ぶ」と記して慨嘆していることは有名である。しかし藤若の魅力は単にたぐいまれな美童であっただけではなく、本業においても、しばしば父の塁を摩するほどのものがあったらしく見える（後述）。

こうして藤若が、義満と良基とをつなぐ当時最高の文化圏に接触しつつ人となったことの意義はまことに大きく、後年少なく見積っても五十曲を下らない能本、二十種に上る伝書を著した、その学問・教養・筆力の謎は、戦後明らかにされた以上のような伝記的事実から、ほぼ納得できる説明が得られるようである。それにつけても藤若の教育のために観阿弥の払った深謀遠慮にはなみなみならぬものがあったであろうが、その彼も至徳元年（一三八四）五月、興行先の駿河で没した。享年五十二である。

観阿弥が、能の理想を体現したただ一人の役者ともいうべき名手であったこと、そればかりか演出・作能・芸論、それに一座の統率者としても稀有の人物であったらしいことは、『風姿花伝』『申楽談儀』等からうかがわれるが、とりわけその功績といわれるものを要約すれば、次の二点であろう。一つは、従来の猿楽の謡が、当時の歌謡の基本的旋律である、いわゆる小歌節に則っていたのに対し、そこに新たに拍子を主とする曲舞節を取り入れ、前者の旋律と後者の軽快なリズムとが調和した「大和音曲」を生み出したことである。また一つは、物まねを特色としていた大和猿楽の中に、近江猿楽の特色として知られる幽玄な舞歌の芸を取り入れたことである。観阿弥が創めたこの新しい猿楽能の魅力をいち早く認めたのが新時代の統治者を自負していた義満で、両者の間にはおそらく相互に牽引しあう必然性があったのであろう。それにしても観阿弥の獲得したこの成功、いわゆる出世は、ひとり観世座のものではなく、猿楽能そのものの栄光として受け入れられていたことは、近江猿楽の日吉座の犬王道阿が生涯観阿弥を景慕していたという『申楽談儀』の記事（二四三頁）からも察せられる。

観阿弥の芸論は、それを祖述したという『風姿花伝』を通してしかうかがうことはできないが、作品については、およそ次の十二曲が作詞・作曲、あるいはその双方を含めて観阿弥関係のものとして知られている。

「淡路」「伏見」（現行「金札」）「布留」（廃曲）「葛袴」（廃曲）「江口」「静」（現行「吉野静」か）「松風」「四位少将」（現行「通小町」）「自然居士」「小町」（現行「卒都婆小町」）「盲打」（廃曲）「求塚」

さて観阿弥の没時、藤若は二十二歳であったが、これを『風姿花伝』の「年来稽古条々」風にいえば、ちょうど児から青年に移る過渡期に当り、芸の最初の危機に逢着していたはずである。「心中には願力を起こして、一期の堺ここなりと、生涯にかけて能を捨てぬよりほかは、稽古あるべからず」（「十七・八より」）というこの文言には、おそらく身を削るような当時の体験がにじんでいるのであろう。これより先、観阿弥のよい理解者であった海老名南阿弥も他界し、四年後の嘉慶二年（一三八八）には良基も没している。すでに元服して三郎元清と名乗っていたはずの藤若の消息は、その後しばらく不明であるが、おそらく異常な稽古と気力とによってこの危機を乗り越え、やがて上手の名さえ獲得するに至ったことを、同じく「年来稽古条々」の「二十四・五」の記述から推測したい。

応永元年（一三九四）三月、興福寺の常楽会に臨んだ義満は、宿所の一乗院で元清の演能を見ているが、その年の末、将軍職を嫡子義持に譲り、翌年出家した。しかし新将軍はなお九歳であり、義満は依然室町第にあって実権を握り、元清の庇護にも変りはなかった。即ち応永六年四月の醍醐三宝院における演能には義満の臨席があったし、五月にはその後援による勧進能が三日間、一条竹鼻で催されて盛況を呈した。後述のとおり、『風姿花伝』のはじめの三巻が成立したのは応永七年四月、元清三十八歳の時であるが、続いて九年には「第五」巻までが成立している（宗節本の第五の奥書による）。この時期を、これも「年来稽古条々」風にいえば、まさに「盛りの窮め」であって、元清はおそらくそこに記されているとおりの天下の名望を得、あふれるばかりの自信の中でこの書を執筆したと思われる。ちなみに同じ宗節本の奥書に、はじめて「世阿」の署名の見える（六八頁）ことも注意される。世阿とは世阿弥陀仏の略で、いわゆる阿弥号であるが、この場合は法号ではなく、芸名と見るべきものであろう。『申楽談儀』（二四八頁）によれば、特に義満が、「観世」のよみに倣って「ジェア」と濁ってよむように指示したというが、以来この名は晩年まで用いられる。

義満が室町第から北山第に移ったのは応永九年で、やがてそこで没するまでの間が、いわゆる北山時代である。「年来稽古条々」風にいえば、すでに四十代に達していた世阿弥は、そこに記されているとおりの、きわめて微妙な時期を経過していたはずである。おそらく工夫を尽して、見事な芸を見せたであろうが、不思議に演能の記録を欠いている。もっとも義満が後援したのは世阿弥一人ではなく、前記近江猿楽の犬王なども早くから目をかけられ、晩年の寵愛はあるいは世阿弥にまさるものがあったかもしれない。即ち応永十五年三月、後小松天皇が北山第に行幸された二十日の間に、少なくとも三度天覧能が催されているが、明記されているのは二度にわたる犬王の演能だけで、世阿弥のそれは伝わらないなどのことがあるからである。

犬王は観阿弥と同世代に属する名手の一人で、右の天覧能の五年後に没している。幽玄能として知られた近江猿楽の、舞歌中心の芸の大成者であったが、いささかも俗臭をとどめない、華麗を窮めたその芸風は、これを迎えた最も上質な観客層の存在とともに、世阿弥に深い印象を与えたもののようである。後年『三道(さんどう)』を著して、能の不易(ふえき)の本質を、「舞歌幽玄を本風(ほんぷう)として、三体相応(さうおう)(老・女・軍体のいずれをも完全にこなすこと)」と規定した際、この正統を維持した先人として、田楽の一忠(いっちゅう)と観阿弥、それに犬王を掲げている。

義満が没したのは、右の行幸後間もなくの五月である。世阿弥は最大の庇護者(ひごしゃ)と、最もすぐれた批判者の一人とを一挙に失ったわけで、これが芸能生活の転機にならないはずはなかった。

晩年の義満は、将軍義持の異母弟に当る義嗣(よしつぐ)を偏愛したので、義持との間に疎隔を生じていたということもあるが、そもそも父の公家(くげ)風や施政の放恣(ほうし)に流れるのを好まなかった義持が、その没後ことごとに修正や引締めに努めたことは知られている。能においても尊氏(たかうじ)・義詮(よしあきら)以来の田楽を好み、ことに喜阿の後継者である新座の増阿(ぞうあ)を寵愛した。増阿を中心とする勧進田楽が、将軍臨席のもと頻々(ひんぴん)と催される一方で、世阿弥の演能記録が乏しい――応永十九年、神託をうけて伏見稲荷(いなり)社で催した十番の法楽(ほうらく)能と、翌二十年七月の北野七本松における七日間の勧進能が知られる程度である――ことは、それが対照的であるだけに、いかにも冷遇といった感じを免れないが、実際はむしろ義持の潔癖を物語るものであったろう。例を禅にとれば、父義満の禅への帰依は、同時に浄土宗や真言(しんごん)宗に関心を寄せることを妨げなかったが、義持の場合は純一なそれであったことが思い出されるのである。のみならず彼の増阿贔屓(びいき)は、一介の武将が田舎芸に耽溺(たんでき)するたぐいのものでもなかった。

義持は洗練された知識人で、当時友社(ゆうしゃ)とよばれた禅林の風雅な交遊の中心をなし、そのため五山の文学は、彼の時代を迎えて爛熟(らんじゅく)に達したことは知られているし、能についても、『至花道(しかどう)』の後書(あとがき)によれば、あるいは義満を越えるほどの見巧者(みごうしゃ)であったかとさえ思われる。また増阿も、同じ世代の中では世阿弥が賞賛を惜しまなかった唯一のといってよい役者であり、その芸風に対しては「冷えに冷えたり」という、晩年の世阿弥としては最上の評語を呈している。以上のことを考え合せると、増阿の出世は決して偶然ではなかったが、誰よりもこのことを理解していた世阿弥は、さらに厳しい自戒と工夫とを自分に課し、猿楽の将来にも思いを潜めるところがあったと想像したい。事実五十代の後半から伝書の著作が相次ぐのは、もとより体験と思索とがようやく円熟の域に達したことを意味するものにちがいないが、併せて右のことと無関係であったとは思われない。同じく『至花道』の後書に見える「当道いよいよ末風になるゆゑに、かやうの習道おろそかならば、道も絶えぬべきか」という文言は、猿楽道に対して懐いた憂慮の尋常でなかったことを証している。

さてその伝書の著作であるが、五十六歳の応永二十五年二月までに『花鏡』の前身に当る『花習』が書かれ、六月には「別紙口伝」が元次（未詳であるが、元雅の兄とも伝える）に相伝されている。次いで五十七歳の六月には『音曲声出口伝』、五十八歳の六月には『至花道』、五十九歳の応永二十八年七月には、『二曲三体人形図』が成立する。元次のほかは、いずれも相伝者を特定しないが、おそらく後継者の元雅には、そのすべてが相伝されていたのであろう。

世阿弥が観世大夫を元雅に譲って出家したのもこのころで、応永二十九年四月、醍醐の清滝宮で観世五郎（元次か）と、三郎の名を継いでいた甥の元重とが共演した時、世阿弥は後見を勤めたが、これを記録した『満済准后日記』には「観世入道」と記されている。

世阿弥の宗教生活について戦後明らかにされた事実を列挙すれば、一時、東福寺栗棘派の岐陽方秀に就いて指導をうけたこと、また結崎にほど近い菩提所の補巌寺で、二代竹窓智厳に就いて曹洞禅を修めたこと、出家もおそらく同寺で行われ、その際の法名が諸伝書に見える至翁善芳であること等である。これらは彼の伝書に禅、特に曹洞禅的思考や修辞が散見すること、それも出家前後から著しくなり、後年の『拾玉得花』に至ると、やや衒学臭さえ漂わせている等の事実を説明するものとして貴重である。

世阿弥は六十二歳の応永三十一年四月、清滝宮の楽頭職に補され、出家後も隠退したわけではなかったが、しかし最も多くの力を引き続いて伝書の著作に注ぎ、子弟の教導に献身したらしく見える。即ち応永三十年二月には、『三道』が次男元能に相伝され、翌年六月には現行の『花鏡』が成立している。

さてこの時期注目されるのは、元雅と並ぶ三郎元重の活躍である。元重は、世阿弥の弟で観世座の庶流であった四郎の子であるが、早くから世阿弥に認められて、その指導をうけ、また元雅・元能らとも親しくてしばしば共演もし、人目には三人兄弟のように見えたという。この元重を寵愛したのが青蓮院門跡の義円（義持の同母弟）で、応永三十四年（一四二七）四月、稲荷辺で興行された元重独演の勧進能は、その後援によるものであった。ところがその義円が、翌正長元年正月、兄義持の逝去にあって還俗して名を義宣と改め、室町御所に入るに至って、元重の幸運は開きそめる。同時にそれは世阿弥父子と元重とを二つに引き裂き、やがて前者を没落へと追いこんでいったあの悲劇の幕開けでもあった。

同年七月、義宣は元重を御所に召して、大和の十二座の棟梁康次と共演させているが、翌永享元年（一四二九）、再び名を義教と改めて将軍職を継いで間もなくの五月には、御所の笠懸馬場で元雅・元重の共演の能を催している。ところがその十日後、世阿弥父子の仙洞御所への出演について、新将軍から横槍が入るという事態が生じた。理由は明らかでないが、この間の元重に対する世阿弥父子の態度、あるいは態度と伝えられるものが、将軍の激怒を買ったのであろう。そればかりでなく、翌年四月には世阿弥は醍醐清滝宮の楽頭職を取り上げられ、代りに元重が任ぜられるという風に事態は進展してゆく。

世阿弥が『拾玉得花』を女婿の金春大夫氏信（後の禅竹）に相伝したのは正長元年六月であり、また座中一同のために『習道書』を書き与えたのは永享二年三月のことである。前者はもとより後者さえ、こうした事件の翳などいささかも文面にとどめない平静・重厚な労作であるが、しかしその著作の意図まで、同様に平静であったとは思いにくい。少なくとも一座の若い人々、特に嘗ては元重と三人兄弟のように人にも思われ、互いに競争者意識にも燃えていたはずの元雅・元能にとって、この進展してゆく事態が衝撃を与えなかったはずはない。はたして永享二年十一月には、元能が父の語録『中楽談儀』を残して、父母の守りのためにと出家し、元雅も同月、吉野天川の弁財天社に法楽の能を奉納した後、「心中所願成就円満」を祈念して、使用の尉面を寄進している（現存）。しかしこの悲運にさらに追打ちをかけるようにして訪れたのが、永享四年（一四三二）八月の元雅の急死である。興行先の伊勢の安濃津における出来事で、真偽のほどはわからないが、『観世福田系図』によれば、足利の家従斯波兵衛三郎に殺されたという。

その九月、世阿弥は『夢跡一紙』を書いているが、それは元雅を送る哀切を窮めた追悼文であるとともに、また破滅に瀕している観世座あるいはむしろ猿楽道のための慟哭でもあった。元雅はまだ四十歳前、まさしく「盛りの窮め」にあった上、「子ながらもたぐひなき達人」、「祖父（観阿弥）にも越えたる堪能と見えし」（『夢跡一紙』）と評されたほどの才能である。作能についても、『五音』は、「歌占」「隅田川」「盛久」「弱法師」などの現行曲をその作曲と認めているが、おそらく作詞にも関係しているのであろう。いずれも悲劇的気分に貫かれた個性的な作品で、その繊細鋭利な資質を推測させるものがある。

　永享五年三月、世阿弥は最後の論書『却来華』を著して、またしても元雅を悼み、併せて「当流の道絶えて、一座すでに破滅しぬ」と書きつけたが、事実その四月十七日には、新たに観世大夫となった元重が清滝宮で演能し、続いて二十一日から三日間にわたって催された紀河原勧進猿楽――これは襲名披露公演ともいうべきものであった――では、義教は連日桟敷に臨んで新観世大夫の芸を賞翫し、上下参集して盛況を窮めた。

　世阿弥が佐渡に流されたのは翌永享六年（一四三四）五月のことで、理由はやはりわからないが、おそらく元重に対してその後も変らない狷介さが、ついにこの偏執狂的な将軍の勘気にふれたのであろう。在島の作品としては、配流途上の風物や謫所の生活・感懐を謡った小謡集『金島書』が残っており、ほかに金春氏信に送った自筆書簡一通も現存する。前者は永享八年二月の成立であり、後者は六月八日の日付があるばかりで、いつの年とも定かにはわからない。しかしいずれも不思議な明るさと平静さを保ち、芸に寄せる工夫や情熱にも衰えは見えない、という印象をうける。その後の動静は不明であるが、やがて赦免をうけて帰洛したという伝えもある（『四座役者目録』）。景徐周麟の『観世小次郎画像賛』によって享年を八十一とすれば、没したのは嘉吉三年（一四四三）、忌日は前記補巌寺に現存する納帳によって八月八日と知られる。将軍義教が赤松満祐の第で誘殺された二年後のことである。

役者としてのみずからの力量について、世阿弥はほとんど語らない。一般に彼ほど自賛の趣味に乏しく、逆に他人を賞賛することに率直であった人物も珍しいが、とりわけ観阿弥に対しては絶対的で、自分をいつもその蔭に置いてきた。したがって彼の伝書からうかがう限り、豊麗な天才として描かれている観阿弥に、所詮は及ばなかったという印象をうけるが、しかしそうとばかりもいえないふしがある。『申楽談儀』に散見するわずか一、二の文章、たとえば観阿弥の「自然居士」の演能を見ていた義満がかたわらの藤若を顧みて、「児は小股をかかうと思ふとも、ここは叶ふまじき」（一八二頁）と軽口をたたいたという記事は、たとえ「時分の花」にもせよ、その声価はしばしば父を凌ぐことがあったかのようであるし、また「世子の位、観阿に劣りたるところあり。誰も知らずと、世子申されしを、尋ねければ、『われは足利きたるによつて、劣りたるなり』」（二六四頁）と答えたという記事は、かなりはっきりと世評は父を越えていたことを物語っている。しかし最も興味深いのは増阿の世阿弥評（一八三頁）で、それは世阿弥が親しく見聞した先人のうち、みずから先祖とよんで景仰していた喜阿・観阿弥・犬王の芸を、いかに貪婪に吸収し総合していたかを言い得て、まことに妙である。総合といえば、観阿弥の既述のような業績もまたそうした意義を荷っている。したがって世阿弥の功績は、父の遺志を継いで能のあるべき方向を見定め、その方向に沿うて先人の芸を総合し、猿楽能を確立したことにあるといってよく、それはいくら高く評価してもしすぎることはないであろう。

　演技はもとより、演出・作能・芸論にわたる多彩な世阿弥の業績のうち、今日まで残されて検討にたえるものの一つに作能がある。作詞・作曲、あるいはその双方にわたって世阿弥の関係している能を、創作のほか改作と思われるものまで含めて数えると、およそ五十種に上っている。そのうち『申楽談儀』から知られるものは、「世子作」として列挙されている二十二曲（二二七頁）をはじめとして、文中に散見している記事によって、「阿古屋松」（廃曲）「通盛」「西行」（現行「西行桜」か）「浮船」「柏崎」「砧」等がそれとわかるし、さらに『五音』によれば、「富士山」「伏見」（廃曲）「井筒」「千寿」（廃曲。現行曲とは別）「飛火」（廃曲）「葵上」「通小町」「桜川」「春永」「難波」（現行「蘆刈」）「錦木」「橋立」（廃曲「丹波物狂」）「花筐」「班女」「水無月祓」「弱法師」「鵜飼」「須磨源氏」「当麻」「鵺」「野守」等の二十一曲が加わることになる。

これらの諸曲からいえることとは、いわゆる夢幻能が、脇能を含めて、全体の三分の二を占めていること、また夢幻能に対立する現在能の分野でも、いわゆる劇能に比べて物狂の能が圧倒的に多いことである。夢幻能は、亡霊や神仏・化身・物の精などが主人公となって多くはワキ僧のまどろむ夢に現れ、もし亡霊であれば生前の行為を語り、やがて舞歌を演じてみせるという構成になる。物狂の能も主人公が一時恍惚の状態に移って、舞や舞風のしぐさを見せ、かつ謡う。つまり世阿弥にとって能とは、何よりもまず舞歌であったわけで、それは舞歌と並んで能のもう一つの支柱と考えられた物まねを展開させる方向に成立する劇能――劇的な運びの面白さを特色とする曲とは、むしろ対蹠する方向で追究された成果であったといわねばならない。

もともと大和猿楽の芸風の特色とみなされていた物まねの中に、舞歌の芸を取り入れたのは、既述のとおり観阿弥であるが、観阿弥の取り入れ方を現行曲からうかがえば、たとえば「吉野静」（原曲は観阿弥作「静」といわれる）における法楽の舞、「自然居士」における芸尽しのように、物まね即ち劇的な運びの間に舞歌を挾み入れる方式が印象的である。それが世阿弥になると関係はむしろ逆で、舞歌を中心として劇が仕組まれ、運ばれてゆくと言っても過言ではないであろう。このような舞歌によって表される芸の姿やその美しさこそ世阿弥にとっての幽玄であったが、それは幽玄の一名を廻雪とよんで、舞曲や妓女の艶麗な姿に見立てた歌論（『愚秘抄』など）の流れをうけるものであった。

幽玄については後にふれるが、ともかくそれがこのような姿のありようとして、また審美的概念として確立されたのは鎌倉末期の歌論である。以後室町時代にかけて、幽玄は諸芸道の表現論・審美論を支配することになる。しかし周知のようにこの時期の和歌は、自身としてはほとんど創造力を失い、代りに鎌倉初期において俊成・定家、あるいは『新古今集』によって確立された文学の世界をひたすら護持しつつ、それによって当代の趣味を領導することを役割としてきた。この風潮はしたがってしばしば古典主義の名でよばれるが、これを要約した言葉が当代の幽玄にほかならなかったといえば、やや幽玄を具体的に説明することになるかもしれない。いきおいこの古典主義あるいは幽玄が、中世の諸芸道のすべてを領導できるはずはなく、幽玄の影響力は、専ら和歌と密接不可分の関係を保とうとした分野に限って現れてくる。その代表的なものが連歌であり、また世阿弥の確立した能である。そうはいっても世阿弥が単純に歌壇で確立されていた幽玄を踏襲しているわけではなく、基調こそ変らなかったが、その色調はさすがに斬新で、一段と感覚的でもあれば官能的でもあったこと、少なくともそこから出発していったことは後述のとおりである。おそらくそこに能が、義満治下の新時代を荘厳する役割を果しえた理由もあったのであろう。

それにしても世阿弥の幽玄能に現れる主人公が、物語でいえば『伊勢物語』『源氏物語』といった王朝のそれに『平家物語』、和歌でいえば『古今集』『貫之集』などの歌集に、歌学書・古注釈書に見える和歌説話や伝説、漢詩でいえば『和漢朗詠集』に『白氏文集』、そういった古典に取材されていることは著しい事実であるし、詞章の特色をいえば、本歌や本説、それに縁語・懸詞等の修辞を駆使して、嘗ては「綴れの錦」と冷評されたような性質をあらわにしていることも確かである。前者については繰返さないが、後者についていえば、それこそ和歌が『新古今集』に至って完成した修辞法の、忠実な継承者であったといわねばならない。周知のように『新古今集』は、言葉の機能に関して意味よりも、そのもつひびきや情調ないしは映像をより重視するという明瞭な自覚の上に立っているところに特色がある。即ち語句のひびきが互いにひびき交わして華麗な調の世界を繰りひろげる一方、また語句の喚起する情調や映像も次々に重ね合され、結び合されて、できることなら意味にわずらわされない、これのみによる世界を作ることをめざすかのようである。もとより窮極の目標は両者の融和による渾然とした一世界が、専ら詠吟の声を通して現出されるところにあった。世阿弥を動かしていた理論もまたこれと別のものではなく、その能本はほとんど劇詩をめざしていたといってもよいであろう。

次に世阿弥が残している業績の第二は伝書である。おそらく口伝以外に伝書というものの存在しなかった当時にあって、二十種に上る伝書を矢つぎ早に送り出しためざましさに比較できるものがあるとすれば、それは当時ほぼ類似の貧寒な状況にあった新興の連歌のために、十種に余る伝書を次々に述作した二条良基の業績であろう。そればかりでなく両者の類似は、課題の中心を幽玄と花におくことや、幽玄・花それぞれの性格、あるいはその相互の関係の上にまで及んでいるのである。この類似が、両者に共通する時代の文化環境や風潮に規定されていることは、当然考えられることであるが、しかしそれ以上に、既述のような良基と世阿弥との関係から推して、前者からの直接の影響も考えられるのである。

しかし世阿弥の伝書は、思索の明晰さと緻密さ、さらには深さにおいて、遥かに良基のそれを凌駕している。そればかりでなく中世歌論の源流でもあり、頂点とも考えられている俊成・定家に比べても、少なくとも明晰さ、緻密さにおいては、これをぬきん出ているといっても過言ではないであろう。

しかも興味深いことは、俊成・定家がひたすら言葉の内部で追究した前述のような詠歌の課題を、言葉と音曲、さらに肉体を素材とする能という芸能に移し入れ、そのためいっそう複雑、多様な課題として受け入れながら、これを理論的に発展させ、見事な帰結を与えていることである。以下世阿弥の芸論を、その中心となる花と幽玄に絞って解説しておきたい。

花と幽玄

花とはもとより譬喩（ひゆ）であるが、これについて『風姿花伝』は、はじめに次のように説明する。

「そもそも花といふに、万木千草（ばんぼくせんさう）において、四季折節（をりふし）に咲くものなれば、その時を得て珍しきゆゑに、もてあそぶなり。申楽も、人の心に珍しきと知るところ、すなはち面白き心なり。花と面白きと珍しきと、これ三つは同じ心なり」（「別紙口伝」八二頁）

花とは観客が面白がり、珍しがること、つまり観客の驚き・感動といった単純明快で、しかも決定的な事態を押えていることがわかるが、これを最初の、そして根本的な課題として世阿弥の芸論は出発する。まず「人の心に珍しき」といわれるとおり、観客の見る目、思わくこそ能のよしあしを測る尺度であるという考えが前提され、次いで観客を面白がらせ、珍しがらせるものは何かと、その根拠を尋ね、やがてその根拠に基づいて、面白さ・珍しさを生み出す実際的な手段を追究する、という風に思索は運ばれてゆく。

さて面白さ・珍しさが生み出される根拠は何か。これについて世阿弥が感得したことの第一は、観客を驚かせ、感動させる美の性質をつきとめることであり、第二には、驚きや感動はむしろ美以上に、変化と多様性に基づくということであった。第一の花はいうまでもなく、咲き匂うその美しさによって譬喩となる。この意味の花は、「何と見るも、花やかなる為手、これ幽玄なり」（五〇頁）といわれるように、幽玄とほとんど同義であるが、『風姿花伝』ではまだその内容を詳しく規定するまでには至らない。代りにこれを花の一語で示すことによって、既述のような感覚的・官能的でさえある華麗な審美的情趣を示唆することに成功しているようである。しかしこの種の花の用法は、すでに二条良基の連歌論、たとえば『連理秘抄』『九州問答』等に見える上、よりいっそう綿密に分析されてもいるので、世阿弥の所説として注目されるのは、むしろ第二の用法、即ち変化と多様性の花である。それについては、はじめの引用文に続けて、

「いづれの花か散らで残るべき。散るゆゑによりて咲くころあれば、珍しきなり。能も、住するところなきを、まづ花と知るべし」

と書いているが、これは散ってはまた咲く生滅変化のさまに、花の珍しさの根拠を見ているわけで、花はまさしく変化の譬喩といってよい。そればかりでなく、本文は右につづけて、四季折々に色々の花が咲き継ぐ面白さをも指摘して、多様性の譬喩ともするのである。もっとも四季折々に咲き継ぐといっても、一年を通じて咲く花の種類は一定であり、有限であるが、しかしそれらが年毎に新しく咲き継ぐ、その変化に思い至ると、花は人の目に、ほとんど無限とも映るであろう。花の譬喩は結局ここにまで及ぶわけで、それが「年々去来の花」であり、別の言葉でいえば、花の種を一切失うことなく、常に「一度に持つ」こととされる。

次に、この変化と多様性の花を咲かせる実際的な手段は何かといえば、当然のことながら第一には、

「十体」とよばれるような芸の幅広い修得とその蓄積である。いきおい世阿弥は適切な稽古法を確立する必要に迫られるわけで、それを規定したのが、『風姿花伝』の「年来稽古条々」である。

これは役者の生涯を七期に区分したもので、区分の尺度とされたのは身体即ち身なり（からだつき）と声との生理的変化である。要約すれば、「七歳」で入門し、やがて「十二・三」で児の時期を迎える。これは「何としたるも幽玄なり」といわれるとおり、それなりに一つの完成期であるが、これを過ぎると「十七・八」より腰高と声変りの時期に入り、芸の最初の危機に直面する。これを一転機として、「二十四・五」に至ればようやく身体ができ、厳密な意味での稽古の出発点に立つ。改めて「初心」とよばれたのはこのためであるが、併せてこの時期から稽古とは次元を異にする工夫・公案も要求される。「三十四・五」で身体は完熟し、おのずから芸も「盛りの窮め」、即ち全盛期に到達する。稽古はもとより、工夫上の証果も得て、いわゆる「まことの花」が開く。同時に、「上がるは三十四・五までのころ、下がるは四十以来なり」という有名な命題が提起され、身体の生理的限界があらがうことのできない厳しさで示されるが、それについて注目されるのは、この時期に「まことの花」を窮めさえすれば、下がることはないとされることである。こうして以後、「四十四・五」「五十有余」と区分される晩年は、下降か、それとも「まことの花」が残るかの二道に通じている。

繰返すことになるが、以上の七時期は身体の生理的変化に基づく区分であるから、それぞれがかけ替えのない意義をもつ。即ち各時期の稽古法は、その身体的条件に応じて特有であり、それによって獲得された芸態もまた特有である。「時分の花」とよばれるのはこのためであるが、一面いったん獲得された芸も、もし身体的条件が変れば再現することは困難であるし、将来の芸を先取することはいよいよおぼつかないであろう。花の課題であった芸の蓄積、「一度に持つ」ことなどもともと不可能であったといわねばならない。したがってそれを可能にするためには、身体的な制約をうけない別種の手段によるほかはなく、それが「二十四・五」以来、稽古と並んで要求されてきた工夫・公案である。

こうして稽古論とともに工夫論が考え合されることになるが、そこで取り上げられた問題こそ、この芸論の前提とされた「人の心」、即ち観客の見る目、思わくである。もし稽古論を役者の努力と責任に属する側面というなら、これは観客に属する側面であるが、しかし今にしていえば、演能のよしあしを測る尺度が「人の心」にあるといわれる以上、演能の成否は役者側の努力にも劣らず、観客側の心のありようにかかわることは当然であった。花を解く鍵は、ちょうど割符のように、半ばは観客の手に握られていることは最初から予想されていたはずである。

ところが観客の心、その見る目・思わくとなると、一口に「目利き」「目利かず」などといっても、その差異はほとんど人さまざまの観があるし、人一人についても、たとえば「目移り」という言葉が示すとおり、時々に移り変って、まるで気まぐれのように見えるので、ここに変化と多様性が織り出されるもう一つの根拠を認めることになる。「別紙口伝」が「人々心々の花」とよんだのは、まさしくこのような事態であるが、それについて注目されるのは、「いづれをまこととせんや。ただ時に用ゆるをもて花と知るべし」（九八頁）と結論していることである。つまり「人々心々」の間に格別優劣を認めず、時宜に叶ったものを花と見るのであるが、逆にいえば何か花という実体があるのではなく、役者の芸と観客の心とが合体する、その瞬間をいろどるものが花と考えられたのである。もとより世阿弥は目利き・目利かずの区別をおろそかにしたわけではなく、むしろその判別には厳しかったが、しかし窮極の見解となると、「目利かずの眼にも面白しと見るやうに能をすべし」（六三頁）ということになり、ここに工夫の最後の課題がおかれるのである。

　さてこのような「人々心々の花」の根拠から、どういう実際的な手段が導き出されるのであろうか。これに答えているのも主として「別紙口伝」であるが、そこに見られるものは芸の修得と蓄積とを説いた、あの地道な稽古論とは性質も方向も異なる、たとえば心をもって心を制するとでもいいたいような諸手段である。即ち観客心理の考察にはじまり、やがてそれに対応する心理的手段の工夫へと進んでゆく道で、そこには人間心理の洞察に基づく卓抜な技法の発見がある一方、観客を否応(いやおう)なしに承服させ、操縦するための心術・詐術の類まで育っており、まことに端倪(たんげい)すべからざるものがある。

　前者の最もすぐれた例は、「老人」の物まねに関する「花はありて年寄りと見ゆるる口伝」（八七頁）であろうし、後者の例としては、専ら意外性の効果を生かした、鬼を面白くする口伝（八四頁）や、「人に油断をさせて勝つ」ための「秘する花」の口伝（九二頁）等があげられよう。こうなると花は、役者と観客とが互いに引き合う綱の緊張関係の上に成り立つわけで、両者は協力者であるとともに敵対者、面白がらせることは相手に気に入られる努力であるとともに、逆に相手の泣き所を押えて、これを制圧することにほかならなかった。

　こうして、役者の地味で一貫した稽古の上に開く「年々去来の花」から、最後の「秘する花」の工夫に至るまでの営みのすべてが花――変化と多様性をいろどるための手段であり、そのいずれを欠くことも許されない。これを要約した文言が、「物数(ものかず)を尽くし、工夫を窮めて後、花の失(う)せぬところをば知るべし」（六五頁）であるが、それではこの双方を会得し了(おお)れば花は成就するかといえば、世阿弥はなおその先にもう一つ、隠された条件があるという。

　それは、「いかにするとも、能にも、よき時あれば、必ず悪きこととまたあるべし。これ力なき因果なり」（九四頁）といわれるような一種の因果で、例として「時分」（時間）の中に働く因果をあげている。具体的にいえば男時・女時とよばれる吉凶の二時が舞台の上に、互いに因となり果となり、起伏交替して現れることで、それは「勝つ神」「負くる神」とよばれる二神の、周期的な行動の軌跡とも解釈されている。つまりある不可抗力な理法が、演能の成否を左右する要因として存在することを認めるのであり、この理法に対する措置が花の最終的な課題となる。もとより措置といっても、因果の理法は妨げることはおろか、変容することさえできないが、しかしただ手を拱いている以外に術はないかといえば、そうではない。まず因果の動きを冷静に観察して、その周期を感得すること、次にはその周期にすなおに順応することである。これを具体的にいえば、

「（前略）これ力なき因果なり。これを心得て、さのみに大事になからん時の申楽には、立合勝負に、それほどにがいしう（我意執）を起こさず、骨をも折らず、勝負に負くるとも心にかけず、手をたばひて、少な少なと能をすれば、見物衆も、これはいかやうなるぞと思ひ覚めたるところに、大事の申楽の日、手だてを変へて得手の能をして、せいれい（精霊）を出だせば、これまた見る人の思ひのほかなる心出で来れば、肝要の立合、大事の勝負にさだめて勝つことあり。これ珍しき大用なり。このほど悪かりつる因果に、またよきなり」（九四〜九五頁）

ということになる。すでに明らかであるが、ここで役者が試みているのは、自分に強制されている不運な「時分」の因果を、逆に積極的な芸の変化、緩急抑揚を備えた芸の多様性と観客に見せかけるための努力である。因果の理法にすなおに順応しながら、役者が懸命に戦っているのは実は観客の心である。結局因果の理法の措置は、観客の見る目・思わくを相手どる、例の工夫の課題に転じられるわけで、このようにして因果の禍を転じて観客の驚き・感動をあがなうことが「因果の花」とよばれ

る。この時因果は逆手に取られ、ほとんど役者の掌中に収められたといってもよいかもしれない。

以上で変化と多様性の花の考察は終るが、最後の「因果の花」に関連して、若干付記しておきたいことがある。考えてみれば、因果の理法に示されているような不可抗力なものは、単に役者の外部にばかりあるのではなかった。役者の内部、つまり身体の成長と衰えとがすでにそうである。世阿弥もこのことは知悉していて、前述の「年来稽古条々」を導いている身体観、たとえば「上がるは三十四・五までのころ、下がるは四十以来なり」という文言など、まさしく身体の生理を不可抗力な理法と観じたものといわねばならない。それは現代通行の芸道観である、芸は年を追うて向上し、老境の枯淡の芸こそ最上であるという楽天性を衝撃せずにはいないであろう。それればかりでなく、この不可抗力なものに対してとった措置も、前述の因果の場合と同様であることに注意したい。

「このころよりは、おほかた、せぬならでは手だてあるまじ。『麒麟も老いては駑馬に劣る』と申すことあり。さりながらまことに得たらん能者ならば、物数はみなみな失せて、善悪見どころは少なしとも、花は残るべし」(「五十有余」二三頁)

「せぬ」とは、一切のわざを捨てることであるから、いかにも老残の身体にふさわしい措置であるし、それだけに一見消極的に見えるとしてもやむをえまい。しかしすぐ右の文章のあと、没前の観阿弥の芸態を述べたところで、「およそそのころ、物数をばはや初心に譲りて、やすきところを少な少なと色へてせしかども、花はいや増しに見えしなり」と評しているのを見ると、残りの花とはいいながら、その実全盛期にまさるとも劣らぬ花やかさであったことがわかるので、「少な少な」といわれた芸態を単純に消極的に解しては誤りと知られる。おそらく物まねはもとより、舞も舞の手を押えて、専ら「かかり」を見せるような芸態、音曲も声こそ立たないが、専ら「節の上の花」とよばれた「曲」

（「別紙口伝」八六頁）を聞かせるような芸態であったろうが、しかしそれさえすべてではなく、さらに工夫の限りを尽した果てに現れる花こそ、「いや増し」の花であったといわねばならない。それは後述するとおり幽玄の窮極の姿でもあるが、世阿弥は身体の生理に精通し、かつそれに順応することによって、かえって窮極の芸位に通じる道を見出したといってよい。

すでに述べたように美の譬喩としての花は、ほとんど幽玄と同義であったが、『風姿花伝』には直接にその審美性を規定した箇所はない。それが見えるのは『花鏡』の「幽玄之入ㇾ堺事」（一三九頁）の条で、「ただ美しく柔和なる体、幽玄の本体なり」というのがそれである。これは当時の標準的な幽玄説で、もし類似を歌論に求めるなら、『三五記』――定家に仮託した偽書であるが、当時は真作と信じられ、影響するところも大きかった――に、「やさしく物柔らかなる筋」とあるのを挙げることができる。歌壇で通行していたこのような幽玄説をそのまま自分の芸論の中枢にすえたのは、ひとり能ばかりでなく、当時文学としての地歩の確立を急いでいた連歌も同様で、しかもその内容はいずれも歌論のそれに比べて、いっそう華麗の度を加え、感覚的・官能的でさえあったこと等は、すでにふれたとおりである。しかし幽玄、あるいは花の審美性は、いつまでもこの域にとどまっていたわけではなく、すでに『風姿花伝』でも「問答条々」になると、「花よりもなほ上のこと」といわれる芸態を立てて、これを「しほれたる」（五一頁）とよんでいるし、『花鏡』に進むと、「さびさびとしたる」「冷えたる」ものを最上とし、またこの方向で考えられる窮極の芸位を「妙所」とよんで、「およそ幽玄の風体の闌けたらんは、この妙所に少し近き風にてやあるべき」（「妙所之事」一四七頁）と説くに至っている。「妙」とは仏教用語で、言語を絶するありようをさすのであるから、「妙所」とは限りなく接近はできても、所詮到達不可能な場所でなければならない。「少し近き風」という言葉は、したがっていかにも正確な感じがするが、それはともかく、この妙所からほど近い「幽玄の風体の闌けたらん」には、およそ幽玄について考えられる限り最上の状態が含意されていたはずである。そして、以下に述べるような「妙所之事」の条の説明から推せば、その審美的内容は、もはや感覚や官能の域にとどまるものではなく、たとえそれを離れることはないとしても、遙かにぬきんでた境位にあったことは疑われない。

しかしこの条の説明を読んで今さらはっきりと気がつくことは、「妙所」、したがってまた「幽玄の風体の闌けたらん」について問われているものは、けっして審美論ではないことである。すでに冒頭から「妙とはたへなりとなり。たへなると云ぱ、形なき姿なり」といわれるとおり、問題は二曲三体、その他あらゆるわざにおける「姿」のありようである。そしてこういう「姿」の真のありようについて、本文はまず「妙」、即ち言語道断とか、「形なきところ」などと説くわけであるが、やがてそれは、観客の側から見れば、「何とやらん面白きと見る見風」であり、役者の側からいえば、「無心・無風の位に至る見風」であると説くに至る。つまり右のような「形なき姿」に対応する役者と観客、それぞれの心のありようが、同様にまた形なき位にあることを明らかにする、こうした一連の思考の中に幽玄の課題はあらわになっているわけで、その際、姿のありようを審美論的に捉え直すことについては、さほどの熱意を寄せていないのである。

おそらく『風姿花伝』が、幽玄の審美性を論じることに熱心でなかったのも偶然ではないであろうが、幽玄ばかりか、一般に花の場合も、中心は審美論にはなく、以上のような芸態のありようにかかわっていたことは確かである。前述の「せぬ」「少な少な」、「いや増し」の花といわれた芸態についてもそうであるし、「しほれたる」の場合も、その趣意の説明に用いられた二首の歌の示唆するものは、やはり姿のありようである。いまそのうちの一首、「うす霧のまがきの花のあさじめり秋はゆふべとたれか言ひけん」の歌についていえば、ここで嘆賞されているものは、花の色や形それ自体の美しさではなく、色ならば霧にぬれておぼおぼとしたそのありよう、形ならば霧の絶え間に見える定かならぬそのありよう、つまり物の形なきありようのもつ美しさである。新古今時代の歌論の用語でいえば、「けしき」とか「おもかげ」——幻影、うしろ姿、鏡面の像などを意味する——の美しさを感じさせる歌で、そこに「しほれたる」の真意も託されていたのであろう。このように考えてくると、幽玄の真の課題は、それがどのようなわざに結びつき、またそのわざにおける姿のありようは何か、端的にいえば「形なき姿」とは、具体的にはどのような芸態であったかということになるであろう。

事実、幽玄が何よりもまず姿の問題であることは、早く『風姿花伝』の序の、「ただ言葉卑しからずして、姿幽玄ならんを、うけたる達人とは申すべきや」という文言にも明示されているが、最も詳細なのはやはり、『花鏡』の「幽玄之入堺事」の条である。そのはじめには、すでに引用した幽玄の審美性の規定があるが、次いで詞・音曲・舞・三体・鬼の順で、それぞれ幽玄のありようが語られている。いま音曲・舞を例にとれば、

「また音曲において、節かかり美しく下りて、なびなびと聞えたらんは、これ音曲の幽玄なるべし。舞は、よくよく習ひて、人ないのかかり美しくて、静かなるよそほひにて、見所面白くは、これ舞の幽玄にてあるべし」(二四〇頁)

のごとくである。そして結局は「見る姿の数々、聞く姿の数々の、おしなめて美しからんをもて、

幽玄と知るべし」と結論され、幽玄の所在は姿にほかならないことが明らかになる。併せて姿に関連する語として、音曲の場合は「節かかり」、舞や三体や鬼など、総じて人体の場合は、「人ないのかかり」「姿かかり」の語のあらわれているのが注目される。それで少し細論にわたるが、「かかり」について若干付言しておきたい。

「かかり」はもと、言葉つづきを意味する日常語であったらしいが、鎌倉末期に歌論に入り、次いで二条良基の連歌論において面目を一新したといえよう。もっともそれらの場合も「かかり」が一句の言葉つづきを意味することに変りはないが、重要なのはその具体的なありようである。『梵灯庵主返答書』は良基の言葉として「かかりは吟なり、吟はかかりなり」という文言を伝えているが、まさしく彼の場合「かかり」は、連歌の当座において執筆のよみ上げる詠吟の声に応じて顕ち現れる言葉つづきのもつ姿である。それは一句の言葉の流れとともに喚起される映像や情調が詠吟の調と合体するところに感得される姿である。それが既述の俊成・定家における姿の説と酷似していることは明らかであるが、実は意識して俊成のそれを継承していたのである。この良基の用法をまた直接引き継いでいるかと見えるのが、世阿弥の場合であろう。もっとも良基における言葉と詠吟が、後者では詞と音曲というそれぞれの分野で扱い直されているばかりか、「かかり」は舞や物まねにまで拡大され、それぞれの演技の上にあらわれるわざの姿として捉えられているという違いはあるが、それは、能の芸態に即しての当然の変更であり、新しい展開であったといわねばならない。

さて再び幽玄に戻るが、前述のとおり、幽玄の所在は姿であり、姿は詞・音曲・舞・三体・鬼等、あらゆる分野の上に認められ、それらと密接に結ばれているが、特に世阿弥が重視したのは二曲（舞・音曲）と三体の幽玄、中でも基本とされた二曲の幽玄である。それは『三道』が田楽の一忠以下の先達を評して、「これは皆、舞歌幽玄を本風として、三体相応」と記し、またそれを能の本質規定としているところにもうかがわれるが、最も明快なのは、「児姿は幽玄の本風なり。そのわざは舞歌なり」という『二曲三体人形図』の規定である。幽玄を特に舞歌と結びつける由来は、前述のとおり『愚秘抄』『三五記』等の歌論書が幽玄体の別名を廻雪体とよんで、舞や妓女の美しさになぞらえているのに関連するであろうし、舞歌と児姿を結びつけるのは、児舞やその美声を賞翫した時代の嗜好に基づいている。ちなみに児姿とは、その柔和な身体のほかに、薄化粧をして児眉を描いた優雅な面貌、美麗な童装束の出で立ちによっても特色づけられており、それらは舞歌とともに幽玄の審美内容に参加しているのである。

しかし児姿は所詮成人するまでの一時期にすぎず、その幽玄もまた一時期の姿として、やがて消滅しなければならないものである。その時児姿に代って幽玄を託されるのが、三体の物まねのうちの女体である。いいかえれば幽玄は女体を通じて、はじめて物まねに結びつくことになる。

女体の物まねについては、『風姿花伝』の「物学条々」に、「弱々と」とか「身はたをやかなるべし」(二六頁)などと説いているが、こういうありようを様式化して、女体の型にまで高めたのが『二曲三体人形図』にいう「体心捨力」である。「心を体とし」とは、心をまず幽玄の堺に潜めることであり、そうすれば身なり(からだつき)はおのずから柔軟になって、心のままに働く、それが「力を捨つ」である。同書はこれに注して、「物まねの第一大事、これにあり。幽玄の根本風とも申すべきなり」と記しているが、今にしていえば児姿の幽玄というのも、この「体心捨力」が自然生得に保持されていたためであったろう。ちなみに女体の場合、女面で覆われた優艶な面貌、美麗な衣小袖などの出で立ちが女体の幽玄の要件とされていることも、児姿と同様、理解できることである。

こうして幽玄は、女体において物まねに結びつくわけであるが、しかし幽玄の根本が二曲にあることは、女体の場合も変らない。『三道』も「女体の能姿」の項で、「ことに舞歌の本風たり」といっているが、『二曲三体人形図』になると、「女体の舞、ことに上風（上級の芸態）にて、幽玄妙体の遠見たり（言葉であらわせないほどの深い幽玄の姿をそのかかりの上に見せている）。児姿二曲の見風（二曲を演じる児姿や）、三体のうちにも（三体の物まねの中でも）、女体をもつて上果（最上級の芸）とす」とさえ記している。幽玄はこうして「女体の舞」において窮まり、「児姿二曲」を凌駕することになるが、すでに完成した身体と鍛えぬかれた成人の芸として開花するのが「女体の舞」の幽玄であってみれば、それも当然といわねばならない。

さて幽玄の最後の問題は、このような舞歌における「かかり」のありよう、すでに「形なき姿」と指摘されているものの具体的な芸態である。まず歌つまり音曲のかかりについていえば、前にも引いた「別紙口伝」の「曲」、即ち「節の上の花なり」といわれたものがそれに当ると思われるので、「曲」に最も掘り下げた説明を与えている『五音曲 条々』の文章を、長文ではあるが引用しておきたい。

「曲といふべきものは、まことにはなきものなり。もしありといはば、それはただ節なるべし。さるほどに相伝すべき形木（基準）もなし。これは以前の下地の仕声より（声の鍛練をはじめとして）、節習、横竪、相音、かくのごとくの条々をよくよく窮めて、達者能一の安声にすはりて（鍛練を尽して安定した、やすらかな声を身につけてから）、おのづから出でたる用音の花匂を曲とはいふなり。（中略）かへすがへす曲は習道にはなきもの（稽古では修得できないもの）と知るべし。

さて無曲の在所をば何とか言ふべき。もし声懸のみか。またいはく、声を使ひ、声に使はるる在所あるべし。声を使ふは節なり。声に使はるるは懸なり」

「まことにはなきもの」といわれているとおり、曲はまさしく「形なき姿」であるが、それは素質と稽古・工夫の功を合わせた果てにあらわれる窮極の芸態であること、しかも意図して得られるものではなく、たとえば恩寵の到来のように、それがゆくりなく現れるのを待つといった状態であるとされている。

同様の問題を舞について尋ねると、『至花道』の「皮肉骨事」の条が注目される。詳細は本文（一〇七頁）に譲るが、まず天性のすぐれた芸態を「骨」、稽古の功を積んで完成された芸態を「肉」、最後に「この品々を長じて、安く、美しく、窮まる風姿」を「皮」とよぶのであるが、「皮」は「人ないの幽玄」ともいいかえられる。即ち「人ないの幽玄」は、生得の芸力に稽古・工夫の功を合わせた果てにあらわれる窮極の姿であり、ちょうど前の「曲」に匹敵するありようを示しているが、ここではそれを「皮」とよんだところに妙味がある。即ち「皮」が窮極であるという主張は、この条の要点であるが、当時一般の用法からすれば逆説的と思われるからである。もっとも皮肉骨の説が『愚秘抄』——定家に仮託された偽書の一つで、当時はやはり真作と信じられ、影響するところも大きかった——に学んでいることは確かである。例えば『愚秘抄』が「皮」を「やさしき」ものと見て、「強き」ものとしての「骨」、「愛ある」ものとしての「肉」に対立させている着想との類似などそれであるが、また『至花道』が「皮」を幽玄や「見」に当てる着想も、『愚秘抄』が幽玄体を「皮」に当てる一方、幽玄体の中に見様体を含めているところに示唆を得ているのかもしれない。しかし皮肉骨三者間の評価となると別で、『愚秘抄』では骨こそ「まことの根本」と考えられているのである。それは禅家における皮肉骨髄の用法——達磨が最後に慧可を髄とよんで、これに伝衣付法したというのとも共通したものである。おそらく世阿弥の場合も単に逆説的なのではなく、「骨」が「まことの根本」

であることを承認した上で、なおまことの姿は「皮」にあると考えたのではなかろうか。このことは皮肉骨説のもう一つの要点である「三つそろふ」ことを考え合す時、やや明らかになるように思う。

前述のとおり「この品々を長じて」といわれる以上、「皮」の根柢が「骨」「肉」であり、「骨」「肉」の開花が「皮」であるという相互の緊密な関係は疑われないのに、さらにも念を入れて皮肉骨が常に「三つそろふ」ことを主張するのである。それは「皮」が「まことの皮」であるためには、いかに「骨」「肉」に根拠づけられる必要があったか、その要請の厳しさを思い知らすものである。重要なのは両者の間にあるこの不断の緊張関係で、「骨」「肉」への反省が深まれば深まるほど、「皮」は皮相であることに徹してゆかねばならない。「安く美しく、窮まる風姿」といわれる「皮」は、かりに「骨」「肉」を「深」というなら、これは「浅」、もし後者を「重」というなら、これは「軽」、そして「強」に対しては「弱」、というより最も微かに、あえかなる姿への昇華であって、まさしく「形なき姿」を指向していたと思われる。

こうして皮肉骨が「三つそろふ」時、役者は窮極の芸位にあり、芸態もまた最上のありようを示すわけである。前者については、「すでに至上にて、安く、無風の位になりて」と記しているが、芸態については次のように記す。

「即座の風体はただ面白きのみにて、見所も妙見に亡じて、さて後心に安見する時、何と見るも弱きところのなきは、骨風の芸劫の感、何と見るも事の尽きぬは、肉風の芸劫の感、何と見るも幽玄なるは、皮風の芸劫の感にて、離見の見にあらはるるところを思ひ合はせて、皮・肉・骨そろひたる為手なりけるとや申すべき」

文意は一〇九頁の本文を参照していただきたいが、これは観客の享受過程を分析していかにも的確であり、世阿弥の論述の中でも見事なものの一つであろう。

収録の伝書について

世阿弥の伝書で今日知られているものは二十一種、このうち成立時期の明らかなものについては、すでに「世阿弥の生涯」で言及しているので、ここには書名のみを年代順に列挙する。

「風姿花伝」（略称「花伝」）「花習内抜書」（「能序破急事」）「音曲声出口伝」（仮題）「至花道」「二曲三体人形図」（略称「人形」）「三道」「花鏡」「六義」（存疑）「拾玉得花」「習道書」「世子六十以後申楽談儀」「夢跡一紙」「却来華」「金島書」

このほか年代不明のものに次の伝書がある。

「曲付次第」「風曲集」「遊楽習道風見」「五位」（仮題）「九位」（仮題）「五音」「五音曲条々」（仮題）

本書に収録したのは、このうちの五種であるが、世阿弥の芸論の精髄をうかがうためには大きな支障はないであろう。編集の方針として、技術論に偏るものは除いたので、もしこの上に何種か追加するとなれば、そうした方面の好著として、作能の基本を説いた『三道』、音曲論としての『風曲集』、諸役の職能を説いた『習道書』をあげておきたい。次に所収の五種について、簡単に解説する。

『風姿花伝』

世阿弥が父の庭訓を、その芸に親炙するようになった十余歳のころから、折にふれて書き留めたもので、本篇六巻、別紙口伝一巻から成っている。内容は多岐にわたっているが、後の『花鏡』の奥書に、「この道を花智と顕はす秘伝なり」と記されているとおり、いかにして能を知るかという課題を、「花を知る」の一事に絞って追究したものといってよく、以後の著作の基礎となっている。体裁もいちおうは整っているが、現状に至るまでの過程は複雑で、当初から七巻であったのでもなければ、また現在見るような編次で執筆されたわけでもない。

　まず最初の三巻が応永七年（一四〇〇）三十八歳の時に、最初の『風姿花伝』として成立する。それには「別紙口伝」も添えられていたらしいが、以上四巻はこの後も『風姿花伝』の基幹として重視されてゆく。やがて本篇の三巻の後に「神儀云」を聞書の名で付加した時期があり、さらにその後「奥儀云」が付加される。この形態をもつのが本書の底本である。底本はすでに「神儀云」を「第四」に配しているが、「奥儀云」には編序を記さず、最後に付載した形をとる。文字どおり本篇の四巻に対する奥伝の意味であろうが、内容にもそれらしい配慮が見える。成立は宗節本奥書によれば応永九年であるが、この奥書を疑う説もある。

　次に以上の五巻に「花修云」、さらに「別紙口伝」を加えたのが『風姿花伝』の最終形態である。おそらくこの時、「奥儀云」は「第五」に配されたのであろう。現存の伝本によれば「第六花修云」「第七別紙口伝」はいずれも個別に相伝されているが、「花修云」の成立時期はわからない。後者は前述のとおり、その早い形態は最初の『風姿花伝』の成立時期にまで遡るであろうが、本書の底本は応永二十五年（一四一八）、元次に相伝された系統のものである。その奥書によれば、それより前、世阿弥の弟四郎（元重の父）にも相伝されていたことがわかるが、その系統のものが観世宗家蔵のいわゆる『古本』と考えられている。以上の数次にわたる整理編集の間に、各巻とも増補改訂をうけたであろうから、本文の問題は複雑である。

以上のように現在の『風姿花伝』は、応永七年以降、二十年近く経ってまとめられたもので、これを「年来稽古条々」風にいえば、世阿弥の「盛りの窮め」から老年にかけての著述である。したがって庭訓とはいいながら、実質は父子二代にわたる芸論の精髄というべきであろう。

『至花道』

題号は「花に至る道」の意味で、応永二十七年、五十八歳の著述である。つまり後述の『花習』が『花鏡』へと成長してゆく途次に現れた、また一つの伝書ということになる。

内容は、わずか五箇条の事書(ことがき)から成る小篇で、各条はそれぞれ独立しているが、やはりここにも一貫した論旨が見出せないわけではない。跋(ばつ)に、「かやうの稽古の浅深(せんじん)の条々」とあるのがそれで、浅とは初心、あるいは当世の芸人の浅薄なありようであり、深とは芸位を窮めた上手のそれである。その浅から深に至る修行の階梯(かいてい)や、両者の間の厳しい区別を説いて、真実の能に到達するための正しい稽古法を教えたものといってよい。またこの書は、世阿弥が体得した五種の基礎的な公案の解説といってもよく、小篇ながらそれぞれ選択された主題が追究され、しかもその思索には『花鏡』と同様、体験とのすぐれた融合が見られる。

『花鏡』

題号は「花のかがみ」の意味で、嫡子元雅に相伝されたと伝える(『四季祝言』)。奥書によれば、『風姿花伝』が庭訓の祖述であるのに対し、これは四十歳以後の自身の思索の成果という。つまり世阿弥は両書を庭訓対自説の関係で区別する一方、また姉妹篇として結びつけようとするかに見える。おそらく区別するだけの実質はあったのであろうが、しかし『風姿花伝』のいわゆる庭訓も前述のとおり、世阿弥自身の体験と思索との中で濾過(ろか)されたものであってみれば、両書を前後継起する世阿弥の著述、ことに姉妹篇と見ることは許されよう。

内容は、題目六箇条、事書十二箇条で、底本奥書によれば、応永三十一年（一四二四）六十二歳の時の成立である。しかしすでに応永二十八年の『二曲三体人形図』に、事書二箇条の標題が「花鏡に云(い)はく」として引かれていること、並びに事書において四箇条少ないものが『花習』の名で、応永二十五年二月までには成立している等の事実がある。おそらく四十歳以後、折にふれて書き留めておいたものを、いったん『花習』の名で整理し、次いでその末尾に四箇条（「奥段(おくのだん)」を含め）を追加して、『花鏡』は成立したのであろうが、底本はさらに改訂を経たもののようである。

題目と事書との違いは、題目がこの道の慣用語らしい標語をとって標題としていることぐらいで、いずれも独立の短章である。しかしもし全篇に一貫する主題を求めるなら、「奥段」に、「ただ能を知るよりほかのことなし」と記されているのがそれに当る。その趣旨を要約すれば、能は目で見るものではなく、心で知るもの、さらにその心を忘れて能を知れ、ということになる。それは役者と観客との双方が、ともに無心・無風の境地に入って、能と合体することにほかならない。こういう思弁に禅の影響を云々(うんぬん)することは容易であろうが、しかし本書の面目は、それが単なる思弁に終らず、常に実技の裏付けを伴っていること、むしろ思弁が実技に追随するとさえ見えることである。こうして思索と体験とが融合した重厚かつ犀利(さいり)な伝書として本書はある。

『九位』

奥書がなく、成立時期はわからないが、正長(しょうちょう)元年（一四二八）に成立した『拾玉得花』に詳しい関連記事が見えるので、およそは推測できるわけである。

内容は、「九位注」と「九位習道の次第」との二部に分れる。「九位注」は、芸位を上三花・中三位・下三位の三等九位に分類した上、それぞれの位階の性格を主として禅林の句をかりて象徴的に説明したものに、さらに加注して説明を詳しくしたものである。この「九位」の形態は平安中期の藤原公任（きんとう）の歌論『和歌九品（くほん）』を連想させるものがある。

後半の「九位習道の次第」は、右の三等九位の階梯（かいてい）の実践法を教えたもので、有名な「中初（ちゅうしょ）・上中（じょうちゅう）・下後（げご）」の説がこれである。まず中三位の「浅文風（せんもんふう）」から入って順次修得しつつ上昇して上三花に進み、「妙花風」に至って極意を窮める。しかし問題はそこで終らず、続いて下三位に立ち帰ることが要請される。下三位は、最も目の利（き）かない一般大衆を満足させる芸位であるが、ここに帰着する時こそ芸の正真の完成と考えられているのである。これは曹洞宗（そうとう）でいう向去却来（こうきょきゃくらい）（『五音曲条々』にも見える語）の思想の実践といってよい。

ほかに注意されることの一つは、「妙花風」以下の九位の風体名で、様式論的に見て興味深く、また一つは、九位の性格規定に用いられている禅林の句である。特に目新しい句が選ばれているわけではないが（そのほとんどが、たとえば元禄六年版『句双紙（くぞうし）』に見える）、禅に寄せた世阿弥のなみなみならぬ傾倒を思わせるものがある。

『世子六十以後申楽談儀』

次男元能（もとよし）が世阿弥の講釈を聞書したもので、奥書によれば永享二年（一四三〇）、出家に際して、おそらくは父に贈ったものと思われる。世阿弥の六十歳は応永二十九年（一四二二）であるが、その四月にはすでに世阿弥は出家しているので、この書は出家以後の所説ということになる。しかしまれに元能の幼少の記憶や自身の所見も交っている。

内容は、演技・演出・音曲・作能・装束・面、その他さまざまな故実のほか、猿楽をはじめ諸芸能の来歴を説いた計三十一箇条を中心として、その前後に世阿弥が「先祖」と仰いだ諸名人の思い出、観世座規約を加えたものである。聞書を整理したものであるから、記述は体系的でもなければ理論的でもなく、辞句の整わない箇所さえ散見するが、しかし一面、たとえば「先祖」の芸態を活写した不思議ともいうべき名文があり、世阿弥の気息にふれる思いがある。とりわけみずから謡い、みずから演じてみせつつ、実技の機微を説き明かしてゆくところはこの書の独擅場（どくせんじょう）で、題号に「談儀」と名づけたのも、これが単なる談話でなく、いちいちの文言を引いての具体的な講釈であったからであろう。なお猿楽・曲舞（くせまい）をはじめとする諸芸能の具体的な記事は、芸能史研究の宝庫といっても過言でない。以上のような特色あるいは魅力をもっているほか、世阿弥の晩年の見解を知るためには不可欠の伝書なので、やや技術論に偏するきらいはあり、また難解の箇所も少なくないが、あえて本書の一篇に加えたわけである。

校訂について

一、本書の底本、ならびに校合に用いた諸本は次のとおりである。

『風姿花伝』

「第五奥儀云」までは、奈良県生駒（いこま）市宝山寺蔵金春（こんぱる）家旧蔵本（昭和二十一年三月・同二十二年七月影印）を底本とし、これを観世宗家蔵のいわゆる宗節本（宗節の署名・花押（かおう）がある）と、吉田東伍校註『世阿弥十六部集』（明治四十二年二月刊。吉田本とよぶ）所収の本文で校訂する。「第六花修云」は、観世宗家蔵のいわゆる世阿弥自筆本（昭和六年六月影印）による。「第七別紙口伝」は、吉田本を底本とし、観世宗家蔵宗節書写本（天正六年の奥書がある）で校訂する。

『至花道』

宝山寺蔵金春家旧蔵本を底本とし、これを吉田本と鴻山文庫蔵細川本（細川幽斎所持本を慶長三年に玄又が書写した本の転写）で校訂する。

『花鏡』

宝山寺蔵金春家旧蔵本（昭和十九年八月影印）を底本とし、損傷の部分は、その転写本である早稲田大学演劇博物館蔵安田文庫旧蔵本（昭和五十年二月影印）で補い、これを吉田本で校訂する。

『九位』

吉田本を底本とし、観世宗家蔵写本（書名『楎事得』）で校訂する。

『世子六十以後申楽談儀』

東京芸術大学音楽学部図書館蔵和学講談所旧蔵本を底本として、これを同系統の国会図書館静嘉堂文庫蔵松井簡治旧蔵本（松井本）と法政大学能楽研究所蔵黒川春村旧蔵本（黒川本）で校訂し、さらに疑問の箇所を吉田東伍校訂『世子六十以後申楽談儀校異并補闕』（明治四十一年十月刊）にいう堀家旧蔵本（堀本。ただし岩波文庫『申楽談儀』所掲の本文による）で校訂する。右の三本に欠けている部分（二五二頁一〇行以下）は堀本で補ったが、その巻末の一部（別本「聞書」。二六〇頁四行以下）は観世宗家蔵写本で校訂した。ほかに前記吉田本も参考した。

一、「校異一覧」については次の方針によった。

＊はじめに改訂箇所の頁数と行数をそれぞれ漢数字と洋数字で示し、次に改訂した本文を掲げ、併せて改訂に用いた伝本の名を注記する。最後に――線の下に底本の本文を掲げ（本文を欠く場合は、ナシと注する）、相互に対照できるようにした。伝本の名は次の略号を用いる。

（宗）宗節本　（吉）吉田本　（細）細川本　（松）松井本　（黒）黒川本　（堀）堀本

＊校注者の判断で底本を改めた場合は、（意改）と記す。ほかに〔　〕でつつんだのは校注者の注記である。

＊『申楽談儀』は底本を、それと同系統の松井・黒川両本の一致によって改訂した場合に限り、煩瑣(はんさ)をさけて記載しない。

〔校異一覧〕

風姿花伝

一五	4	為出(しいだ)す（宗・吉）――いたす
一八	4	ただ（宗・吉）――（ナシ）
一八	5	内にては（宗・吉）――うちにて
二〇	1	なほ（宗・吉）――名を
二〇	3	迷ひて（宗・吉）――をきて
二一	3	たり（宗・吉）――たる
二一	6	悟る（吉）〔覚ル（宗）〕――おほゆる
二二	3	さのみに（宗・吉）――みられぬ物也さのみに
二三	6	亡父にて候ひし者は（宗・吉）――（ナシ）
二八	7	これは（宗・吉）――これ
二八	11	直(す)ぐに（宗・吉）――（ナシ）
三〇	1	心底(しんてい)（宗・吉）――こころのそこ
三〇	5	心得べき（宗・吉）――えつへき
三〇	7	何よりも（宗・吉）――なにも
三五	7	いふことは（宗・吉）――いふこと
三六	10	その日の（宗・吉）――その日
三七	1	およその（宗・吉）――およそ
三七	5	一声(いっせい)（宗・吉）――一こゑ
三八	11	（同右）
三八	12	しかれば（宗・吉）――（ナシ）
四一	1	立合(たちあひ)（宗・吉）――たち

四三　5　名木（宗・吉）――いは木
四四　11　やらん（宗・吉）――せん
四五　6　とは（宗・吉）――者
五〇　7　たらんは（宗・吉）――たらん
五〇　11　ところ（宗・吉）――（ナシ）
五一　3　べきか（宗・吉）――へきなり
五二　5　ところ（宗・吉）――（ナシ）
五三　10　心底（宗・吉）――心のそこ
五四　7　命（宗・吉）――御子
五六　7　姓（吉）――性
五七　2　奉り（宗・吉）――たてまつる
五七　3　化人（吉）――他人
五八　2　なりと（宗）――なり
五八　12　春日の（宗・吉）――春日
六〇　4　同（宗・吉）――内
六一　3　あれば（宗・吉）――あれ
六一　8　真実の上手は、いづれの風体なりとも（宗・吉）――（ナシ）
六一　13　ところと（宗・吉）――ところを
六二　1　世（意改）――余
六三　12　上手の（宗・吉）――上手
六七　1　おきての（宗・吉）――おきて
八四　11　鬼を――マタ
八四　14　見ゆるる――ミユル

八五　4　（同右）
八六　1　面白き――ヲモシロシ
八七　2　身を――ヲ
八七　4　べけれ――ヘチニ
八七　5　見ゆるる――ミユル
八九　2　「たる申楽」以下六行目「物まねの」マデ――（ナシ）
八九　9　若族の――ニヤクゾク
八九　11　劫――（ナシ）
九〇　5　位――クイ
九〇　7　風体を――フウテイ
九〇　13　手折れる――タヲル
九一　4　十体の――十テイ
九二　8　大用を――タイヨウ
九二　10　珍しきが――メシラシキ
九三　6　手だてにて――テタテニ
九三　6　ためには――メニハ
九四　12　能にも、よき時あれば――ノウニヨキトキアルハ
九五　11　眼睛――タンセイ
九七　13　出だす――サタス
九七　13　ための――ヲメノ
九八　5　次ぐ――ツヽク

新潮日本古典集成〈新装版〉

世阿弥芸術論集

平成三十年十二月二十五日　発行

校注者　田中裕

発行者　佐藤隆信

発行所　株式会社新潮社

〒一六二―八七一一　東京都新宿区矢来町七一

電話　〇三―三二六六―五四一一（編集部）

〇三―三二六六―五一一一（読者係）

https://www.shinchosha.co.jp

印刷所　大日本印刷株式会社

製本所　加藤製本株式会社

装画　佐多芳郎／装幀　新潮社装幀室

組版　株式会社ＤＮＰメディア・アート

ISBN978-4-10-620861-4　C0374

■新潮日本古典集成

古事記　西宮一民
萬葉集　一～五　青木生子・井手至・伊藤博・清水克彦・橋本四郎
日本霊異記　小泉道
竹取物語　野口元大
伊勢物語　渡辺実
古今和歌集　奥村恆哉
土佐日記　貫之集　木村正中
蜻蛉日記　犬養廉
落窪物語　稲賀敬二
枕草子　上・下　萩谷朴
和泉式部日記　和泉式部集　野村精一
紫式部日記　紫式部集　山本利達
源氏物語　一～八　石田穣二・清水好子
和漢朗詠集　大曽根章介・堀内秀晃
更級日記　秋山虔
狭衣物語　上・下　鈴木一雄
堤中納言物語　塚原鉄雄
大鏡　石川徹
今昔物語集　本朝世俗部　一～四　阪倉篤義・本田義憲・川端善明
梁塵秘抄　榎克朗
山家集　後藤重郎
無名草子　桑原博史
宇治拾遺物語　大島建彦
新古今和歌集　上・下　久保田淳
方丈記　発心集　三木紀人
平家物語　上・中・下　水原一
金槐和歌集　樋口芳麻呂
建礼門院右京大夫集　糸賀きみ江
古今著聞集　上・下　西尾光一・小林保治
歎異抄　三帖和讃　伊藤博之
とはずがたり　福田秀一
徒然草　木藤才蔵
太平記　一～五　山下宏明
謡曲集　上・中・下　伊藤正義
世阿弥芸術論集　田中裕
連歌集　島津忠夫
竹馬狂吟集　新撰犬筑波集　木村三四吾・井口壽
閑吟集　宗安小歌集　北川忠彦
御伽草子集　松本隆信
説経集　室木弥太郎
好色一代男　松田修
好色一代女　村田穆
日本永代蔵　村田穆
世間胸算用　金井寅之助・松原秀江
芭蕉句集　今栄蔵
芭蕉文集　富山奏
近松門左衛門集　信多純一
浄瑠璃集　土田衞
雨月物語　癇癖談　浅野三平
春雨物語　書初機嫌海　美山靖
與謝蕪村集　清水孝之
本居宣長集　日野龍夫
誹風柳多留　宮田正信
浮世床　四十八癖　本田康雄
東海道四谷怪談　郡司正勝
三人吉三廓初買　今尾哲也